汽车空调维修技术

主　编　孙连伟　李俊玲　刘世明
副主编　修玲玲　张世辉　刘显玉　陈　硕

北京理工大学出版社
BEIJING INSTITUTE OF TECHNOLOGY PRESS

内 容 简 介

根据高职专业的要求及特点，结合目前我国汽车维修行业的实际需求，本书共设置4个汽车空调系统检测与修复教学项目，主要内容包括：汽车空调概述、汽车空调系统的控制装置、汽车空调系统维护与维修、典型汽车空调检修技术。本书主要以国内外比较流行的车型为例，系统地讲述了汽车空调系统控制技术的基本原理、基本结构、故障诊断与修复等内容。

本书可作为高职高专汽车检测与维修技术、汽车电子技术专业的教材，也可供汽车维修行业的工程技术人员及汽车维修人员参考使用。

图书在版编目（CIP）数据

汽车空调维修技术／孙连伟，李俊玲，刘世明主编 . —北京：北京理工大学出版社，2022.1 重印

ISBN 978-7-5682-0050-9

Ⅰ.①汽⋯　Ⅱ.①孙⋯ ②李⋯ ③刘⋯　Ⅲ.①汽车空调-车辆修理-高等学校-教材
Ⅳ.①U472.41

中国版本图书馆 CIP 数据核字（2014）第 305496 号

出版发行／北京理工大学出版社有限责任公司
社　　址／北京市海淀区中关村南大街5号
邮　　编／100081
电　　话／(010)68914775(总编室)
　　　　　(010)82562903(教材售后服务热线)
　　　　　(010)68944723(其他图书服务热线)
网　　址／http://www.bitpress.com.cn
经　　销／全国各地新华书店
印　　刷／北京虎彩文化传播有限公司
开　　本／787毫米×1092毫米　1/16
印　　张／10.25　　　　　　　　　　　　　　责任编辑／张慧峰
字　　数／234千字　　　　　　　　　　　　　文案编辑／多海鹏
版　　次／2022年1月第1版第7次印刷　　　　　责任校对／孟祥敬
定　　价／33.00元　　　　　　　　　　　　　责任印制／马振武

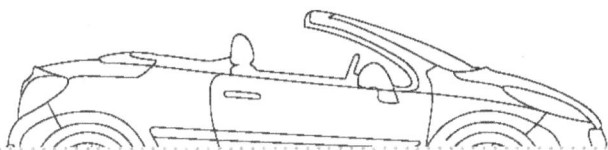

前言
PREFACE

随着人们对汽车舒适性要求的不断提高，汽车电子技术也不断向前发展。汽车空调系统日常使用频率高，损坏率也相对其他电器要高，其维修量和难度大。为了使学生能够熟练地掌握现代汽车空调系统装备的检修方法，我们特编写了本书。

我们对本书的体系结构做了精心的设计，根据学生的认知规律，由简单到复杂来安排全书的项目。对每个项目，按照"任务分析→任务实施的相关专业知识→任务实施→归纳总结→思考问题→拓展提高"这一思路进行编排。各项目内容相对独立且涉及的知识比较先进，针对性强，图文并茂，通俗易懂。

本书由辽宁省交通高等专科学校孙连伟、辽宁丰田金杯技师学院李俊玲、辽宁科技大学应用技术学院刘世明担任主编，辽宁省交通高等专科学校修玲玲、沈阳大学应用技术学院张世辉、辽宁科技学校刘显玉和辽宁轨道交通职业学院陈硕担任副主编。参加编写的还有张西振、孔繁瑞、曲昌辉、黄艳玲、吴兴敏、张丽丽、黄宜坤、郭大民、历承玉、孙涛、赵维克、刘义庆等。

由于编者水平有限，书中难免存在疏漏和不足之处，恳请同行专家和广大读者批评指正。

编　者

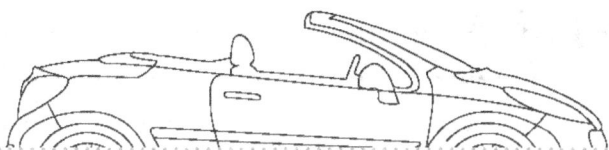

目 录

CONTENTS

项目一

汽车空调概述

❄ 任务一　汽车空调总体认识

学习目标

（1）能够正确描述汽车空调的功能。

（2）能够正确解释汽车空调制冷剂和冷冻油。

（3）能够正确描述汽车空调基本功能。

（4）能够利用热力学的基础知识分析汽车空调的制冷原理。

任务分析

汽车空调系统分为制冷系统和取暖系统，通过学习汽车空调的功能和特点，掌握汽车空调系统的组成；通过热力学基础知识的学习，理解制冷原理，从而了解汽车空调制冷剂与冷冻油的特点和使用方法。

相关知识

一、汽车空调的功能

随着人们生活水平的提高以及家庭汽车的普及，提高汽车的舒适性是各汽车制造商不断追求的目标，而汽车空调就是汽车舒适性的重要标志之一。因此，汽车空调已成为现代汽车的标准配置。汽车空调即车内空气调节，是指对车内的温度、湿度及空气的清洁度进行调节控制。汽车空调的基本功能是在任何气候条件下，将车内空气调整到对人体最适宜的状态，以改善驾驶员和车内乘员的舒适性。而舒适性是人对车内空气的温度、湿度、流速及清洁度等指标的综合感觉。因此，汽车空调的功能要包括调节车内空气的温度、湿度、流速及清洁度等四个方面。

1. 调节车内温度

车内温度是指车内空气的冷热程度。为给乘员创造适宜的车内温度环境，在寒冷的冬季，利用采暖装置提高车内的温度；而在炎热的夏季，则利用制冷装置来降低车内温度。

人感到最舒适的温度是 20 ℃ ~ 28 ℃。但应注意，车内外的温差不宜太大，否则也会使乘客感觉不舒适。为降低汽车空调系统的负荷，减少动力消耗，并为乘客创造一个适宜的温度环境，汽车空调车内推荐值为：夏季一般应控制车内温度在 25 ℃ ~ 28 ℃，冬季应控制车内温度在 15 ℃ ~ 18 ℃；夏季车内外温差宜保持在 5 ℃ ~ 7 ℃，冬季车内外温差也不宜过大，应保持在 10 ℃ ~ 12 ℃，否则会使乘客感觉太冷或太热，下车易患感冒。

2. 调节车内湿度

车内湿度是指车内空气中所含水蒸气量的多少，车内湿度过小或过大会使乘员感觉干燥或闷热。人感觉最舒适的相对湿度为 30% ~ 70%，所以汽车空调的湿度参数要求控制在此范围内。

普通汽车空调一般不具备调节车内湿度的功能，只有高级豪华汽车采用的冷暖一体化空调器才能对车内的湿度进行适量调节。

3. 调节车内空气流速

空气的流速和方向对人体舒适性影响很大。气流速度稍大，有利于夏季人体散热，但冬季风速大了会影响人体保温，过大的风速直接吹到人体上也会使人感觉不舒服。车内空气流速以夏季不超过 0.5 m/s、冬季不超过 0.3 ~ 0.35 m/s 为宜。

此外，根据人体生理特点，头部对冷比较敏感，脚部对热比较敏感。为此，汽车空调系统不仅可利用控制装置来调节车内空气流速，而且可通过对汽车空调冷、热出风口的合理布置来调节车内空气流向，夏季让冷风吹到乘员头部，而冬季让暖风吹到乘员脚部。

4. 调节车内空气清洁度

由于车内空间小、乘员密度大，故极易出现缺氧和二氧化碳浓度过高的情况；发动机废气和道路上的粉尘等也会造成车内空气污浊，影响乘员的身体健康。因此，汽车空调装置上一般都设有进风门、排风门、空气过滤装置和空气净化装置。

二、汽车空调的特点

众所周知，汽车空调制冷是以耗用发动机的动力为代价来完成调节车厢内空气环境的。了解汽车空调的特点，有利于进行汽车空调的使用和维修。与室内空调相比，汽车空调主要有以下特点：

1. 汽车空调的安装

汽车空调安装在行驶的车辆上，承受着剧烈而又频繁的震动和冲击，因此，连接处容易松动，冷凝器容易受损伤，易产生制冷剂泄漏故障。

2. 汽车空调的动力

大多数汽车空调所需的动力均来自汽车发动机，如轿车、轻型汽车、中小型客车的空调均是如此。对于豪华大、中型客车，由于所需制冷量大，故一般采用专用的发动机驱动制冷压缩机。我们将用汽车发动机作动力源的汽车空调系统叫非独立式空调系统；将用专用发动机作动力源的汽车空调系统叫独立式空调系统。非独立式空调系统将影响汽车的动力性和经济性，一般会使发动机的输出功率减少 10% ~ 12%、耗油量平均增加 10% ~ 20%。

对于加热系统，非独立式空调系统的采暖一般是利用发动机的冷却水；而独立式空调系统由于所需要的暖气量大，因此一般有独立的采暖燃烧器。

3. 汽车空调的制冷、制热能力

汽车在特定工作环境要求汽车空调的制冷、制热能力尽可能的大，其原因如下：

1）夏天车内乘客密度大，产热量大，热负荷高；冬天人体所需要的热量大。

2）为了减轻自重，汽车隔热层一般都很薄，加上汽车门多、面积大，所以汽车隔热性差，热损失多。

3）乘客乘车时，都希望在最短的时间内使车内达到舒适的温度环境，这就要求汽车空调的夏季制冷能力和冬季制热能力应尽可能大。

4）汽车都在室外工作，直接接受太阳的热辐射、霜雪及风雨，环境恶劣，温度变化大。夏季车内温度特别高，而冬季车内温度又特别低，这也要求汽车空调的夏季制冷能力和冬季制热能力要尽可能大。

4. 受发动机工况影响

汽车发动机工况变化频繁，制冷系统的制冷剂量流量变化很大，对汽车空调的制冷效果有很大影响。

5. 受汽车本身结构影响

由于汽车本身结构紧凑，空间有限，因此，汽车空调各组成部分的安装位置局限性很强，零件的形状及安装位置因车而异，不同车型的空调系统零部件通用性差，同时，也会给空调系统的检测与维修带来不便。

6. 汽车空调的取暖方式

汽车空调的供暖方式与室内空调完全不同，对于非独立式汽车空调制暖，一般都是利用汽车发动机的冷却液；而独立式空调系统则是采用燃油取暖装置。

三、汽车空调技术的发展

汽车空调的作用是对汽车室内空气进行调节，从而为乘员创造清新舒适的车内环境。汽车空调系统的发展经历了由低级到高级、由单一功能到多功能的五个阶段。

第一阶段：单一取暖。1925年，首先在美国出现利用汽车冷却水通过加热器取暖的方法，到1927年发展到具有加热器、风机和空气滤清器的比较完整的供热系统，这种供热系统直到1948年才在欧洲出现，而日本到1954年才开始使用加热器取暖。目前，在寒冷的北欧、亚洲北部地区，汽车空调仍然使用单一供热系统。

第二阶段：单一冷气。1939年，美国通用汽车帕克公司（Packard）首先在轿车上安装由机械制冷的空调器。这项技术由于第二次世界大战而停止了发展。第二次世界大战后的美国经济迅速发展，特别是因1950年美国石油产地的炎热天气，急需大量的冷气车，故而使单一降温的空调汽车得以迅速发展。欧洲、日本到1957年才加装这种单一冷气的轿车。单一降温的方法目前仍然在热带、亚热带地区使用。

第三阶段：冷暖一体化。1954年，通用汽车公司首先在纳什牌轿车上安装了冷暖一体化的空调器，汽车空调才基本上具有了调节控制车内温度、湿度的功能。随着汽车空调技术的改进，目前的冷热一体空调基本上具有降温、除湿、通风、过滤、除霜等功能。这种方式目前仍然在大量的经济型汽车上使用，是目前使用量最大的一种方式。

第四阶段：自动控制的汽车空调。冷暖一体化汽车空调需要人工操纵，这显然增加了驾驶人员的工作量，同时控制质量也不大理想。自从冷暖一体化空调出现后，通用公司就着手研究自动控制的汽车空调，并于1964年首先安装在卡迪拉克牌轿车上，紧接着通用、福特、克莱斯勒三大汽车公司竞相在各自的高级轿车上安装自动空调。日本、欧洲直到1972年才在高级轿车上安装自动空调。

第五阶段：微机控制的汽车空调。1973年，美国通用汽车公司和日本五十铃汽车公司一起联合研究由微型计算机控制的汽车空调系统，并于1977年同时安装在各自的汽车上，将汽车空调技术推到一个新的高度。微机控制的汽车空调系统由微机按照车内外的环境，实现微调化。该系统具备数字化显示、冷暖通风三位一体化、自我诊断系统、执行器自检、数据流传输等功能。通过微机控制，实现了空调运行与汽车运行的相关统一，极大地提高了制冷效果，节约了燃料，从而提高了汽车的整体性和舒适性。

四、汽车空调系统的组成

完善的汽车空调系统一般由制冷系统、加热系统、通风系统、操纵控制系统及空气净化系统组成。

1. 制冷系统

制冷系统的作用是对车内或由外部进入车内的新鲜空气进行冷却或除湿，使车内空气变得凉爽舒适。

2. 加热系统

加热系统的作用是对车内或由外部进入车内的新鲜空气进行加热，从而达到取暖、除霜的目的。

3. 通风系统

通风系统的作用是将车外的新鲜空气引入车内，起通风和换气的作用。

4. 操纵控制系统

操纵控制系统的作用是对制冷系统、加热系统及通风系统的工作进行控制，同时对车内的空气温度、风量、流量进行调节，保证空调系统正常工作。

5. 空气净化系统

空气净化系统的作用是对车内空气中的尘埃、臭味、烟气进行过滤，保证车内空气清洁。

五、热力学基础知识

1. 温度

温度是物质冷热程度的量度，其大小反映物质内部分子无规则热运动的程度。物质的温度只是表示热的程度而不是热的量。温度的高低程度可用温度计来测量，测量温度的标尺称为温标。工程上常用的温标有以下几种：

（1）摄氏温标

将一个标准大气压下冰的融点定为 0 ℃，水的沸点定为 100 ℃，两者之间均分为 100 等分，每等分为摄氏一度，表示为 1 ℃，用符号 t 表示，单位为 ℃。

（2）华氏温标

将一个标准大气压下冰的融点定为 32℉，水的沸点定为 212℉，两者之间均分为 180 等分，每等分为华氏一度，表示为 1℉，用符号 F 表示，单位为 ℉。

（3）热力学温标

热力学温标又称为绝对温标或开氏温标，用符号 T 表示，单位为 K。这个温标所定义的热力学温度以绝对零度（−273.16 ℃）为基准。

三种温标的关系如下：

$$t=\frac{5}{9}(F-32)$$

$$F=\frac{9}{5}t+32$$

$$T=t+213$$

2. 湿度

日常生活中的空气是由干空气和水蒸气组成的混合体，该混合体称为湿空气（习惯上称湿空气为"空气"）。这是由于我们居住的地球表面大部分都是海洋、湖泊和江河，每时每刻都有大量的水分蒸发到大气中去，使大气成为干空气和水蒸气的混合体。

（1）绝对湿度

湿度用来表示空气的含湿程度。1 m^3 湿空气中所含水蒸气的质量叫空气的绝对湿度，用 r_W 表示。绝对湿度只能说明湿空气在某一温度下实际所含水蒸气的质量，但不能说明湿空气的吸湿能力。因此，采用湿空气的相对湿度来说明空气的潮湿程度或说明空气接近饱和的程度。

（2）相对湿度

相对湿度就是湿空气中实际所含的水蒸气量与同温度下饱和湿空气所含的水蒸气量的比值，用 ψ 表示，即：

$$\psi=\frac{r_W}{r_S}=\frac{p_W}{p_S}\times100\%$$

式中：r_W——空气的湿度；

r_S——饱和湿空气的湿度；

p_W——空气中水蒸气的分压力；

p_S——饱和湿空气中的水蒸气分压力。

ψ 值越小，表示湿空气离饱和状态越远，空气越干燥，还能吸收更多的水分；反之，若 ψ 值越大，则表示空气越潮湿，吸收水分的能力越差。当 $\psi=0$ 时，则为干空气；当 $\psi=100\%$ 时，则为饱和空气，再也不能吸收水分了。相对湿度是检验空调效果好坏的重要参数之一。

湿空气在状态变化过程中，由于水分蒸发，水蒸气凝结，其体积和质量会发生变化。即使湿空气中的水蒸气含量不变，由于温度变化，其体积也跟着变化，故绝对湿度也将发生变化。

3. 压力与真空度

物体单位表面积上所受的垂直压作用力称为压力，物理学上称为压强，常用 P 表示，在国际单位制中压强单位是 N/m^2，也称为帕斯卡，简称帕（Pa）。

地球表面包围着一层很厚的空气层，称为大气层，大气对地球表面物体单位面积上所产生的压力称为大气压力（简称大气压）。我们把在地球纬度45°、温度为0℃时，大气对海平面的压力称为标准大气压，它相当于 101.325 kPa。

在工程上往往采用 kgf/cm^2 作为压力单位，亦称为工程大气压。英、美等国则采用 lb/in^2 作为工程上的压力单位。

这三种压力单位的换算关系为：

$$1 \text{ kgf/cm}^2 = 14.22 \text{ lb/in}^2$$
$$1 \text{ Pa} = 1.02 \times 10^{-5} \text{ kgf/cm}^2$$
$$1 \text{ lb/in}^2 = 0.07 \text{ kgf/cm}^2$$
$$1 \text{ kPa} = 1 \times 10^3 \text{ Pa}$$
$$1 \text{ MPa} = 1 \times 10^6 \text{ Pa}$$

对于汽车空调系统，制冷剂压力的表示方法常用的方式有绝对压力、表压力和真空度，其三者的关系如图1-1所示。

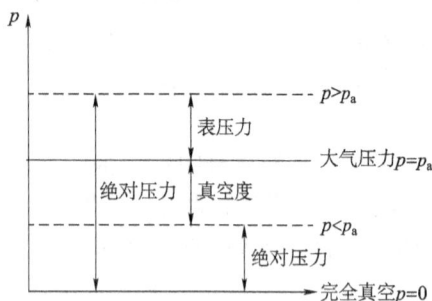

图1-1 绝对压力、大气压力、表压力、真空度的相互关系

（1）绝对压力

表示制冷剂实际的压力值。绝对压力是设计参数，供设计时使用。

（2）表压力

通过压力表上指示读出的压力值，称为表压力。表压力在使用维修时使用，其等于绝对压力减去大气压力。

（3）真空度

当制冷剂的绝对压力低于大气压力时，大气压力减去绝对压力的差值称为真空度。真空度在制冷系统抽真空时使用。

4. 汽化与冷凝

（1）汽化

物质由液态变为气态的过程称为汽化。汽化过程为吸热过程。1 kg 液体转变为气体需要的热量（单位为 J 或 kJ）叫作该物质的汽化热。不同的物质有不同的汽化热。

汽化过程有两种形式，即蒸发和沸腾。虽然这两种情况都是物质由液态变成气态的过程，但两者是有区别的。一般说来，蒸发在任何压力、任何温度情况下都随时进行着，而且只是局限在表面的液体转变为蒸气；而沸腾是在一定压力下，只有温度达到与此压力相对应的温度时才能发生，而且从液体内部产生大量蒸气，沸腾时的温度称为沸点。

在空调制冷系统中，制冷过程主要是利用制冷剂在蒸发器内不断吸收周围空气的热量进行汽化来制冷的。制冷时，制冷剂在蒸发器中通常是以沸腾的方式进行的，但习惯上称它为蒸发过程，并把沸腾时的温度称为蒸发温度，而沸腾时所保持的压力则称为蒸发压力。

（2）冷凝

物质由气态转变为液态的过程称为冷凝。冷凝过程一般为放热过程。

在汽车空调制冷系统中，制冷剂在冷凝器中由气态变成液态的过程就是一个冷凝过程。制冷剂在冷凝器中由气态变为液态时的温度称为冷凝温度，其放出的热量由冷却空气带走。

5. 饱和温度和饱和压力

如果对制冷剂加热，则其中的一部分液体就会变成蒸气；反之，如果制冷剂放出热量，则其中的一部分蒸气又会变成液体（温度不变）。当制冷剂液体和蒸气处于共存的状态时，液体和蒸气是可以彼此转换的。处于这种状态的制冷剂蒸气叫饱和蒸气；处于这种状态下的制冷剂液体叫饱和液体。饱和蒸气的温度叫作饱和温度；饱和蒸气的压力叫作饱和压力。

通常所说的沸点都是指液体在一个大气压下的饱和温度。对于不同的液体，在同一压力下，它的饱和温度也是不同的，如表 1-1 所示。

表 1-1 几种液体在一个标准大气压下的正常沸点　　　　　　　　　　　℃

液体名称	沸点	液体名称	沸点
水	100	R22	-40.8
酒精	78	R134a	-26.15
R12	-29.8	R142b	-9.25
氨	-33.4	R123	27.61

6. 热的传递

热从一处传递到另一处的现象称为热的传递，热的传递方法有传导、对流及辐射三种。

（1）热的传导

凡热由高温处经物体内部逐渐传至低温处的现象称为热的传导，如手握冰块，体温将冰块融化则为热的传导，传导也称导热。

（2）热的对流

液体或气体因其一部分受热时，体积膨胀、密度减小，其四周冷的部分将补充其位置。由热源引起流体的流动，把热量从一处传到另一处的现象称为热对流。对流只能在液体或气体之间进行，热量传递是靠流体本身的流动而进行的，如在火炉上烧水，壶底的水受热上升而上方的冷水下沉产生对流的作用，直至整壶水都加热为止。

（3）热的辐射

热不依赖其他物质为媒介而产生热的传递现象称为热的辐射，如面对高温的固体表面或火焰会感觉到热、太阳的热传到地球等是典型的热辐射。热辐射与电磁波一样可以在真空中传播。

7. 显热与潜热

物体受热，温度就会上升，温度上升到一定程度，物体状态就会发生变化。冰加热后融化成水（固体—液体）；水加热，温度上升到 100 ℃开始沸腾汽化（液体→气体），这时即使继续加热，温度也不再升高。

物质在吸热过程中只发生温度变化而不发生形态变化，这一过程所吸收的热量称为显热；物质在吸热过程中只发生形态变化而不发生温度变化，这一过程所吸收的热量称为潜热。

8. 制冷能力与制冷负荷

（1）制冷能力

制冷机就是把热量不断地从低温物体转移给高温物体的装置。制冷能力的大小是以单位时间内所能转移的热量来表示的，单位为 J/h。

（2）制冷负荷

为了把汽车内部的温度和湿度保持在一定的范围内，必须将来自车外太阳的辐射热和车室内的热量排除到大气中去。这两种热量的总和就叫作制冷负荷。

由于汽车制冷负荷受到车身形状及外界大气温度、湿度、车速等客观条件和乘员数量的影响。因此，汽车空调系统的制冷负荷较大。

六、制冷剂与冷冻机油

1. 制冷剂

在制冷系统中用于转换热量并且循环流动的物质称为制冷剂。

汽车空调制冷系统是利用压缩机使制冷剂循环流动实现制冷的。液态制冷剂在蒸发器中吸取热量而汽化，使蒸发器表面得到降温；然后，制冷剂又在高温下把热量传给冷却空气而冷凝成液体。如此不断循环，借助于制冷剂的状态变化，达到制冷目的。

目前汽车空调制冷系统使用的制冷剂通常有 R12 和 R134a 两种，其中，英文字母 R 是 Refrigerant（制冷剂）的简称，其数字代号使用的是美国制冷工程师协会（ASRE）编制的代号系统。

制冷剂的种类很多，理论上只要能进行气、液两相转换的物质，均可作为制冷系统的制冷剂。但寻找制冷效率高且对环境没有污染的制冷剂却很困难，目前使用的 R134a 只是 R12 的替代品，其排放物产生的温室效应仍然对环境有较大的危害。

（1）R12 制冷剂的特性

车用空调中曾广泛使用的制冷剂 R12，分子式为 CF_2Cl_2，化学名称为二氟二氯甲烷，是一种较为理想的制冷剂，主要特性如下：

1）无色、无刺激性臭味；一般情况下不具有毒性，对人体没有直接危害；不燃烧，无爆炸危险；热稳定性好。

2）在一个标准大气压下，R12 的沸点为-29.8 ℃，凝固温度为-158 ℃。

3）R12 对一般金属没有腐蚀作用。

4）R12 制冷系统要求使用特制的橡胶密封件。

5）R12 有良好的绝缘性能。

6）R12 液态时对冷冻润滑油的溶解度无限制，可以任何比例溶解。这样在整个制冷循环中，冷冻机油通过 R12 参与循环，对空调压缩机进行润滑。

7）R12 对水的溶解度很小。

在制冷系统中，R12 的含水量不得超过 0.002 5%。若制冷系统中有水，则会在膨胀阀形成冰塞，堵塞制冷系统的循环通道，从而使空调的制冷系统失效。

综上可以看出，R12 是一种易于制造、原料来源丰富、价格相对低廉且可以回收重复使用的制冷剂。只是它对大气臭氧层有很强的破坏作用，因此，已经被新的制冷剂所替代，但在目前还有很多于 2000 年以前生产的在用车辆空调系统的制冷剂仍为 R12。

（2）R134a 制冷剂的特性

长期以来，汽车空调系统大多采用 R12 作为制冷剂。众所周知，R12 进入大气会破坏地球的臭氧层，危害人类的健康和生存环境，引起地球的温室效应。1987 年，国际上制定了控制破坏大气层的蒙特利尔协议。我国于 1991 年加入该协议，并决定从 1996 年起，汽车空调的制冷剂开始使用 R134a，到 2000 年全部使用 R134a。

R134a 制冷剂的分子式为 CH_2FCF_3，是卤代烃类制冷剂中的一种，R134a 制冷剂与 R12 制冷剂相比，其热力学性能，包括分子量、沸点、临界参数、饱和蒸气压和汽化潜热等，均与 R12 相近，具有无色、无臭、不燃烧、不爆炸、基本无毒的特性。

但是，采用新制冷剂 R134a 的汽车空调制冷系统中，在结构与材料方面，R134a 空调系统与 R12 空调系统还是有很大区别的，两种制冷系统中的制冷剂是不能互换使用的。这一点，对于汽车维修人员必须牢记。否则，如果将 R134a 注入 R12 制冷系统，将会出现空调压缩机工作不正常或制冷剂泄漏等故障。

R134a 空调系统与 R12 空调系统的区别如下：

1）R12 系统的冷冻机油不能溶于 R134a。如果将 R134a 注入 R12 空调系统，将会发生液击现象，从而损坏空调压缩机。R134a 本身与矿物油是不相溶的，R134a 系统使用的是合成润滑油，如 PAG 类润滑油等。

2）R12 系统的管道 O 形密封圈及压缩机的密封圈采用的是 NBR（硝二烯橡胶）橡胶材料，而 R134a 能溶解 NBR（硝二烯橡胶）橡胶材料，如果将 R134a 注入 R12 系统，则制冷系统将发生制冷剂泄漏现象。

3）R12 系统中的干燥剂是硅胶，而 R134a 的极性与水相似。这样，如果将 R134a 注入 R12 系统中，干燥剂会将水与 R134a 一起吸入，从而使干燥剂吸水能力大幅度下降，容易发生冰堵现象。而在 R134a 系统中，干燥剂的材料是沸石，它不吸收 R134a，只吸收水分。

4）大负荷时，R134a 系统的压力比 R12 系统的压力高，且压缩机的功率大。

5）为避免将制冷剂 R134a 与 R12 加错，R134a 系统的维修阀与 R12 系统的维修阀不同，R134a 系统的维修阀采用的是快速接头，以方便维修操作。同时，汽车机舱内有明显的标识，用来提醒汽车维修人员该车制冷系统所采用制冷剂的种类。

6）在 R12 系统中，设置有易熔塞，当制冷剂的温度上升到规定值时，易熔塞熔化，制冷剂释放到大气中，以此保护制冷系统。在 R134a 系统中，用一个压力安全阀取代了易熔塞，这样更有利于环境保护。

（3）使用制冷剂的注意事项

1）装制冷剂的钢瓶应储存在阴凉、干燥、通风的库房中，防止受潮而腐蚀钢瓶，在运输过程中要严防震动和撞击。

2）要远离热源，不要把它存放在日光直射的场所。在给汽车空调系统加注制冷剂时，为提高加注效率，可对装制冷剂的容器加热，加热应在 40 ℃ 以下的温水中进行，不可将其直接放在火上烘烤，否则会引起内储的制冷剂压力增大，导致容器发生爆炸。

3）避免接触皮肤。因制冷剂在大气环境下会急剧蒸发，当其液体落到皮肤上时，会从皮肤上大量吸热而汽化，造成局部冻伤。尤其危险的是，当其进入眼球时，会冻结眼球中的水分，严重时甚至会造成失明。因此，在处理制冷剂时，应戴上眼镜和防护手套。若制冷剂接触皮肤或眼睛，则应立即用大量清水冲洗。

4）要避开明火。制冷剂不会燃烧和爆炸，但与明火接触时，会分解出对人体有害的气体。

5）要注意通风良好。当制冷剂排到大气中含量超过一定量时，会使大气中的氧气浓度下降而使人窒息。因此，维修汽车空调制冷系统管路时，要在通风良好的地方进行操作。

2. 冷冻机油

（1）冷冻机油的作用和特性

冷冻机油也叫冷冻油，是制冷压缩机的专用润滑油，它能够保证压缩机正常运转、可靠工作和延长使用寿命。冷冻油的作用如下：

1）润滑作用。

压缩机是高速运动的机器，轴承、活塞、活塞环、曲轴、连杆等机件表面均需要润滑，以减少阻力和磨损、延长使用寿命、降低功耗、提高制冷系数。

2）密封作用。

汽车使用的压缩机传动轴需要油封来密封，防止制冷剂泄漏（有润滑油，油封才起密封作用）。同时，活塞环上的润滑油不仅起减摩作用，而且起密封压缩机蒸气的作用。

3）冷却作用。

运动的摩擦表面会产生高温，需要用冷冻油来冷却。冷冻油冷却不足，会引起压缩机温度及排气压力过高，降低制冷系数，甚至烧坏压缩机。

4）降低压缩机噪声。

（2）对冷冻机油的性能要求

在空调制冷系统中冷冻油完全溶于制冷剂，并随制冷剂一起在制冷系统中循环。因此，冷冻油工作在高温与低温交替的条件下。为保证其工作正常，对冷冻油提出以下性能要求。

1）冷冻油的凝固点要低，并在低温下具有良好的流动性。若低温流动性差，则冷冻油会沉积在蒸发器内影响制冷能力；或凝结在压缩机底部，失去润滑作用而损坏运动部件。

2）冷冻油的黏度受温度的影响要小。温度升高或降低时，其黏度随之变小或增大。与冷冻油完全互溶的制冷剂会使冷冻油变稀，因此，应选用黏度较高的冷冻油；但黏度也不宜过高，否则会使启动转矩增大，导致压缩机启动困难。

3）冷冻油与制冷剂的溶解性能要好。在汽车空调制冷系统中，制冷剂与润滑油是混合在一起的。当制冷剂流动时，润滑油也随之流动，这就要求制冷剂与润滑油能够互溶。若二者不互溶，则润滑油就会聚集在冷凝器和蒸发器的底部，阻碍制冷剂流动，降低换热能力。由于润滑油不能随制冷剂返回压缩机，故压缩机将会因缺油而加剧磨损。

4）冷冻机油要具有较高的热稳定性，即在高温下不氧化、不分解、不结胶、不积炭。

5）冷冻油应无水分。若润滑油中的水分过多，则会在膨胀阀节流口处结冰，造成冰堵，影响系统制冷剂的流动。同时，油中的水分会使冷冻油变质分解，腐蚀压缩机材料。

（3）冷冻机油的使用及性能检查

1）必须严格使用原车空调压缩机所规定的冷冻油牌号或换用具有同等性能的冷冻油，不得使用其他油来代替，否则会损坏压缩机。

2）冷冻油吸收潮气能力极强，所以在加注或更换冷冻油时，操作必须迅速，如没有准备好，不能立刻加油，则不得打开油罐；在加注完后应立即将油罐的盖子封紧储存，不得有渗透现象。

3）不能使用变质的冷冻油。冷冻油变质的原因很多，归纳起来有以下几方面。

① 混入水分后，在氧气作用下会生成一种油酸性质的物质，腐蚀金属零部件。这种油酸物质呈絮状。

② 高温氧化。当压缩温度过高时，油被氧化分解而炭化变黑。

③ 不同牌号的油混合使用。由于不同牌号的冷冻油所加的氧化剂不同而产生化学反应，引起变质。

4）冷冻油会妨碍热交换器的换热效果，所以在使用时只允许加到规定的用量，绝不允许过量使用，以免降低制冷效果。

5）在排放制冷剂时要缓慢进行，以免冷冻油和制冷剂一起喷出。

（4）冷冻机油的牌号

按黏度不同，国产冷冻机油牌号有 13 号、18 号、25 号和 30 号 4 种，牌号越大，其黏度也越大。进口冷冻机油有 SUNISO 3GS、SUNISO 4GS、SUNISO 5GS 三种牌号。目前，汽车空调制冷系统通常选用国产 18 号和 25 号冷冻机油，或进口 SUNISO 5GS 冷冻机油。

🏁 实施与考核

一、技能学习

1. 了解汽车空调制冷剂的使用方法

1）保存和搬运制冷剂时，应按其要求存放，不要用火烤钢瓶，也不能把它放置在太阳能直接照射到的地方。

2）制冷剂应存放在低于 40 ℃的阴凉地方。

3）制冷剂不能接触人体，否则会引起冻伤。

4）操作时不可靠近面部，而且必须戴上护目镜和手套。

5）若不慎将制冷剂溅到眼中或皮肤上，应立即用大量的冷水冲洗，然后用一块无菌布盖在受伤部位上，去医院进行专业治疗。

2. 掌握汽车空调冷冻油的使用方法

通常汽车空调制冷系统的冷冻润滑油消耗很少，但每两年需要更换一次，每次应按规定数量加注（一般压缩机的铭牌上标注润滑油的型号和数量）。加注时一定要使用同一牌号的冷冻润滑油，不同牌号的冷冻润滑油混用会生成沉淀物。

二、任务实施与考核

1）10 名学生组合为一个小组，在充分掌握上述知识与技能的前提下，完成对汽车空调的总体认识，就车或者实训台分析空调的制冷和取暖，并分析空调制冷剂和冷冻油的特点。

2）学生根据空调总体认识作业的工作单记录填写学习工作单，见表 1-2，教师根据学生完成的情况进行考核。

表1-2 技能学习工作单

实训项目： 汽车空调的总体认识

班级学号		姓名	

1. 请描述你所了解到的汽车空调的基本工作情况。

_____

_____

_____

_____

_____

_____。

2. 请描述汽车空调制冷剂和冷冻油的特性。

_____

_____

_____。

3. 请描述制冷剂选择、使用的基本情况。

_____

_____。

_____

_____。

_____

_____。

4. 请记录你还了解到的其他拓展知识。

_____

_____

_____。

6. 自我评价（个人技能掌握程度）：

□非常熟练　□比较熟练　□一般熟练　　□不熟练

教师评语：（包括工作单填写情况、语言表达、态度及沟通技巧等方面，并按等级制给出成绩）

实训记录成绩：_____　　教师签字：_____　　_____年___月___日

❈ 任务二　汽车空调制冷系统的结构与工作原理

🏁 学习目标

（1）能够正确描述汽车制冷循环。

（2）能够正确描述汽车空调的制冷原理。

（3）能够正确描述汽车空调系统主要部件的结构与工作原理。

（4）能够初步分析汽车空调制冷故障的原因。

🏁 任务分析

汽车制冷系统工作时，发动机驱动空调压缩机工作，在空调压缩机作用下，制冷剂在制冷系统内进行循环，其工作过程如下：

1）低温、低压的液态制冷剂在蒸发器内定压汽化，由于制冷剂的汽化吸热，使流经蒸发器外部的空气温度降低，低温空气通过鼓风机送入车内，从而使车内空气温度下降。

2）汽化后的制冷剂蒸气被压缩机吸入并进行压缩，变成高温、高压的制冷剂蒸气，并送往冷凝器。

3）由于进入冷凝器的高温、高压蒸气温度高于车外大气温度，故其部分热量可自发地传递给车外空气。同时，借助冷凝器风扇的作用，提高对制冷剂蒸气的冷却强度，以便使制冷剂温度降到其沸点以下，从而使高温、高压的制冷剂蒸气在冷凝器内变为中温、高压的液态制冷剂。

4）中温、高压的液态制冷剂流经储液干燥器时，杂质被过滤，水分被吸收，并在储液干燥器中储存少量制冷剂。

5）清洁、干燥的液态制冷剂流至膨胀阀，而流过膨胀阀的中温、高压液态制冷剂由于膨胀，其温度和压力迅速降低，重新变为低温、低压的液态制冷剂，从而完成一个制冷循环。在空调压缩机的作用下，制冷循环周而复始地进行，就可使车内空气温度逐渐降低。

🏁 相关知识

一、汽车空调系统的构成

完善的汽车空调系统一般由制冷系统、采暖系统、送风系统和电气控制系统四大部分组成（严格来说，还应包括空气净化系统）。高级轿车装备有碳罐、空气滤清器和静电除尘式净化器等一套较完整的空气净化系统，但在普通型轿车中，空气净化的任务则由蒸发器直接完成。

1. 制冷系统

制冷系统由压缩机、冷凝器、储液干燥器、膨胀阀、蒸发器、冷凝器散热风扇、制冷管道和制冷剂等组成，如图1-2所示。

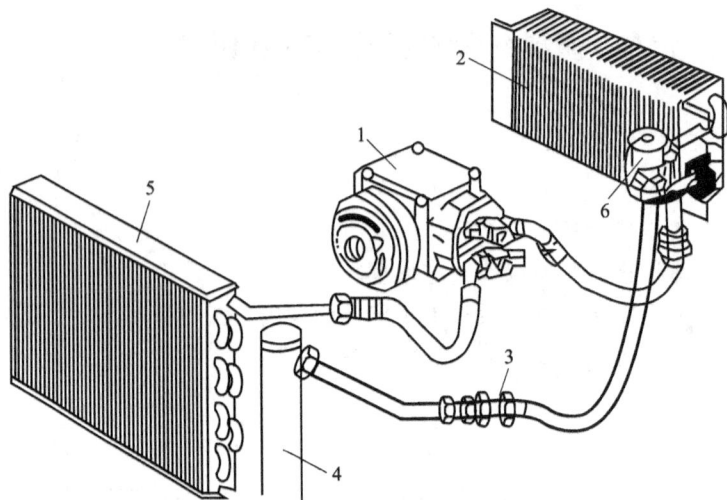

图1-2 制冷系统的组成

1—压缩机；2—蒸发器；3—视液窗；4—储液干燥器；5—冷凝器；6—膨胀阀

2. 采暖系统

采暖系统是由加热器、热水阀、水管和发动机冷却液等组成的，如图1-3所示。

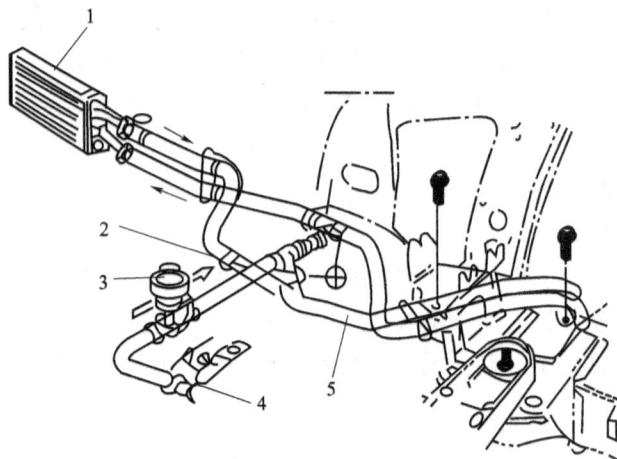

图1-3 采暖系统的组成

1—加热器；2—发动机进水管；3—热水阀；4—发动机出水管；5—预热管

3. 送风系统

送风系统是由进气模式风门、鼓风机、混合气模式风门、气流模式风门和导风管等组成的。汽车室内或室外未经调节的空气，经鼓风机作用送至蒸发器或暖风心处，被调节成冷空气或暖空气的空气流，根据风门模式伺服电动机开启角度而流向相应的出风口。

4. 控制电路

控制电路包括点火开关、A/C开关、电磁离合器、鼓风机开关、调速电阻器、各种温度传感器、制冷剂高低压力开关、温度控制器、送风模式控制装置和各种继电器。控制电路主要是根据各种温度、压力、转速等信号，通过电磁离合器控制空调压缩机工作的。

二、汽车空调制冷系统基本原理

汽车空调制冷系统采用蒸气压缩式制冷方式，即利用液态制冷剂汽化时吸热来产生制冷效应。蒸气压缩式制冷系统基本原理如图1-4所示。

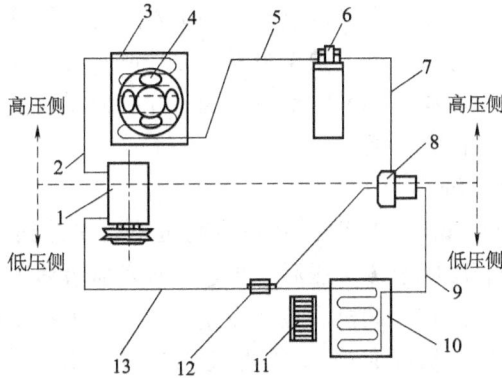

图1-4　蒸气压缩式制冷系统基本原理

1—压缩机；2—排气管；3—冷凝器；4—风扇；5，7—高压软管；6—储液干燥器；
8—膨胀阀；9—低压软管；10—蒸发器；11—鼓风机；12—热敏管；13—吸气管

汽车制冷系统工作时，发动机驱动空调压缩机工作，在空调压缩机作用下，制冷剂在制冷系统内进行循环，其工作过程如下：

1）低温、低压的液态制冷剂在蒸发器内定压汽化，由于制冷剂的汽化吸热，使流经蒸发器外部的空气温度降低，低温空气通过鼓风机送入车内，从而使车内空气温度下降。

2）汽化后的制冷剂蒸气被压缩机吸入并进行压缩，变成高温、高压的制冷剂蒸气，并送往冷凝器。

3）由于进入冷凝器的高温、高压蒸气温度高于车外大气温度，故其部分热量可自发地传递给车外空气，并借助冷凝器风扇的作用，提高对制冷剂蒸气的冷却强度，以便使制冷剂温度降到其沸点以下，从而使高温、高压的制冷剂蒸气在冷凝器内变为中温、高压的液态制冷剂。

4）中温、高压的液态制冷剂流经储液干燥器时，杂质被过滤，水分被吸收，并在储液干燥器中储存少量制冷剂。

5）清洁、干燥的液态制冷剂流至膨胀阀，而流过膨胀阀的中温、高压液态制冷剂由于膨胀，其温度和压力迅速降低，重新变为低温、低压的液态制冷剂，从而完成一个制冷循环。在空调压缩机的作用下，制冷循环周而复始地进行，就可使车内空气温度逐渐降低。

三、汽车空调制冷系统的类型

汽车空调制冷系统工作时，由于制冷剂在蒸发器内蒸发吸热，使蒸发器周围空气中的相对湿度随蒸发器温度的降低而增加，这时若蒸发器外表温度又降至0℃以下，则蒸发器外表凝结的水分将结霜甚至发生冻结，影响制冷系统的正常工作。防止蒸发器结霜是汽车空调制冷系统必须具备的功能，这一功能可通过控制蒸发器温度的方法来实现。根据控制蒸发器温度的方法不同，汽车空调制冷系统可分为两大类：蒸发器压力控制的制冷系统和离合器控制的制冷系统。

1. 蒸发器压力控制的制冷系统

蒸发器压力控制的制冷系统又称传统温控系统，它是汽车空调系统中最早采用的制冷系统。只要选定空调功能，该系统中的空调压缩机就会连续运转，在制冷循环中，其是通过节流来控制压缩机排气量，以控制蒸发器内制冷剂的蒸发压力，使其保持在 0 ℃对应的饱和压力，从而达到防止蒸发器结霜的目的。根据蒸发压力控制装置的结构不同，蒸发器压力控制的制冷系统又可分为吸气节流阀（STV）制冷系统、先导阀操纵的绝对吸气节流阀（POA）制冷系统和罐中阀（VIR）制冷系统。

（1）吸气节流阀制冷系统

如图 1-5 所示，系统工作时，压缩机将制冷剂压缩后先送到冷凝器冷却，然后经过储液干燥器干燥、过滤，经膨胀阀节流降压后，再进入蒸发器吸热蒸发，最后蒸发器出来的低压蒸气经过吸气节流阀后，回到压缩机。在制冷循环中，利用膨胀阀和吸气节流阀联合控制进入蒸发器的制冷剂流量，从而使蒸发压力控制在某一设定值范围（一般为 0.215 ~ 0.891 MPa）内，以保证蒸发器表面不结霜。

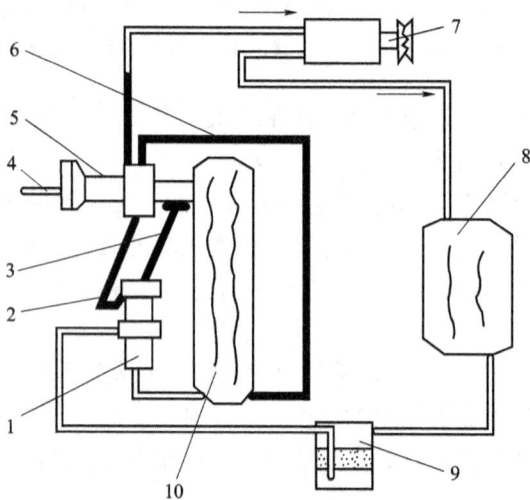

图 1-5　吸气节流阀制冷系统

1—膨胀阀；2—平衡阀；3—毛细管；4—真空阀；5—吸气节流阀；6—溢流阀；
7—压缩机；8—冷凝器；9—储液干燥器；10—蒸发器

膨胀阀安装在蒸发器进口处，其感温包安装在蒸发器出口处，感温包感测蒸发器出口处制冷剂温度不同，膨胀阀开度随之改变，从而控制进入蒸发器的制冷剂流量，随温度升高制冷剂流量增大。

吸气节流阀安装在蒸发器出口与压缩机进口之间。当蒸发器温度下降到 0 ℃时，吸气节流阀自动关小蒸发器出口，减小压缩机的排量，从而控制蒸发器内的蒸发压力和温度，防止蒸发器结霜。

（2）先导阀操纵的绝对吸气节流阀制冷系统

该系统工作原理与吸气节流阀制冷系统基本相同，只是用 POASTV 阀取代了 STV 阀，如图 1-6 所示。

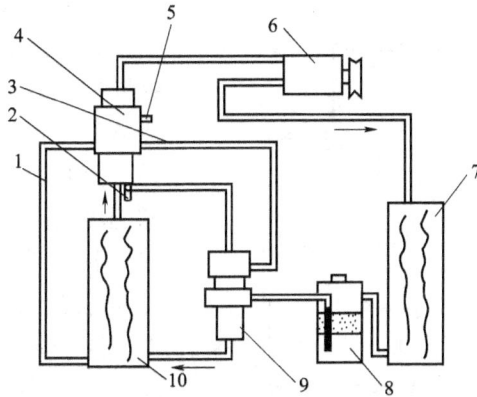

图 1-6　先导阀操纵的绝对吸气节流阀制冷系统

1—溢流管；2—毛细管；3—平衡管；4—POASTV 阀；5—压力检测阀；6—压缩机；
7—冷凝器；8—储液干燥器；9—膨胀阀；10—蒸发器

　　POASTV 阀安装在蒸发器出口与压缩机进口之间，用来控制压缩机的排量，以实现对蒸发器内蒸发压力和温度的控制。POASTV 阀将蒸发压力控制在 0.298 MPa 以上，此时对应的蒸发温度约为-1 ℃，蒸发器外表温度约为 0 ℃，从而可防止蒸发器结霜。

　　POASTV 阀开有一个小孔，其作用是当 POA 阀关闭气流的主通口后，由此小孔输送一些气体到压缩机，以避免压缩机做真空泵运动而损失过多能量。

　　在蒸发器底部与 POASTV 阀之间接有溢流管，其作用是使积存在蒸发器底部的冷冻机油回到压缩机。清除积存在蒸发器内的冷冻机油，可提高系统的制冷能力。

　　（3）罐中阀制冷系统

　　1978 年，美国通用汽车公司发明了一种罐中阀，即将储液干燥器、膨胀阀、POA 阀集中在一罐中，只有一个进口接头和一个出口接头，克服了 STV 制冷系统和 POA 制冷系统接头较多的缺点，可有效地减少制冷剂泄漏故障，同时也减少了安装、维护的工作量。

　　罐中阀（VIR）制冷系统在中、高级轿车上应用广泛，其工作原理如图 1-7 所示。从压缩机出来的高温制冷剂蒸气经过冷凝器液化后，进入 VIR 阀，经节流降压后进入蒸发器，在蒸发器中蒸发吸热成为低压蒸气，再进入 VIR 阀。VIR 阀对制冷剂的蒸发压力进行控制，然后制冷剂再从 VIR 阀中出来到达压缩机，完成一个制冷循环。

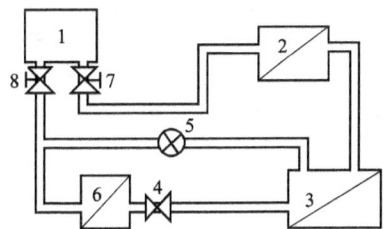

图 1-7　罐中阀工作原理

1—压缩机；2—冷凝器；3—储液干燥器；
4—膨胀阀；5—旁路电磁阀；6—蒸发器；
7—排气阀；8—进气阀

　　2. 离合器控制的制冷系统

　　离合器控制的制冷系统一般用在经济型中级轿车上，与蒸发器压力控制的制冷系统相比，其最大的区别就是空调压缩机是间歇工作的。制冷系统工作时，利用离合器控制压缩机，以此来控制蒸发器的温度，防止蒸发器结霜。而控制压缩机的电磁离合器接合或断开，受安装在其电路中的恒温器（压力开关或热敏开关）控制。根据系统装用的膨胀节流装置不同，离合器控制的制冷系统又可分为膨胀阀制冷系统和孔管制冷系统。

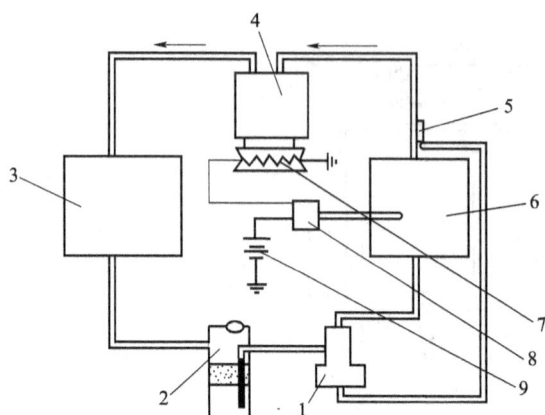

图1-8 膨胀阀制冷系统

1—膨胀阀；2—储液干燥器；3—冷凝器；4—压缩机；

5—感温包；6—蒸发器；7—电磁离合器；

8—恒温器；9—蓄电池

（1）膨胀阀制冷系统

该系统工作时，由膨胀阀和离合器共同控制蒸发压力，如图1-8所示。膨胀阀安装在蒸发器与储液干燥器之间，用于控制进入蒸发器的冷剂量；当蒸发器温度较高时，膨胀阀开度较大，有较多的制冷剂进入蒸发器，制冷系统的制冷量也较大；反之，蒸发器温度较低时，膨胀阀开度也较小，进入蒸发器的制冷剂流量减少，制冷系统的制冷量也减小。同时，在电磁离合器线圈的电路中装有恒温器，当蒸发器温度下降到0 ℃以下时，恒温器自动切断电磁离合器线圈电路，使压缩机停止工作，以防止蒸发器结霜。

在离合器与膨胀阀共同控制的制冷系统中，装用的膨胀阀按其结构原理不同，也可分为热力膨胀阀和H形膨胀阀。

（2）孔管制冷系统

孔管（CCOT）制冷系统于1974年由美国通用汽车公司发明，该系统的工作原理与膨胀阀制冷系统基本相同，但用简单的节流孔管取代了复杂的膨胀阀，如图1-9所示。孔管结构简单，不易损坏，但不能有效控制进入蒸发器的制冷剂流量，只能起到节流降压的作用，也不能保证蒸发压力稳定。为防止蒸发器结霜，可由恒温器控制压缩机的工作来实现：当蒸发器温度较高时，恒温器接通压缩机电磁离合器电路，压缩机工作，制冷系统进行制冷循环；当蒸发器温度下降到一定范围时，恒温器断开压缩机电磁离合器电路，压缩机停止工

图1-9 孔管制冷系统

1—冷凝器；2—压缩机；3—吸气储液器；4—溢流孔；5—电磁离合器线圈；

6—恒温器；7—蒸发器；8—蓄电池；9—节流孔管

作，制冷系统停止制冷循环。

由于孔管不能控制进入蒸发器的制冷剂流量，所以当压缩机高速运转时，蒸发器内的制冷剂有可能蒸发不彻底，为此，在其出口处安装了吸气储液器，使制冷剂气、液分离，防止液体制冷剂进入压缩机导致液击。吸气储液器具有储液干燥器的一般功能。

四、汽车空调系统主要部件的结构与工作原理

1. 压缩机

压缩机是制冷系统中最重要的部件，其作用是泵送制冷剂，以维持制冷剂在制冷系统中的循环流动。目前汽车空调压缩机形式有很多种，如曲柄连杆式压缩机、斜盘式压缩机、摆盘式压缩机、刮片式压缩机、滚动活塞式压缩机和变排量压缩机等，下面以斜盘式压缩机、摇摆板式压缩机、变排量压缩机为例介绍压缩机的工作原理。

（1）斜盘式压缩机

斜盘式压缩机是轴向双向往复活塞式压缩机，主要由双向活塞、气缸、主轴及斜盘、进气阀和排气阀等组成，如图1-10所示。目前广泛用于国内轿车，如奥迪、捷达、富康等轿车的空调系统上。

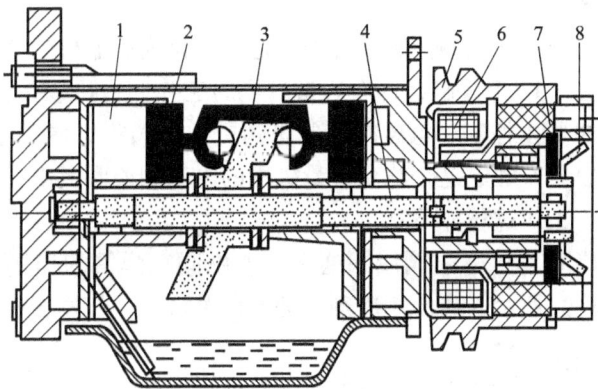

图1-10　斜盘式压缩机
1—后气缸；2—活塞；3—斜盘；4—主轴；5—带轮；6—电磁线圈；7—驱动盘；8—压板

工作原理：当主轴转动时，斜盘转动，而活塞做往复轴向移动，实现对制冷剂气体的吸入和压缩。在斜盘的圆周上均布5个双向活塞，组成10缸压缩机。斜盘每转动一周，前后两个活塞各自完成吸气、压缩、膨胀、排气过程，即完成一个循环，相当于两个工作循环。

（2）摆盘式压缩机

摆盘式压缩机是单向往复活塞式压缩机，主要由活塞、气缸、摆盘、传动板、主轴、进气阀、排气阀等组成，如图1-11所示。目前这种压缩机应用比较广泛，最常见的类型是日本三电公司的SD—5压缩机。

工作过程：当主轴转动时，摆盘随传动板斜面圆周方向摆动，通过连杆带动活塞往复移动。在摆盘圆周上，均匀布置有5个连杆及活塞，组成五缸压缩机。

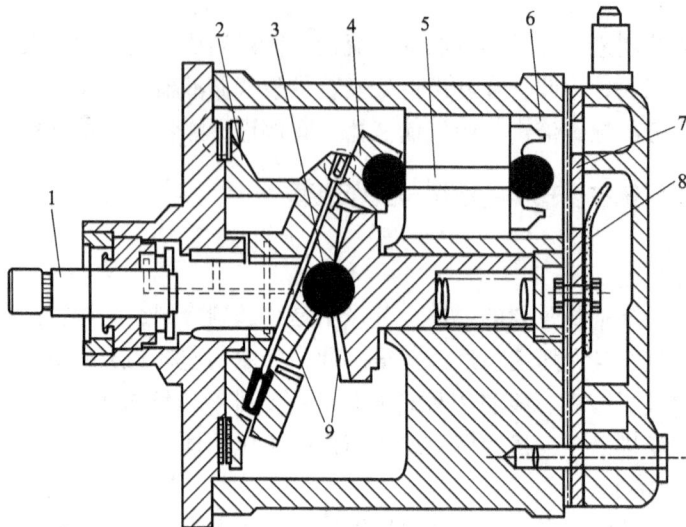

图1-11　摆盘式压缩机

1—主轴；2—传动板；3—钢球；4—摆盘；5—连杆；6—活塞；7—阀板；8—排气阀；9—锥齿轮

（3）变排量压缩机

变排量压缩机常用于自动空调控制系统中，是在斜盘式压缩机的基础上加设一个变排量机构，可以使全部气缸（10个气缸，即全容量）同时工作，也可以使部分气缸（5个气缸，即半容量）工作。其主要由柱塞、电磁阀、单向阀、排气阀等组成，原理是：空调ECU根据冷却液温度传感器信号，确定是否给变排量机构的电磁阀线圈通电，来控制压缩机在全容量和半容量之间转换。工作过程如下：

全容量工作时，ECU不给电磁阀线圈通电，电磁阀在弹簧的作用力下将A孔打开、B孔关闭，如图1-12（a）所示。高压制冷剂从旁通回路进入，作用在柱塞右侧并使其移动，

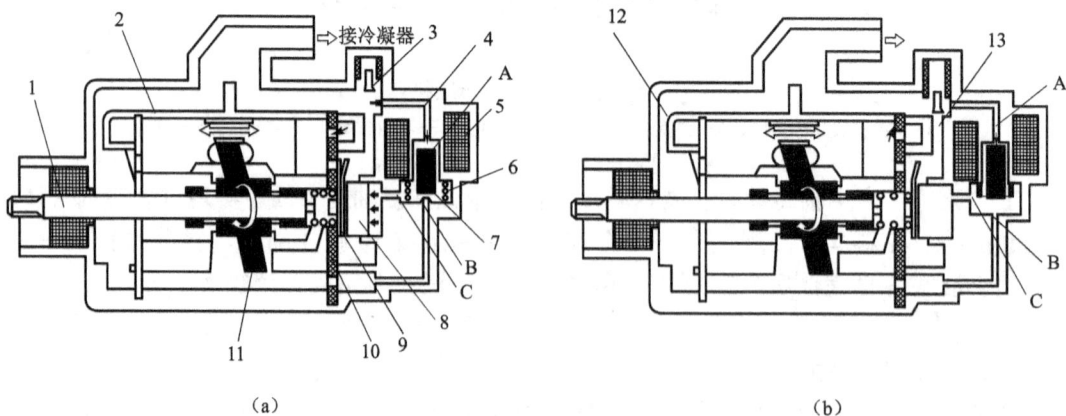

（a）　　　　　　　　　　　　　　　　　　　（b）

图1-12　变排量压缩机

（a）全容量工作；（b）半容量工作

1—压缩机轴；2—活塞；3—单向阀；4—旁通回路；5—电磁线圈；6—弹簧；7—电磁阀；
8—柱塞；9—排气阀；10—阀盘；11—旋转斜盘；12—前高压出口；13—后高压出口

直至排气阀压在阀盘上，于是压缩机的所有气缸都能随活塞的运动而产生高压，此时即压缩机全容量工作。同时，单向阀在高压作用下将 C 孔打开，使压缩机前后高压气体一起进入冷凝器。

半容量工作时，ECU 给电磁阀线圈通电，电磁阀中阀芯在电磁作用力下将 A 孔关闭、B 孔打开，如图 1-12 (b) 所示。高压制冷剂不能从旁通回路进入，柱塞则不能使排气阀压在阀盘上，于是压缩机只有部分气缸能随活塞的运动而产生高压，此时即压缩机半容量工作。同时，单向阀将 C 孔关闭，防止压缩机前部产生的高压冷却剂回流。

压缩机停止工作时，单向阀关闭 C 孔；压缩机起动时，以半容量工作，从而减少压缩机起动时的振动。

2. 冷凝器

(1) 冷凝器的作用

汽车空调冷凝器的作用是把压缩机排出的高温、高压制冷剂气体，通过冷凝器将热量散发到车外空气中，从而使高温、高压的制冷剂气体冷凝成中温的高压液体。即从压缩机压出高温约 80 ℃、高压约 1.5 MPa 的气态制冷剂流入冷凝器芯管中，在风扇转动或车辆行驶时空气吹过冷凝器，冷却芯管中的制冷剂变为中温约 40 ℃、高压约 1.1 MPa 的液态制冷剂。

(2) 冷凝器的安装

汽车空调冷凝器通常安装在汽车前部、侧部或底部，容易受到腐蚀，因此冷凝器表面必须采取防腐措施。

安装冷凝器应注意：从压缩机来的制冷剂必须从冷凝器的上端进口进入，经冷却后的制冷剂则必须从冷凝器下端出口流出。如果安装错误，则容易导致制冷系统压力升高，严重时甚至导致冷凝器胀裂。

(3) 冷凝器的主要结构形式

汽车空调系统冷凝器的结构形式主要有管片式、管带式和平行流式三种。冷凝器的结构从管片式向管带式发展，并主要向平行流式发展。目前我国轿车上主要采用全铝管带式和平行流动式冷凝器。

管片式冷凝器和管带式冷凝器的结构及加工工艺与同类蒸发器基本相同，只是管片的间距较大且冷凝器厚度方向的尺寸比蒸发器小。如图 1-13 和图 1-14 所示。

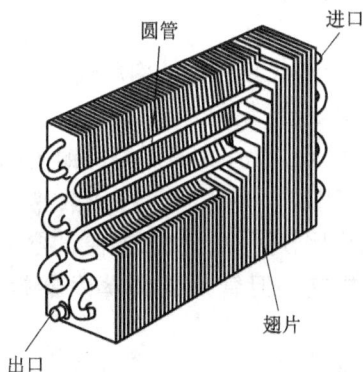

图 1-13　管片式冷凝器

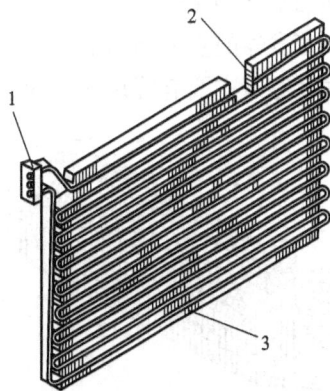

图 1-14　管带式冷凝器

1—接头；2—铝制内肋扁管；3—波形翅片

（4）冷凝器的组成及工作原理

下面以平行流式为例介绍冷凝器的组成及工作原理。

平行流式冷凝器的机构如图1-15所示。它由圆柱集管、铝制内肋扁管、波形散热翅片和连接管组成，是为适应制冷剂R134a而研制的冷凝器。

平行流冷凝器工作原理如图1-16所示。

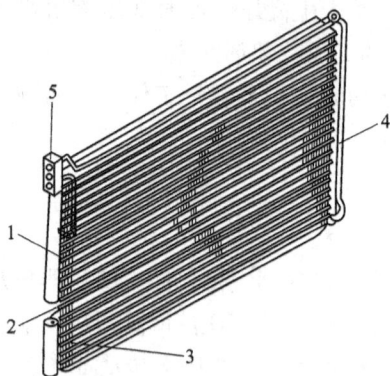

图1-15　平行流冷凝器

1—圆柱集管；2—铝制内肋扁管；3—波形散热翅片；

4—连接管；5—接头

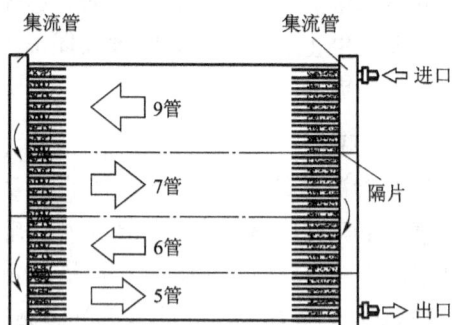

图1-16　平行流冷凝器工作原理

平行流冷凝器在两条集流管间用多条扁管相连，将几条扁管隔成一组，形成进入处管道多，逐渐减少每组管道数，在出口处管道少，实现了冷凝器内制冷剂温度及流量分配均匀，提高了换热效率，降低了制冷剂在冷凝器中的压力消耗，这样就可减少压缩机功耗。由于管道内散热面积得到充分利用，故对于同样的迎风面积，平行流散热器的换热量得到了提高。

3. 蒸发器

（1）蒸发器的作用

蒸发器与冷凝器的作用相反，其制冷剂起吸热作用，流经蒸发器的空气被冷却（制冷系统工作时，高压液态制冷剂通过膨胀阀而压力降低，变成湿蒸气进入蒸发器芯管，吸收散热片及周围空气的热量）。

（2）蒸发器的主要结构形式

蒸发器芯子主要有管片式、管带式、层叠式（又称板翅式）三种结构形式。

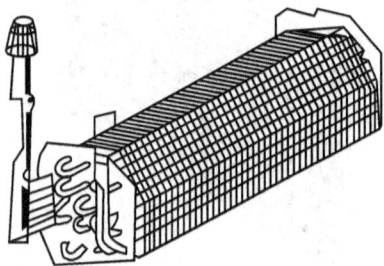

1）管片式蒸发器。

如图1-17所示，管片式蒸发器由铜质或铝质圆管套上铝散热片组成（经胀管工序使散热片与圆管紧密接触），结构比较简单，加工方便，与一般房间空调器的设备相同，但管片式的蒸发器换热效率较差。

2）管带式蒸发器

如图1-18所示，管带式蒸发器由多孔扁管与蛇

图1-17　管片式蒸发器

形散热铝带焊接而成，工艺比管片式复杂，焊接技术难度大，需采用复合铝材（表面覆盖一层 0.02~0.09 mm 厚的焊药）及多孔扁管型材，但换热效率比管片式蒸发器高10%左右。

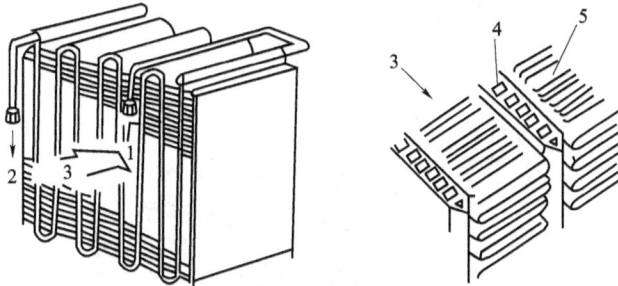

图1-18　管带式蒸发器

1—进口；2—出口；3—空气；4—管子；5—散热器

3）层叠式蒸发器

层叠式蒸发器又称板翅式蒸发器，如图1-19所示，它由两片冲压成复杂形状的铝板叠在一起形成制冷剂通道，每两条通道之间夹有蛇形散热铝带。此种类型的蒸发器也需要双面复合铝材，且焊接技术要求高，加工难度大，但其换热效率比管带式蒸发器高约10%，结构也比较紧凑。

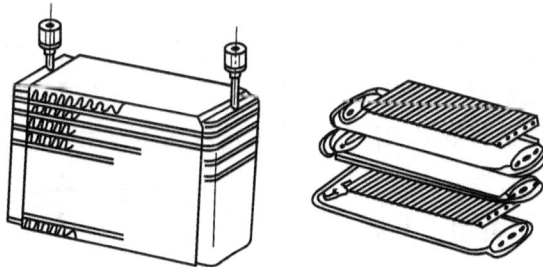

图1-19　层叠式蒸发器

4. 膨胀阀

（1）膨胀阀的作用

膨胀阀也称节流阀，是组成汽车空调制冷装置的主要部件，安装在蒸发器入口处，也是汽车空调制冷系统高压与低压的分界点。其作用是把来自储液干燥器的高压液态制冷剂节流减压，调节和控制进入蒸发器中的液态制冷剂量，使之适应制冷负荷的变化，同时可防止压缩机发生液击现象和蒸发器出口蒸气异常过热。

（2）热力膨胀阀

根据平衡方式不同，热力膨胀阀分为内平衡式和外平衡式两种。

内平衡膨胀阀的结构如图1-20所示。它由节流孔、感温系统和调节机构等组成。节流孔的孔径一般为1~3 mm，其功用是对液态高压制冷剂节流降压；感温系统主要包括金属膜片、毛细管、感温包等，感温包内充满制冷剂气体，它通过毛细管感应蒸发器出口温度，随蒸发器出口温度变化，感温包内制冷剂气体压力也发生变化，并将这种变化通过金属膜片传递给调节机构；调节机构包括阀体、阀座、顶杆、弹簧等，用来直接改变膨胀阀节流孔开度，以实现对制冷剂流量的调节和控制。

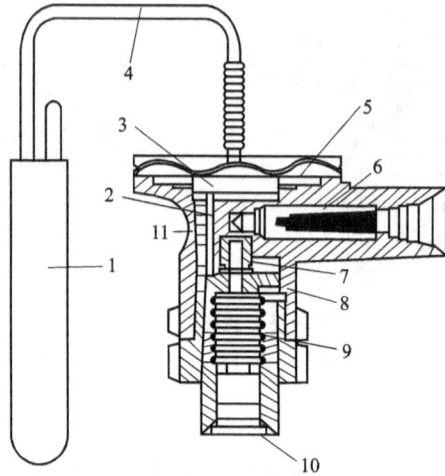

图 1-20 内平衡膨胀阀

1—感温包；2—顶杆；3—支撑片；4—毛细管；5—金属膜片；6—滤网；7—节流孔；
8—阀芯；9—弹簧；10—出口；11—内平衡孔

1）内平衡膨胀阀工作原理如下：感温包内制冷剂气体的压力作用在金属膜片上方，而金属膜片下面承受经阀芯与顶杆传来的弹簧力和平衡压力（节流后的制冷剂压力）共同作用，阀芯直接控制节流孔的开度。当金属膜片受力平衡时，金属膜片位置、阀芯位置、节流孔开度均固定。当蒸发器出口温度较高时，感温包内气体作用在金属膜片上方的压力增大，使金属膜片、顶杆、阀芯向下移动，节流孔开大，进入蒸发器的制冷剂流量增加，制冷量也相应增大；反之，当蒸发器出口温度较低时，节流孔开度减小，进入蒸发器的制冷剂流量减小，制冷量也相应减少。由于平衡压力是由膨胀阀内部将节流后的制冷剂引至金属膜片下方产生的，所以称为内平衡膨胀阀。

3）外平衡膨胀阀与内平衡膨胀阀的结构和工作原理基本相同，只是平衡压力用外平衡管路从蒸发器出口引至金属膜片下方，其结构如图 1-21 所示。相比而言，两种膨胀阀都是通过感温包感应蒸发器出口温度，但内平衡膨胀阀感应的压力是蒸发器进口压力，而外平衡膨胀阀感应的压力是蒸

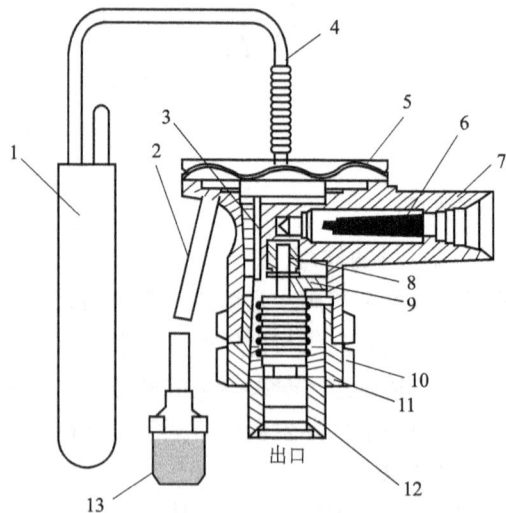

图 1-21 外平衡膨胀阀

1—感温包；2—外平衡管；3—顶杆；4—毛细管；
5—金属膜片；6—滤网；7—阀体；8—节流孔；
9—阀芯；10—弹簧；11—弹簧座；
12—调节螺母；13—平衡管接头

发器出口压力。

3）H 形膨胀阀

H 形膨胀阀是一种整体型膨胀阀，它取消了外平衡式膨胀阀的外平衡管和感温包，使其直接与蒸发器进、出口相连。H 形膨胀阀结构如图 1-22 所示。

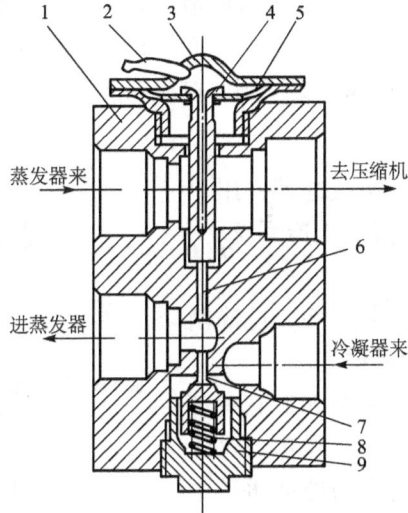

图 1-22　H 形膨胀阀结构

1—阀体；2—灌充管；3—动力头；4—顶杆（兼感温包）；5—膜片；
6—传动杆；7—球阀；8—弹簧；9—弹簧座

H 形膨胀阀实际上是把感温包缩到阀体内的回气管路上，从而提高了阀的工作灵敏度。但这种结构加工难度较大，膜片中心开孔也会影响膜片的开阀特性。H 形膨胀阀因其内部通路形同"H"而得名，其工作原理如图 1-23 所示。

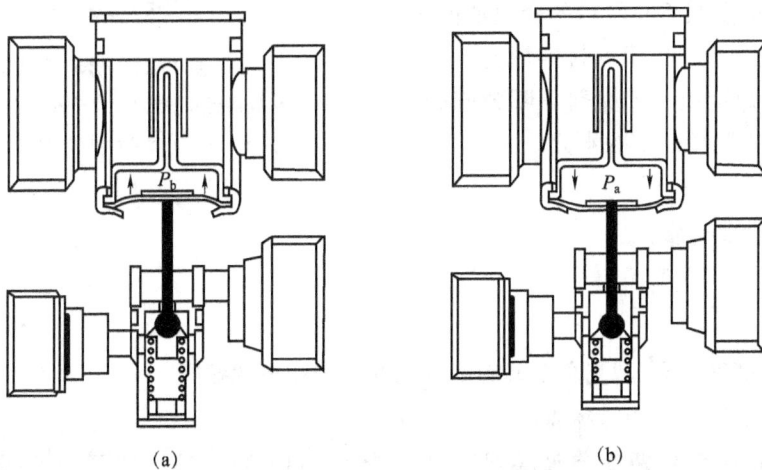

图 1-23　H 形膨胀阀工作原理

（a）热负荷较小时的开度；（b）热负荷较大时的开度

H 形膨胀阀有 4 个接口通往汽车空调系统，其中，两个接口和普通膨胀阀一样，一个接储液干燥器出口，另一个接蒸发器进口；另外两个接口，一个接蒸发器出口，另一个接压缩机进口，感温包和毛细管均由薄膜下面的感温元件所取代，感温元件处在进入压缩机的制冷剂气流中。H形膨胀阀结构紧凑，性能可靠，符合汽车空调的要求。

H形膨胀阀安装在蒸发器的进出管之间，阀上端直接暴露在蒸发器出口介质上，感应温度不受环境温度影响，也不需要通过毛细管而造成时间滞后。由于该膨胀阀无感温包、毛细管和外平衡接管，故可免除因汽车颠簸、震动而使充注系统断裂外漏以及感温包包扎松动而影响膨胀阀正常工作的问题，提高了膨胀阀的抗震性能。

5. 储液干燥器

储液干燥器全名为储液干燥过滤器，用于以热力膨胀阀作为膨胀节流装置的制冷系统中，它安装在冷凝器与膨胀阀之间。

储液干燥器的作用是储存制冷剂、过滤制冷剂中的杂质、吸收制冷剂中的湿气。

储液干燥器的结构如图1-24所示。它由玻璃观察窗、吸取管、粗过滤器、干燥剂、过滤器及壳体组成。观察窗是安装在制冷剂通道中的一块玻璃，用来观察制冷剂的流动状况。有些储液干燥器上装有易熔塞，若因冷凝器散热不良或其他零部件过热使其温度急剧上升，则当储液干燥器的温度升至100℃~156℃、压力高达3.0 MPa时，易熔塞的低熔点金属就会熔化，并把制冷剂排放到大气中去，以防止整个系统遭受损坏。在干燥器体内装有过滤器和干燥剂：过滤器由多层不同网目的金属滤网组成，并用铜丝布、纱布、药棉等材料填充，可滤除制冷剂中的各种杂质；干燥剂一般为硅胶或分子筛，用以吸收制冷剂中的水分。

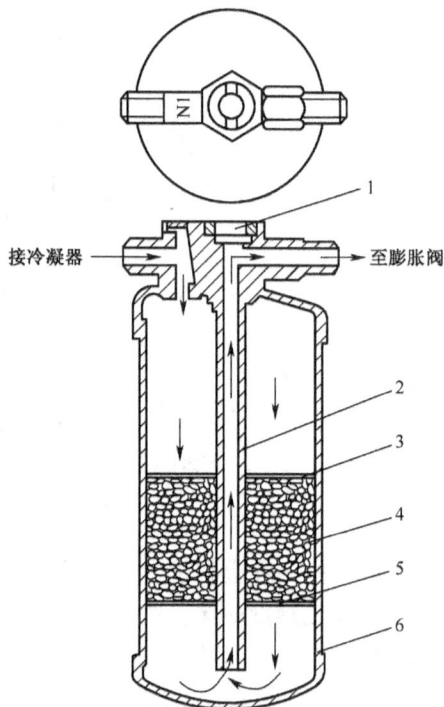

图1-24 储液干燥器
1—玻璃观察窗及易熔塞；2—吸取管；3—粗过滤器；
4—干燥剂；5—过滤器；6—壳体

实施与考核

一、技能学习

1. 解读桑塔纳2000型汽车空调制冷系统的结构和技术参数

（1）桑塔纳轿车空调系统的结构

桑塔纳2000系列轿车空调系统采用了替代R12的、对大气层无害的新型制冷剂HCF134a（R134a）；空调系统在原普桑空调的基础上对蒸发器、压缩机、冷凝器、储液器、软管、加注阀等总成或零件做了重大改进，使它的降温效果有了明显提高。桑塔纳2000系列轿车空调系统布置如图1-25所示。

空调系统的工作过程如图1-26所示。由蒸发器1出来的低温、低压制冷剂HCF134a气

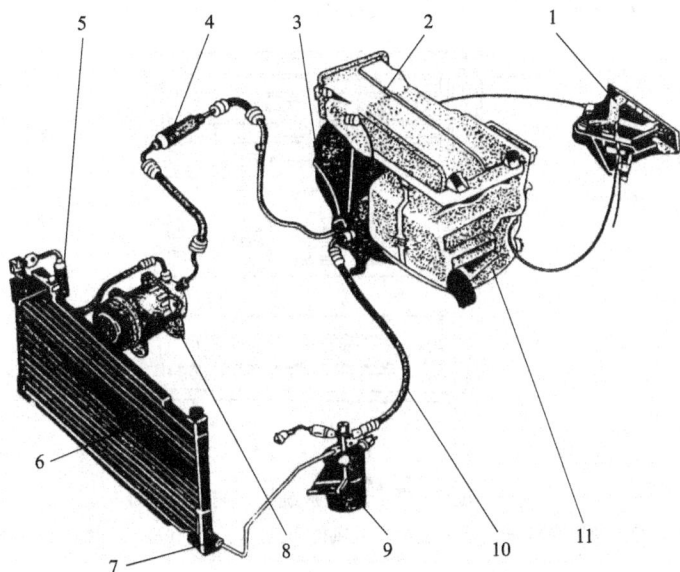

图 1-25　桑塔纳 2000 系列轿车空调系统布置

1—控制装置；2—进气罩；3—蒸发箱；4—S 管；5—D 管；6—冷凝器；7—C 管；

8—空调压缩机；9—储液干燥管；10—L 管；11—加热器

体，经低压软管 2、低压阀 9 进入压缩机 3。压缩机 3 将气态制冷剂吸进并压缩，变成高温、高压的制冷剂气体，由高压阀出来经过高压软管 4 进入冷凝器 5，并把热量排出车外，冷却为高温、高压的液态 R134a，从冷凝器底部流向储液干燥器 6，经过滤、脱水后由高压软管 4 送至膨胀阀 8，然后经膨胀阀的高压液态制冷剂减压，成为低温、低压的雾状物进入蒸发器，并通过蒸发器芯管吸收周围空气中的热量而变为气体，冷却后的空气即冷气，经风扇被强制送回车内，完成降温的目的。低温、低压的气态制冷剂，经低压软管回到压缩机，开始新一轮工作循环。

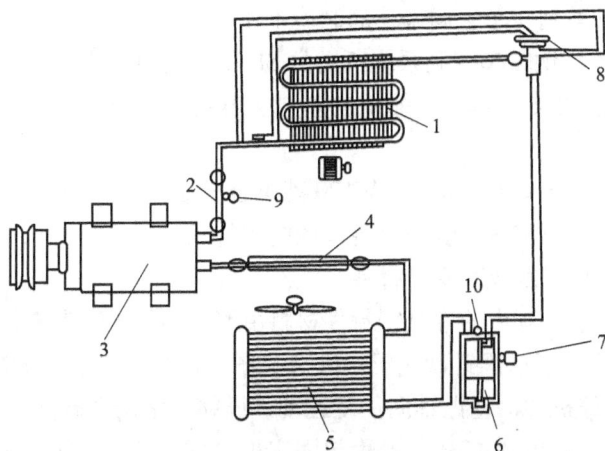

图 1-26　系统工作原理

1—蒸发器；2—低压软管；3—压缩机；4—高压软管；5—冷凝器；6—储液干燥器；

7—高压阀；8—膨胀阀；9—低压阀；10—压力开关

空调系统操纵杆及空调系统出风口布置如图 1-27 和图 1-28 所示。

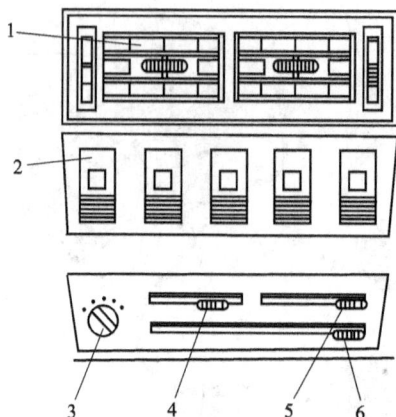

图 1-27 空调系统操纵杆

1—中央出风口；2—空调控制开关；3—自然风鼓风机开关；4，5—气流分布拨杆；6—温度选择拨杆

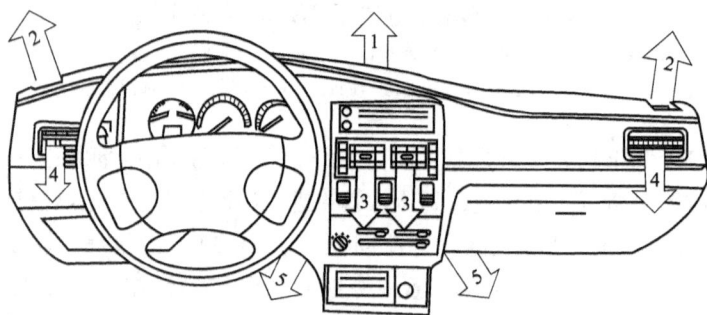

图 1-28 空调系统出风口布置

1）压缩机。

由于桑塔纳 2000 系列轿车空调系统的制冷剂由 R12 改为 R134a（这种制冷剂具有高渗透性），因此，普通桑塔纳轿车空调系统所用的 SD-508 型压缩机已不适用，改为 SE-5H14 型压缩机。该压缩机是在 SD-508 压缩机的基础上根据制冷剂的要求进行局部改动而制成的，主要改动如下：

① 冷冻机油由原 5GS 矿物油改为 SW100 酯类合成油；

② 轴封由原来的机械密封式改为双唇口径向密封式；

③ 提高了有关零件强度或改变了材料；

④ 为提高密封性能，其中的橡胶密封件材料由 NBR/FKM 改为氢化丁腈橡胶。

SE5H14 型压缩机属于摇摆斜盘式压缩机（见图 1-29），当主轴旋转时，摇板做轴向往复摇摆，从而带动压缩机的活塞做轴向往复运动。压缩机采用电磁离合器型式，当接通电源时，电磁离合器线圈中的电流在离合器片与固定框之间产生一磁场，离合器的磁铁吸向转子，电磁离合器带轮将从发动机上得到的动力传给压缩机轴，带动压缩机工作。当切断电源时，磁场消失，离合器分离，带轮空转。

这种压缩机的吸、排气压力及工作转矩的波动小，平均功耗低，工作变化平稳，且不会

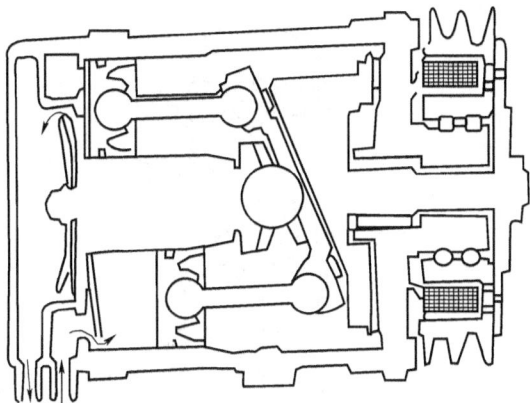

图 1-29　摇摆式压缩机工作原理

结霜。

2）冷凝器

冷凝器的作用是把来自压缩机的高温制冷剂气体冷凝成高压液体，并把吸收的热量放到车外环境去。由于使用 HFC134a 制冷剂后系统压力升高，故为提高冷凝效果，已将桑塔纳 LX 型采用的管片式冷凝器改为传热效果更好的全铝管带式平流冷凝器，如图 1-30 所示。

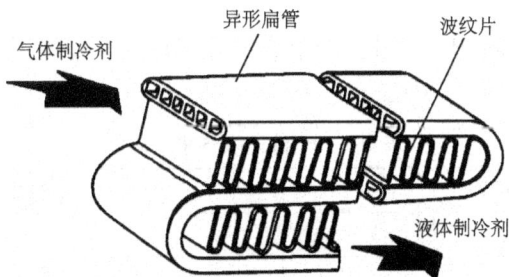

图 1-30　管带式冷凝器结构

3）蒸发器

蒸发器安装在副驾驶员一侧杂物箱下方，采用风冷全铝板带式结构，它的功能是：经节流阀流入的制冷剂液体蒸发成气体，吸收车内热空气的热量，从而达到降温的目的。由于采用 HFC134a 制冷剂，故会引起冷凝压力和温度上升，导致制冷效率下降。为此，桑塔纳 2000 系列轿车蒸发器的扁管加宽，翅片间距减小，从而增大了热交换面积，改善了换热性能。

4）储液干燥器

储液干燥器安装在发动机左前方纵梁上，由过滤器、干燥剂、窥视玻璃、组合开关及引出管等组成，如图 1-31 所示。它的主要功能有储存制冷剂、吸收制冷剂中的水分及过滤异物、高低压保护等。

由于 HFC134a 与水的亲和力强，脱水困难，故干燥剂由原来的 XH-4A-5 改为 XH-7，干燥剂用量增加；为提高罐体的抗腐蚀能力，其材料由铁改为铝。其主要规格见表 1-3。

储液干燥器要直立安装，倾斜度不应大于 15°，否则液态与气态制冷剂将不能完全分

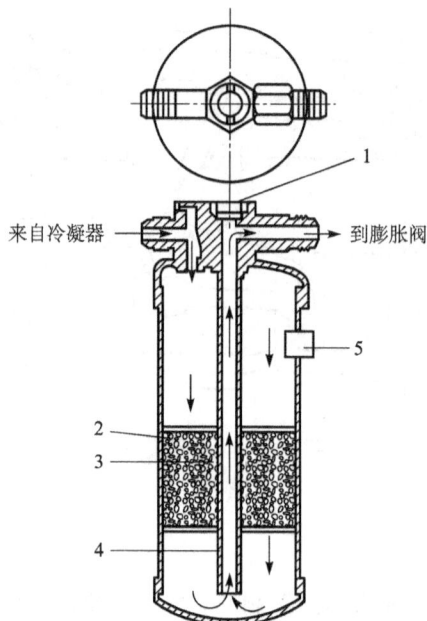

图1-31 储液干燥器结构

1—窥视玻璃；2—过滤器；3—干燥剂；4—引出管；5—组合开关

离。在空调系统的安装和维修过程中，干燥器必须最后一个安装到系统中，以防止空气进入干燥器。

表1-3 储液干燥器主要规格

配套车型	桑塔纳2000型
容量/mL	500
干燥剂型号（分子筛）	XH-7
干燥剂质量/g	50
平衡吸水量/g	3
易熔塞击穿温度/℃	103～110.5
压力开关名称	高、中、低三位一体压力开关
开关值（表压）/MPa	高压开关：3.14±0.20 中压开关：1.77±0.10 低压开关：0.196±0.10
气门芯	快速连接
适用制冷剂	R134a

5）膨胀阀

膨胀阀的主要功能：把高温、高压的液态制冷剂节流降压，转化为低压、低温的雾状物，送入蒸发器，并控制供液量，防止液体过多而引起阻滞。

桑塔纳2000系列轿车采用H形膨胀阀（见图1-32，主要由阀体、感温元件、调节杆、弹簧、球阀等组成），与桑塔纳 LX 型所采用的 F 形膨胀阀相比，由于它的感温元件直接安装在阀体内，因而调节灵敏度和制冷效率更高。

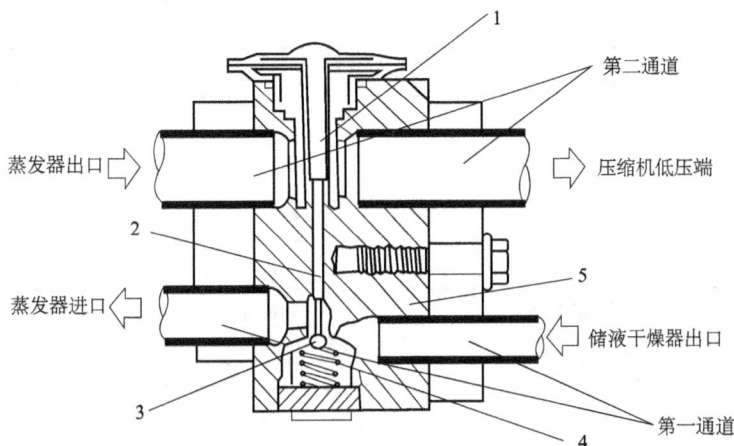

图 1-32　H 形膨胀阀结构示意图
1—感温元件；2—调节杆；3—球阀；4—弹簧；5—阀体

6）管路

管路把制冷系统各元件连成了一个封闭系统。制冷系统采用柔性橡胶软管连接，空调软管中间是橡胶软管，两端铆有金属接头。汽车上较常用的软管是尼龙软管和耐氟氯丁橡胶软管，前者比后者耐压、耐爆裂强度高。空调通常有三种软管：低压软管、高压软管和液体管路。其中，低压软管的管径最大，液体管路管径最小。耐氟氯丁橡胶软管的编号有 6 号、8号、10 号、12 号四种，号越小，内径越小。

7）压力开关

压力开关属于保护元件，通过对电磁离合器电路和冷凝器风扇电路的控制，来实现压缩机停、开或风扇高、低速运转，从而防止系统因压力和温度过高或过低而损坏。压力开关分高压压力开关和低压压力开关，它可根据压力的变化开闭触点，故又称压力继电器。

高压压力开关安装在压缩机至冷凝器的管路上，用于防止系统压力过高；低压压力开关通常设在高压回路中，用于防止压缩机在缺少制冷剂的情况空转，以免压缩机因缺乏润滑油而损坏。

此外，在轿车制冷系统中还将高压压力开关与低压压力开关组合成一体，叫作高低压组合开关，它既可进行低压压力控制，也可进行高压压力控制。

（2）结构参数和技术性能参数

桑塔纳 2000 系列轿车空调系统技术性能及参数见表 1-4。

表 1-4　桑塔纳 2000 系列轿车空调系统技术性能及参数

项　目		单　位	参　数
整体性能	制冷量	W	3 997
	制热量	W	7 000~8 000
	风量（干）	m³/h	420

项目一　汽车空调概述

项　目		单　位	参　数
压缩机	型号		SE5H14
	型式		摇摆斜盘式
	缸径	mm	$\phi 35$
	行程	mm	28.6
	缸数		5
	每转排量	cm³	138
	最大允许转速	r/min	7 000
	制冷剂		HFC134a
	润滑油		Castrol SW-100
	润滑油量	cm³	135
	质量	kg	5
	功率消耗	kW	2.7
离合器部分	额定电压	V	12DC
	脱离转矩	N·m	29.5
	最小啮合电压	V（≤）	7.5DC
	额定电流	A	2.5~3.0
	最大允许转速	r/min	7 000
	最大允许连续转速	r/min	6 000
	传动带	型号×根数	A×1，M×1
	皮带轮外径	mm	$\phi 130$
	质量	kg	2.4
散热器风扇（主、从动两只）	最大功率	W	200
	起动方式		满电压直接起动
	抗无线电干扰	MHz	20~150
	高速挡风扇功率	W	150
	低速挡风扇功率	W	95
	车上主动风扇高速挡电流	A	6~7
	车上低速挡风扇电流	A	3~4
	主动风扇带动从动风扇后： 高速挡电流 低速挡电流	A A	8~10 4~6

2. 空调系统的使用和检查

（1）使用注意事项

正确使用空调对其性能及寿命、发动机的工作稳定及功耗、乘员的舒适性都有很大影响。

1）为保证取暖和通风正常工作，挡风玻璃前的进风口应通畅。

2）空调的设计使用温度为环境温度 5 ℃以上，故使用时环境温度应高于 5 ℃。

在使用前应检查系统中制冷剂的量是否合适、是否存在泄漏部位、冷凝器冷却风扇能否正常工作，如发现问题，则需修复后方可使用。

3）使用空调，必须保持系统清洁，特别是需经常清除冷凝器和蒸发器散热片中的灰尘，以保持良好的热交换效果。

4）当车辆在太阳下停放时间过长，车厢内温度很高时，应首先打开车门、车窗，开启空调驱散热气，然后关闭门、窗，以提高空调制冷效果。

5）空调系统应在发动机冷却水温度正常时使用，如发动机因大负荷工作引起水温过高，则需暂停使用空调，直至水温正常后再重新开启。

6）应避免在停车时，或在怠速、高温下长时间使用空调，以免因系统温度和压力过高而使空调损坏。

7）R134a 制冷剂不允许与 R12（氟利昂）混用，否则会引起制冷剂制冷性能下降和系统损坏。

8）在不使用空调的季节，每周也需使空调工作 5~10 min，以便润滑空调系统，防止压缩机等部件内部生锈，保持其良好的技术状态。

（2）常规检查及基本注意事项

由于不同制冷剂的特性不同，要求系统配制不同的冷冻机油、干燥剂、橡胶密封材料、连接软管以及不同的压缩机、膨胀阀、恒温控制器、压力开关等部件。因此，对空调系统进行维护时，首先要确认该系统采用了何种制冷剂，以便采取相适应的措施和材料，这一点非常重要。

1）空调系统常规检查（指不打开制冷系统）的内容。

① 检查制冷剂是否有泄漏。

② 检查制冷剂量是否正常。

③ 检查电路是否接通、各控制元件是否正常工作。

④ 检查冷凝器是否有明显污垢、杂物，是否通畅。

⑤ 检查压缩机传动带张力是否正常。

⑥ 检查软管及连接处是否牢固。

⑦ 检查系统运行时是否有异响和气味。

2）检查方法。

检查方法主要有：用手感觉各部分温度是否正常；用肉眼检查表面情况及泄漏部位；用耳听和鼻嗅检查是否有异常响声和气味；通过储液干燥器上的窥视玻璃判断系统工作状况。

① 用手检查温度。

在正常情况下，低压管路呈低温状态，高压管路呈高温状态。

从压缩机出口→冷凝器→储液干燥器→膨胀阀进口处是制冷系统的高压区，这些部件应该先暖后烫（注意手摸时要小心被烫伤），如有特别热的部位（如冷凝器表面），则说明此部位有问题（散热不好）；如有特别凉的部位（如膨胀阀入口处），也说明此部位有问题（可能有堵塞）。储液器进、出口之间若有明显温差，则说明此处有堵塞或者制冷剂量不正常。

从膨胀阀出口→蒸发器→压缩机进口处是低压区，这些部位表面应该由凉到冷，但膨胀阀处不能发生霜冻现象。

② 用肉眼检查泄漏情况。

制冷剂的泄漏有可能出现在：所有连接部位、冷凝器表面及蒸发器表面被损坏处、膨胀阀进出口连接处及压缩机轴封、前后盖密封垫处等。上述部位一旦出现油渍，一般说明此处有制冷剂泄漏（但压缩机前轴封处漏油可能是轴承漏油），应尽快采取措施修理。

③ 干燥器窥视玻璃判断工况。

从窥视玻璃判断工况要在发动机运转、空调工作时进行。若从窥视玻璃中看到的工质情况如下：

a. 清晰、无气泡，但出风口是冷的，说明制冷量适当，制冷系统正常；出风口不冷，说明制冷剂漏光了；出风口不够冷，而且关掉压缩机 1 min 后仍有气泡慢慢流动，或在关压缩机的一瞬间就清晰无气泡、无流动，说明制冷剂太多。

b. 偶尔出现气泡，若有膨胀阀结霜现象，则说明系统中有水分；若无膨胀阀结霜现象，则可能是制冷剂缺少或有空气。

c. 有气泡、泡沫不断流过，说明制冷剂不足。如果气泡很多，则可能有空气。

d. 有长串油纹，偶尔带有成块机油条纹，出风口不冷，说明几乎没有制冷剂；有泡沫，较混浊，说明冷冻油太多或干燥剂散了。

二、任务实施与考核（见表1-5）

表1-5　教师考核记录

实训项目：　汽车空调部件的结构原理和系统工作情况检查

班级学号		姓名		
项目	必要的记录		分值	评分
压缩机				
冷凝器				
干燥器				
膨胀阀				
蒸发器				
分析空调的制冷原理				
空调的使用方法				

项目	必要的记录	分值	评分
空调工作状况的检查			
总分			
	老师签字： _____年___月___日		

项目二

汽车空调系统的控制装置

❁ 任务一 汽车空调系统的控制装置

学习目标

（1）能够正确描述汽车空调控制装置各个部件的功能。

（2）能够正确解释汽车空调制冷系统控制部件工作原理。

（3）能够正确描述汽车空调控制系统的基本组成。

（4）能够利用空调制冷原理和控制原理的基础知识分析汽车空调的制冷故障。

任务分析

汽车空调系统分为制冷系统和取暖系统，通过学习汽车空调的功能和特点，掌握汽车空调系统控制的组成；通过空调的工作与控制原理的基础知识来分析汽车空调维护和维修的方法。

相关知识

一、汽车空调制冷系统的控制装置原理

为保证制冷系统正常工作，并使车内保持所需的温度，必须设有制冷系统的运行保护控制装置和发动机工况控制装置。

1. 电磁离合器

在离合器控制的制冷系统中，电磁离合器通常安装在压缩机前端，用来控制压缩机的停机、开机，它是制冷自动控制系统的执行部件，受恒温器、压力开关和 A/C 开关等控制。

电磁离合器主要由压板、皮带轮、轴承、衔铁和电磁线圈等组成。电磁离合器的结构和工作原理如图 2-1 所示。电磁线圈固定在压缩机前缸盖上，转子轴承压装在前缸盖凸缘上，皮带轮通过轴承和卡环保持在电磁线圈上。铁和压板通过铆接的弹簧片连为一体，而压板上的轴套套装在压缩机主轴的键上。皮带轮为电磁离合器的主动部分，衔铁和压板则为从动部分；当电磁线圈断电时，没有磁力作用，衔铁与皮带轮分开，皮带轮在轴承上自由转动，压缩机不工作；当电磁线圈通电时，磁场吸引衔铁，使其与皮带轮接合，皮带轮通过衔铁、压板驱动压缩机主轴转动，压缩机开始工作。

上述电磁离合器的电磁线圈是固定不动的，所以称为定圈式电磁离合器。有些电磁离合器的电磁线圈是转子的一个组成部分，随转子一起转动，利用装在压缩机上的电刷给运动的线圈通电，称为动圈式电磁离合器。除电磁线圈的固定位置不同外，动圈式与定圈式两种电磁离合器的结构和工作原理相同。由于动圈式电磁离合器的易损件多，所以应用较少。

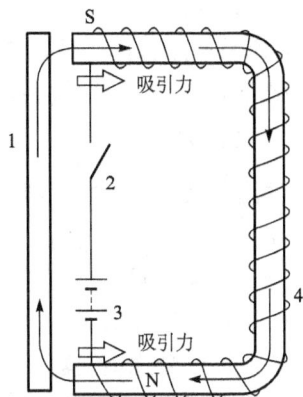

图 2-1　电磁离合器的工作原理

1—衔铁；2—开关；3—电源；

4—电磁线圈

2. 制冷剂压力开关

压力开关属于保护元件，通过对电磁离合器电路和冷凝器风扇电路的控制，来实现压缩机停、开或风扇高、低速运转，从而防止系统因压力和温度过高或过低而损坏。压力开关分高压压力开关和低压压力开关，其可根据压力的变化开闭触点，故又称压力继电器。

（1）高压压力开关

高压压力开关安装在压缩机至冷凝器的管路上，用于防止系统压力过高。当因冷凝器散热不良、散热堵塞和风扇损坏等，导致冷凝压力过高时，开关自动切断电磁离合器电路，使压缩机停止工作；或接通冷却风扇高速挡电路，自动提高风扇转速，以降低冷凝温度和压力。在汽车空调系统中，高压开关的压力控制在 2.82~3.10 MPa 时断开，在 1.03~1.73 MPa 时接通。

（2）低压压力开关

轿车制冷系统中的低压压力开关通常设在高压回路中，其主要功用是防止压缩机在缺少制冷剂的情况空转，以免压缩机因缺乏润滑油而损坏。此外，低压压力开关也可防止在过低的环境温度下，因制冷系统工作而造成蒸发器表面结冰和增加功耗。低压压力开关的压力控制在 80~110 kPa 时断开，在 230~290 kPa 时接通。

（3）高、低压组合开关

高、低压组合开关是将高压压力开关与低压压力开关组合成一体的保护开关，图 2-2 所示为设在高压管路中的高、低压组合开关。当制冷剂的压力超过弹簧 2 的弹力时，金属膜片 5 保持不动，动触点朝箭头所示方向［见图 2-2（a）］移动，低压保护开关 1 闭合，电路接通；当低压压力低于某一设定值，弹簧 2 的弹力大于制冷剂压力时，开关 1 断开，电路断开。

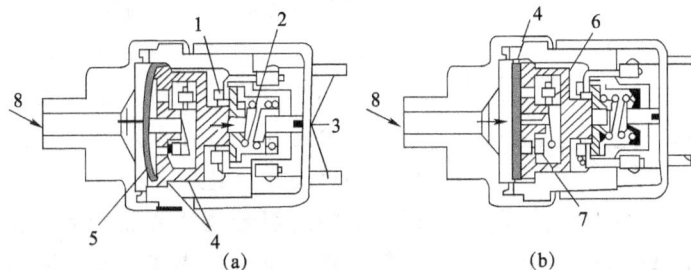

(a) 　　　　　　　　　　(b)

图 2-2　高、低压组合开关

1—低压保护开关；2—弹簧；3—接线柱；4—动触点；5—金属膜片；6—销子；7—高压保护开关；8—压力引入点

当制冷剂压力超过设定值时，制冷剂压力高于金属膜片弹力，金属膜片变形，推动销子6朝箭头所示方向［见图2-2（b）］移动，高压保护开关7断开，电路切断；当制冷剂压力低于某一值时，金属膜片恢复正常形状，开关7闭合，电路接通。

3. 恒温器

恒温器又称温度控制器或恒温开关，它是汽车空调系统中温度控制部件，感受的温度有蒸发器表面温度、车内温度和大气温度等。恒温器是感应蒸发器表面温度从而控制压缩机的停、开，以起到调节车内温度及防止蒸发器结霜的电气开关装置。在离合器控制的制冷系统中，恒温器有三种形式：波纹管式、双金属片式和热敏电阻式。

（1）波纹管式恒温器

这种恒温器是一种热力机械式温度控制开关，其是将一根由毛细管连接的温度传感器（感温包）放在需要感温的部位，一般插在蒸发器中间，工作原理如图2-3所示。波纹管与摆动框架相连，框架上有一个动触点，恒温器壳体上有一个定触点；当流过的空气温度升高时，毛细管里的气体膨胀，对波纹管产生一个压力，波纹管推动框架，使两个触点闭合，电流接通，电磁离合器产生吸力。通过外部调整旋钮使调节凸轮转动，可实现人工温度调节，旋钮顺时针方向转动，弹簧拉紧，车内温度比较高时，才能使触点闭合。

图2-3 波纹管式恒温器

1—电磁离合器；2—触点；3—摆动框架；4—波纹管；5—毛细管；6—感温包；
7—绝缘块；8—调节凸轮；9—电动机；10—开关；11—熔丝；12—蓄电池

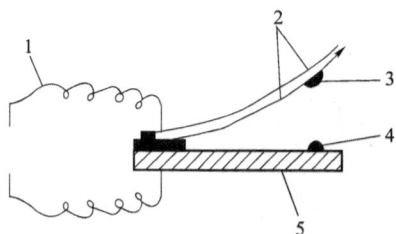

图2-4 双金属片式恒温器

1—导线；2—双金属片；3—动触点；
4—定触点；5—壳体

（2）双金属片式恒温器

如图2-4所示，双金属片式恒温器由两片膨胀系数不同的金属片组成，上面有一个动触点，壳体上有一个定触点。在设定温度范围内，双金属片平伸，触点闭合，电路接通。当冷空气通过恒温器时，恒温器中的双金属片弯曲变形，随着空气温度不断降低，双金属片弯曲变形量不断增大，直到触点断开，使电路切断。当温度升高，双金属片变形逐渐恢复，直到温度升高到一定值时，触点重新闭合，电路接通。

双金属片式恒温器结构简单，价格便宜。但双金属片式恒温器必须放在蒸发箱中，布置有一定困难；而波纹管式恒温器用一根长的毛细管感应温度，恒温器本体可布置在稍远的合适部位，布置方便。因此，波纹管式比双金属片式应用广泛。

（3）热敏电阻式恒温器

这种恒温器主要部件为一个小圆片形的热敏电阻，热敏电阻插在蒸发器芯子中间（或其他需要感温的部位），并用导线与晶体管电路系统相连，如图2-5所示。由于温度变化使热敏电阻的电阻值发生变化，从而控制电路的接通与断开。

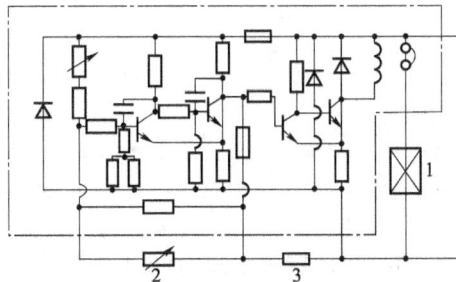

图2-5　热敏电阻式恒温器电路
1—电磁线圈；2—可变电阻；3—热敏电阻

热敏电阻有两种：一种电阻具有负温度特性，即温度升高，电阻值下降；另一种具有正温度特性，即温度上升，电阻值上升。

热敏电阻式恒温器的调节精度主要由热敏电阻特性决定，若热敏电阻特性不良，则会造成较大调节误差。如果蒸发器表面温度到0℃还不切断电路，则会造成蒸发器结霜。

4. 过热开关与热力熔断器

当制冷系统缺少制冷剂时，若压缩机继续工作，则其将会因缺少润滑及过热而损坏。过热开关在上述情况下接通热力熔断器电路，熔断器熔化断路，使压缩机停止工作，起到自动保护的作用。

（1）过热开关

过热开关安装在压缩机缸盖里，是一种温度—压力感应开关。在正常情况下，此开关处于断开位置，如图2-6所示。其动触点安装在膜片上方，感温管内的气体压力作用在膜片下方。当系统处于正常状态时，膜片总成使动触点离开接线柱，过热开关保持常开。当系统因泄漏等导致制冷剂不足时，压缩机温度异常升高，感温管内的气体膨胀并推动膜片向上运动，使过热开关闭合，接通热力熔断器电路。

（2）热力熔断器

热力熔断器是与过热开关配套工作的，它由温度感应保险丝和线绕电阻器（加热器）组成，如图2-7所示。

当过热开关闭合时，通向电磁离合器的电流通过热力熔断器中的加热器，使加热器温度升高，直到把熔断器熔化，使电磁离合器电路断路，压缩机停止工作。

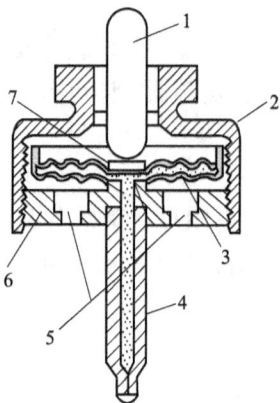

图2-6 过热开关

1—接线柱；2—壳体；3—膜片总成；4—感温管；
5—底座孔；6—底座；7—动触点

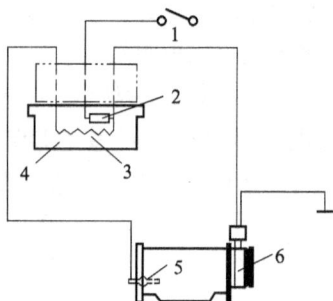

图2-7 热力熔断器

1—环境温度开关；2—熔断器；3—加热器；4—热力熔断器；
5—过热开关；6—电磁离合器

因为熔化保险丝需要一定的时间，故对于短时间（一般约3 min）内的高温现象其是不起作用的。短时间异常过热，也不足以对系统工作产生影响。

5. 环境温度开关、水温开关与除霜开关

（1）环境温度开关

在过低的环境温度下，开空调压缩机显然是浪费，为防止误动作，有些空调制冷系统中设有环境温度开关。环境温度开关与环境温度传感器是不同的，其是一种电气开关，因环境温度的改变可断开或闭合，从而控制压缩机停、开。

（2）水温开关

水温开关装在发动机水箱或冷却水管路中，感应发动机水温，以防止发动机水温过热。当水温超过某一规定值时，开关断路使空调压缩机停止工作；当水温降至某一值时，开关又自动接通，空调压缩机重新工作。

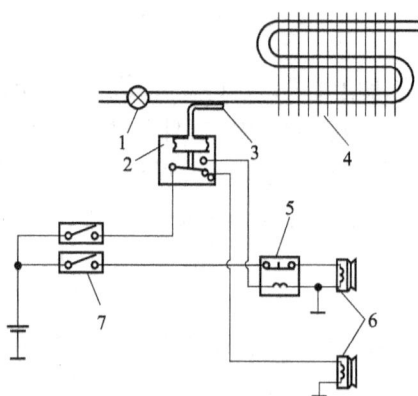

图2-8 除霜开关工作原理

1—膨胀阀；2—除霜开关；3—感温包；4—蒸发器；
5—继电器开关；6—电磁离合器；
7—空调（A/C）开关

（3）除霜开关

为了消除蒸发器外表面的积霜，有些空调制冷系统在膨胀阀与蒸发器之间的管路外壁有除霜开关的传感器，其工作原理如图2-8所示。当温度到达0 ℃时，波纹管收缩，除霜开关接通继电器的电磁线圈电路，线圈产生电磁力，使继电器开关断开，压缩机停止工作；直到蒸发器温度上升到一定值后，除霜开关断开，继电器开关闭合，压缩机重新工作。

6. 旁路电磁阀

旁路电磁阀是一种开关式的旁通自动阀门，用以控制制冷剂旁通管路（简称旁路）的通断。其结构如图2-9所示，电磁线圈通电时，产生电

磁力，将铁芯、阀杆和阀吸向上方，使阀开启，管路开通；电磁线圈断电时，电磁力消失，铁芯在重力和回位弹簧作用下落下，使阀关闭，管路不通。

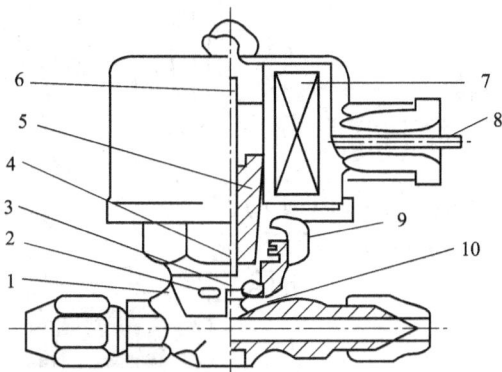

图 2-9　旁路电磁阀

1—阀体；2—阀；3—上阀座；4—阀杆；5—铁芯；6—回位弹簧；
7—电磁线圈；8—配线；9—放松螺母；10—下阀座

　　旁路电磁阀通常安装在储液干燥器与压缩机进口之间的旁路中，当蒸发温度过低时，通过减少进入蒸发器的制冷剂流量来提高蒸发温度。当蒸发器的出口温度低于设定温度时，控制电路使旁路电磁阀开启，部分高温、高压制冷剂气体不经蒸发器被吸入压缩机，从而减少了进入蒸发器的制冷剂流量，使制冷量减少，以防止蒸发器结霜。当蒸发器的出口温度上升到一定值时，控制电路又使旁通电磁阀关闭。上述过程不断重复，其在防止蒸发器结霜的同时，也可使车内温度保持在一定范围内。

　　有些空调制冷系统，将旁路电磁阀安装在压缩机出口与蒸发器之间的旁路中。当蒸发温度过低时，通过旁路直接将从压缩机排出的高温、高压气体制冷剂引入蒸发器，以达到提高蒸发温度、防止蒸发器结霜和控制车内温度的目的。

7. 蒸发压力调节阀

　　在离合器控制的制冷系统中，一般通过离合器控制压缩机的停、开，来调节制冷量，以达到防止蒸发器结霜和控制车内温度的目的。而在蒸发压力控制的制冷系统中，一般采用蒸发压力调节阀来控制蒸发压力，以调节制冷量。常用的蒸发压力调节阀有：吸气节流阀、先导阀操纵的绝对吸气节流阀、罐中阀、蒸发压力调节器。

　　（1）吸气节流阀

　　吸气节流阀英文为 Suction Throttling Value，简写为 STV，其作用是控制蒸发器蒸发压力不大于 0.298~0.308 MPa，以防止蒸发器表面结霜。吸气节流阀的结构如图 2-10 所示，主要由控制阀、调节机构和真空膜盒三部分组成。控制阀上共有 5 个接口，分别为蒸发器、压缩机、外平衡管、溢油管和压力表接口。阀体内有一个配合精密、可以左右移动的活塞，用于控制蒸发器的蒸发压力。活塞上有一对小孔，目的是当活塞全部封死蒸发器到压缩机的通道时，仍保留有少量的制冷剂输送到压缩机中，以防止压缩机做真空泵运动而耗功，减少能量损失。

　　吸气节流阀的工作原理：主膜片作为控制活塞动作的元件，受到 4 个力的作用，蒸发压

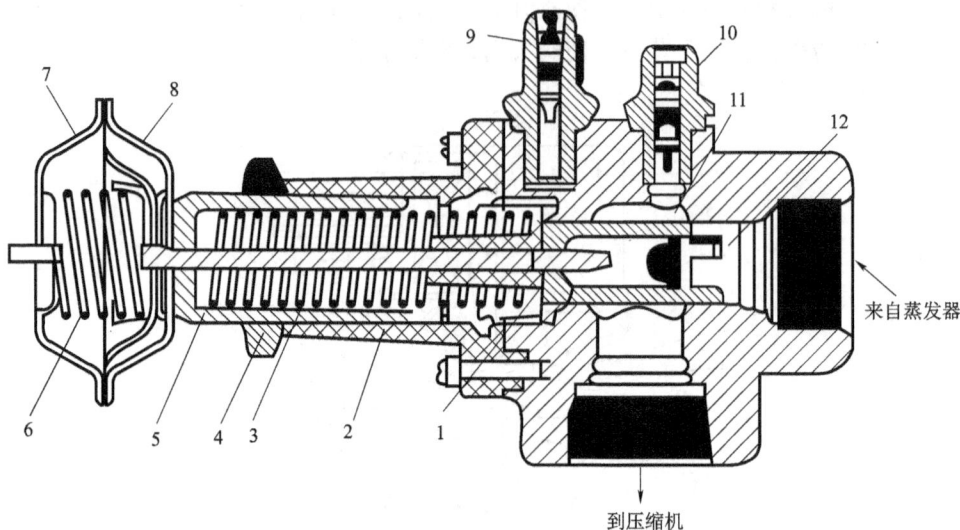

图 2-10　吸气节流阀

1—主膜片；2—固定套；3—主弹簧；4—紧固螺母；5—调节螺套；6—肋簧；7—真空膜盒；
8—大气孔；9—压力表接口；10—溢油管接口；11—外平衡管接口；12—活塞

力和膜盒的真空吸力推动活塞向左移动，迫使膜片左移；主弹簧力和大气压力使膜片向右移动。当蒸发压力为 0.298 MPa 时，活塞刚好关闭蒸发器通往压缩机的通道，此时主膜片受到的 4 个力平衡，蒸发器内的饱和温度为 -1 ℃，传到蒸发器表面为 0 ℃，蒸发器不会结霜。若蒸发器的温度高于 0 ℃，则蒸发压力上升，推动活塞左移使阀开度增大，蒸发器温度越高，阀开度越大，直到完全开启，以增大制冷剂流量，使制冷量增大。反之，若蒸发器的温度低于 0 ℃，则活塞左移使阀开度减小，温度越低，阀开度越小，直到完全关闭，以减少制冷剂流量，并使制冷量减少。

调节螺套用来调整主弹簧的预紧力，以调节吸气节流阀控制的最小蒸发压力。真空膜盒的功用是补偿海拔高度引起大气压变化的影响，即在高海拔地区切断真空膜盒的真空气路，使主膜片上不受真空吸力，以此来弥补高海拔的大气压下降，使蒸发器的压力仍保持原设计值，防止汽车高海拔运行时蒸发器结冰。

（2）先导阀操纵的绝对吸气节流阀

由于吸气节流阀控制压力受海拔高度影响，且控制精度差，主膜片容易泄漏制冷剂，所以现代汽车制冷系统逐渐被先导阀操纵的绝对吸气节流阀等所取代。先导阀操纵的绝对吸气节流阀的英文是 Pilot Operated Absolute Suction Throttling Value，简称 POASTV。

POASTV 阀的结构如图 2-11 所示，主要由活塞式的吸气节流阀和波纹管控制的先导阀两部分组成。阀上有 5 个接口，分别为蒸发器、压缩机、外平衡管、溢油管和压力表接口。活塞由支撑板固定的弹簧支撑，活塞左右运动可控制蒸发器到压缩机的制冷剂主通道。铜制波纹管固定在支撑板上，内部处于高度真空状态，波纹管的顶端焊有针阀芯。支撑板和波纹管都由主弹簧支撑，主弹簧固定在阀壳上。

工作原理：活塞左侧承受蒸发压力，活塞右侧承受支撑弹簧力和背压（活塞右侧气体压力）。活塞背压取决于蒸发压力、针阀开度和压缩机吸气压力。波纹管随背压力增大而缩

图 2-11　先导阀操纵的绝对吸气节流阀

1—针阀弹簧；2—波纹管气室；3—波纹管；4—溢油管接口；5—活塞弹簧；6—过滤网；7—活塞；
8—减振器；9—压力表接口；10—小孔；11—外平衡管接口；12—活塞环；13—支撑板；
14—针阀芯；15—阀座；16—主弹簧

短，随背压减小而伸长。当压缩机转速或车内温度变化时，活塞背压随之改变，引起波纹管伸缩，并带动针阀移动而改变针阀开度；针阀开度的变化又引起活塞背压力的变化，活塞控制的主通道开度也发生变化，从而实现对蒸发压力的调节。

当压缩机转速不变时，波纹管的伸缩使针阀处于时开时闭的临界状态，活塞处于平衡状态，以保持蒸发压力不变。

当蒸发压力降到设计值（一般为 0.298～0.308 MPa）时，活塞刚好关闭主通路，制冷剂只能通过小孔、针阀少量地流到压缩机，供压缩机在极低负荷下运转。

（3）罐中阀

缸中阀是储液干燥器、热力膨胀阀和先导阀操纵的绝对吸气节流阀的组合体，其结构如图 2-12 所示。其阀体由铸铝件或工程塑料制成，阀体上有 4 个管接头，分别与冷凝器出口、蒸发器进口、压缩机进口和溢流管连接。上盖有两个管接头，一个与蒸发器出口连接，另一个是带自动阀的检修口。装在阀内的热力膨胀阀与先导阀操纵的绝对吸气节流阀之间由一平衡孔相连，起到膨胀阀外平衡管的作用。膨胀阀的进口管处有一块可更换的窥液玻璃（观察窗）；干燥器装在储液罐壳体内，是可以更换的；带滤网的液体吸出管伸到罐底部（滤网可防止杂质进入系统）；上盖和储液干燥器都是薄铁片的冲压件。

罐中阀内装用的外平衡膨胀阀与前述结构略有不同，如图 2-13 所示，主要区别是：它取消了外

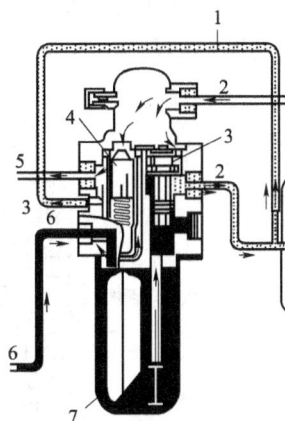

图 2-12　罐中阀

1—溢流阀；2—蒸发器出口接头；3—外平衡热力膨胀阀；4—先导阀操纵的绝对吸气节流阀；5—压缩机进口接头；6—冷凝器出口接头；7—储液干燥管

图2-13 罐中阀内装用的外平衡膨胀阀

1—膜盒盖；2—活性炭；3—滤网；4—保持架；5—膜片；
6—平衡孔；7—膜片底座；8—密封支撑环；9—活塞密
封圈；10—阀出口；11—阀杆；12—阀座；13—弹簧座；
14—溢流孔；15—阀体；16—弹簧；17—螺塞；
18—阀进口

平衡管和感温包，通过平衡孔从先导阀操纵的绝对吸气节流阀将蒸发器出口压力引入控制膜片下方，并在膜片上方的密封腔内充注一定量的制冷剂气体。这个密封腔通常称为膜盒，起到感温包的作用，它直接暴露在由蒸发器出口进入罐中阀的制冷剂气体中，感应蒸发器出口温度。外平衡膨胀阀的工作原理与前述基本相同。

工作原理：从罐中阀出来的低压蒸气进入压缩机进行压缩，将其变成高压蒸气，经过冷凝器降温散热后，变成高压液体；高压液体进入罐中阀内的储液干燥器中，经过过滤、干燥后，再经吸管将制冷剂液体送至膨胀阀，经过降压后又从罐中阀流出，进入蒸发器；蒸发后的蒸气再次从蒸发器进入罐中阀的上部进气口，经过先导阀操纵的绝对吸气节流阀的压力调节后流出，送到压缩机进行下一次循环。

在制冷系统工作时，控制进入蒸发器液态制冷剂流量的是膨胀阀，控制蒸发压力的是先导阀操纵的绝对吸气节流阀。

（4）蒸发压力调节器

蒸发器压力调节器简称EPR（Evaporator Pressure Resulator），目前使用较多的是EPR-Ⅱ型，其结构如图2-14所示。它是采用先导阀控制的一种蒸发器压力控制阀，但与先导阀操纵的绝对吸气节流阀有所不同，主要结构区别是：铜制波纹管内不是抽成真空，而是充注一种惰性气体（如氮气）。

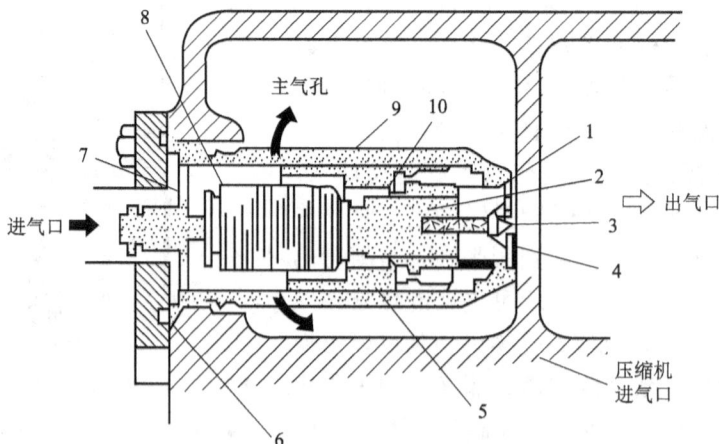

图2-14 EPR-Ⅱ型蒸发压力调节器

1—活塞弹簧；2—针阀芯；3—针阀（先导阀）；4—针阀弹簧；5—活塞；
6—密封圈；7—波纹管固定板；8—波纹管；9—阀体；10—小孔

工作原理：当活塞左侧承受的蒸发压力与右侧的弹簧力平衡时，主气口开度和针阀开度固定不变，保持蒸发压力不变。当蒸发压力升高时，活塞右移将主气孔开度增加，同时波纹管受压缩短，使针阀打开，供给蒸发器制冷剂流量增多，使制冷量增大，以降低蒸发压力和温度；当蒸发压力下降时，波纹管伸长，针阀逐渐关闭，同时活塞在弹簧力作用下逐渐向左移动，减小主气孔开度，供给蒸发器制冷剂流量减少，使制冷量也减少，以增大蒸发压力和温度。当蒸发器压力下降到设定值时，针阀关闭，活塞也刚好关闭主气口，此时只有极少量的制冷剂经小孔供给压缩机。

8. 发动机怠速控制装置

汽车临时停车和低速行驶时，发动机在怠速或小负荷工况下工作，此时由于发动机输出功率小，如果仍保持空调压缩工作，则会造成发动机工作不稳定，甚至熄火。

为了保证发动机低速或怠速时工作稳定，空调系统必须装有发动机怠速控制装置。怠速控制装置主要分两种类型：怠速继电器和怠速提高装置。

（1）怠速继电器

怠速继电器的功用是当发动机低速或怠速运转时，自动切断压缩机的离合器电路，停止压缩机工作，以减轻发动机的负荷，从而保证发动机工作稳定。此种类型的怠速控制装置在国产轿车应用较广泛。

怠速继电器是一种电路元件，目前大多采用集成电路。它感应来自点火线圈的脉冲信号，所需控制的转速设定值可由人工调节。怠速继电器控制压缩机停止工作时的转速：一般六缸发动机为 650 r/min 左右，四缸发动机为 1 000 r/min 左右。当转速低于调定值时，继电器断开，切断压缩机电磁离合器电路，压缩机停止工作。当转速高于调定值时，继电器吸合，使电磁离合器电路接通，压缩机工作。怠速继电器的线路有很多种，图 2-15 所示为其中一种的线路原理图。怠速继电器在汽车上的安装接线图基本相同，如图 2-16 所示。

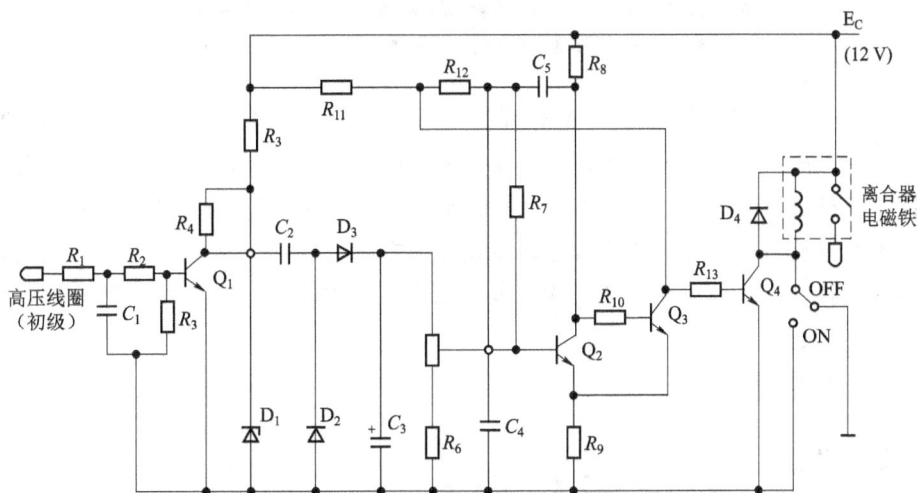

图 2-15　怠速继电器安装原理

（2）怠速提高装置

高级轿车应用较多的是利用 TP 来提升怠速，如图 2-17 所示。在 TP 结构中，采用了螺

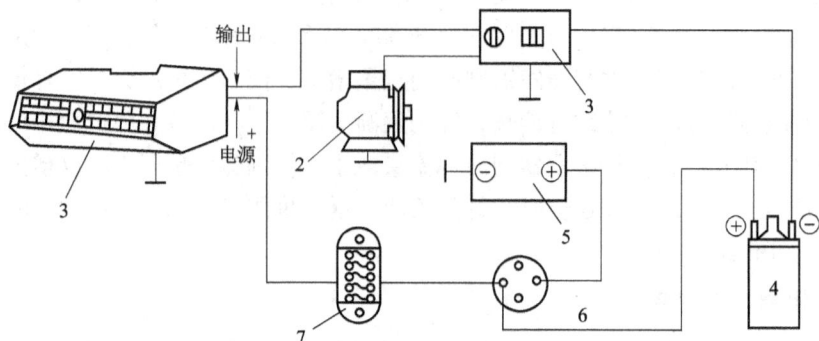

图 2-16　急速继电器的安装接线

1—蒸发器；2—压缩机；3—急速继电器；4—点火线圈；5—蓄电池；6—点火开关；7—熔丝盒

线管式电磁阀、节流位置控制器、限位杠杆及负压延迟阀。节流位置控制器是一种真空膜盒，内有膜片，膜片上方有弹簧，膜片下方连接一根推杆。

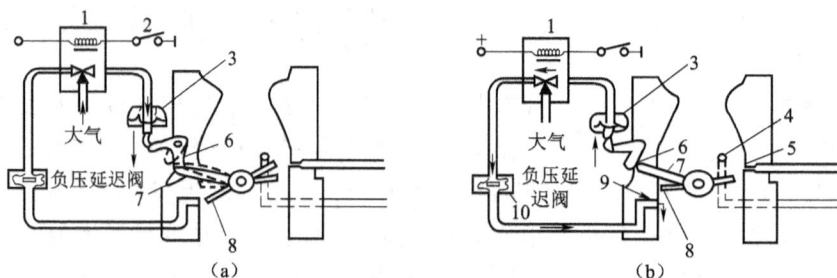

图 2-17　急速提升装置工作原理

1—真空转换阀；2—A/C 开关；3—位置控制器；4—急速过渡喷口；5—急速喷口；
6—限位器；7—杠杆；8—节气门；9—真空取气口；10—负压延迟阀

如图 2-17 所示，使用空调时，A/C 开关接通，电流通过电磁阀，真空转换阀的真空回路被切断，大气压力作用到位置控制器膜片上方，限位器和杠杆向下转动，使节气门关闭时因碰到限位杠杆而不能全闭，保持微开状态，从而实现提高发动机急速转速的目的。不使用空调时，没有电流流过电磁阀，位置控制器膜片上方承受真空作用，膜片被上吸，带动限位器和杠杆向上转，节气门可关闭至正常状态（图 2-17 中虚线位置），发动机转速恢复正常。

实施与考核

一、技能学习

1. 汽车空调系统的控制电路分析

图 2-18 所示为上海桑塔纳轿车空调电路。该电路由电源电路、温度控制电路、鼓风机控制电路、冷凝器风扇电路、急速控制电路和压力控制电路组成。

其工作过程如下：

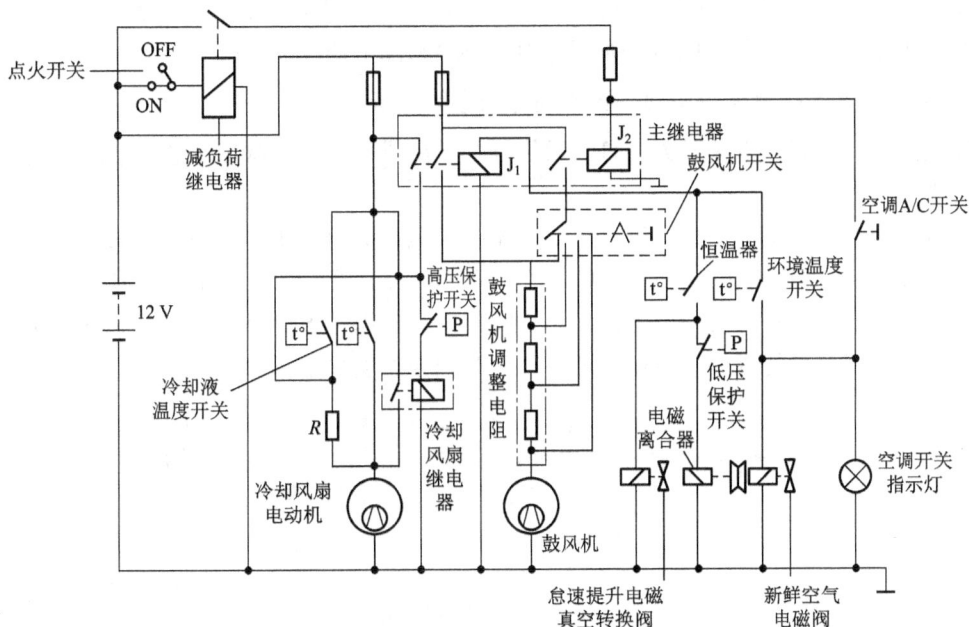

图 2-18　上海桑塔纳轿车空调电路

1）点火开关断开（置 OFF）时，减负荷继电器的线圈电路切断，触点断开，空调系统不工作。

2）点火开关接通（置 ON）时，减负荷继电器线圈电路接通，触点闭合，主继电器中的 J2 线圈通电，接通鼓风机电路。此时，可由鼓风机开关进行调速，使鼓风机按要求的转速运转，进行强制通风、换气或送出暖风。

3）需要制冷系统工作时，接通空调 A/C 开关，便可接通下列电路：

① 空调 A/C 开关指示灯亮，表示空调 A/C 开关已经接通。

② 新鲜空气电磁阀电路接通，该阀动作，接通新鲜空气控制电磁阀的真空通路，而使鼓风机强制通过蒸发器总成的空气通道进风，否则将无法获得冷气。

③ 电源经环境温度开关、恒温器、低压保护开关对电磁离合器线圈供电，同时对怠速提升电磁真空转换阀供电。另一路对主继电器中的 J1 线圈供电，使两对触点同时闭合，其中一对触点接通冷凝器冷却风扇继电器线圈电路；另一对触点接通鼓风机电路。

低压保护开关串联在恒温器和电磁离合器之间，当制冷系统缺少制冷剂，制冷系统压力过低时，开关断开，停止压缩机工作。

高压保护开关串联在冷却风扇继电器和主继电器 J1 的一对触点之间。当制冷系统高压值超过规定值时，高压保护开关触点闭合，将电阻 R 短路，使风扇电动机高速运转，以增强冷凝器的冷却能力。同时，冷却风扇电动机还直接受发动机冷却液温控开关的控制。当不开空调 A/C 开关时，若发动机冷却液温度低于 85 ℃，则风扇电动机不转动；高于 95 ℃时，风扇电动机低速转动；当冷却液温度达到 105 ℃时，风扇电动机将高速转动。

主继电器中的 J1 触点在空调 A/C 开关接通时，即可闭合，使鼓风机低速运转，以防止蒸发器表面温度过低而结冰。

项目二　汽车空调系统的控制装置

④ 点火开关置于启动位置（ST）时，减负荷继电器线圈电路切断，触点断开，中断空调系统的工作，以保证发动机启动时蓄电池维持足够的电能。

2. 控制装置的故障导致空调系统不制冷的原因分析

起动发动机，打开空调开关，打开风机开关，出风口无冷气吹出。这种情况可能是电器方面出现问题。

系统不制冷主要是指压缩机没有工作。压缩机电磁离合器的电路基本组成如图 2-19 所示。从图 2-19 中可以看出，空调开关、高压开关、低压开关以及温控放大器等都与压缩机的电磁离合器串联，只要有一个元件发生故障，空调压缩机就要停止工作。一旦压缩不工作时，在检查电器故障的过程中要循序渐进，从简到繁，切忌乱拆。

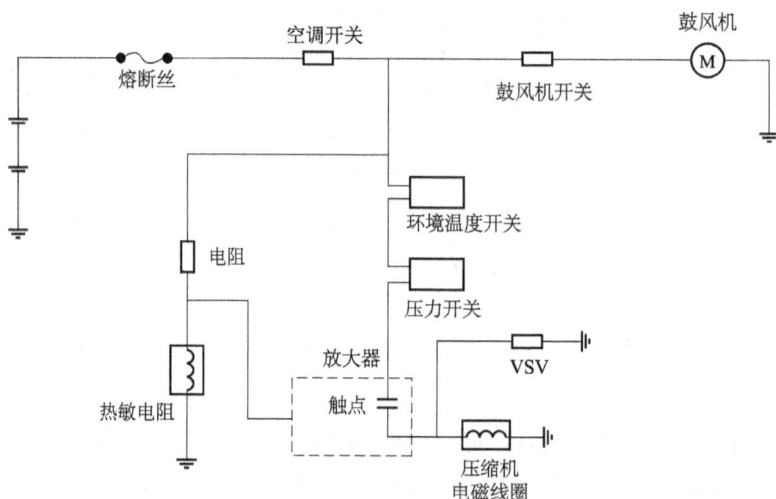

图 2-19 压缩机的基本电路

1）检查保险丝是否熔断。如果熔断，则说明电路中可能有某个地方短路。这时应检查导线的绝缘层有无损坏以及产生短路烧坏的迹象。在未查明原因之前不要随便接上熔断丝进行试机，以免电气系统遭受更大的损坏。

2）断开压缩机电磁离合器的线束，直接将常火线引到电磁离合器，若离合器工作，则说明电磁离合器本身正常，继续检查其他方面。

3）检查电路中的空调开关、高压开关、低压开关以及温控放大器，先检查高、低压开关，然后观察温控放大器，最后检查空调开关。检查方法是采用短路法，例如要检查低压开关，就将低压开关短路，然后打开空调开关，如果电磁离合器能吸合，则说明低压开关有故障，或者是制冷系统中制冷剂已经泄漏。可用歧管压力表进一步检查系统内的制冷剂压力，以判断制冷剂是否泄漏。

二、任务实施与考核（见表 2-1）

表 2-1　教师考核记录

实训项目：　汽车空调控制部件工作情况检查

班级学号		姓名		
项目	必要的记录		分值	评分
电磁离合器				
怠速提升装置				
恒温器				
低压保护				
高压保护				
分析空调的控制装置的原理				
环境温度开关				
鼓风机转速控制				
总分				
		老师签字： _____年___月___日		

✿ 任务二　汽车空调的采暖与通风控制

🏁 学习目标

（1）能够正确描述汽车采暖系统。

（2）能够正确描述汽车空调的通风原理。

（3）能够正确描述汽车空调系统采暖与通风主要部件的结构和工作原理。

（4）能够初步分析汽车空调采暖和通风故障的原因。

🏁 任务分析

一、汽车空调采暖系统的功用

采暖系统也称暖风系统，在汽车空调系统中，采暖是重要的功能之一。

1. 冬季取暖

在寒冷的冬季，汽车空调采暖系统可将车内空气或送入车内的外部新鲜空气加热，以提高车内空气温度。

2. 调节车内温度与湿度

现代汽车空调系统的空调器已采用冷暖一体化的形式，利用空调制冷系统和采暖系统，通过冷、热风的调和，可对车内的温度与湿度进行调节，以提高车内的舒适性。

3. 车窗玻璃除霜

在冬季或春季，由于车内、外温差较大，故车窗玻璃会起雾和结霜，影响驾驶员的视线，不利于行车安全。这时，可通过采暖系统吹出热风来除霜、除雾。

将新鲜空气送进车内，取代污浊空气的过程，称为通风。通风的目的是使车内空气符合一定的卫生标准，以保证驾乘人员健康和舒适。通风还可起到调节车内温度的作用。

二、汽车空调的通风方式

1. 动压通风

2. 强制通风

相关知识

一、采暖系统的类型

按热源不同，常见的汽车空调采暖系统可分为两种类型：余热式采暖系统与独立式采暖系统。

余热式采暖系统是利用发动机冷却水对车内空气进行加热的。轿车的车内空间小，取暖需要的热量也少，所以一般都装用余热水暖式采暖系统。该系统的优点是设备简单，使用安全，运行经济；缺点是热量小，且采暖受发动机工况的影响。

独立式采暖系统是利用独立的热源对车内空气或送入车内的外部新鲜空气加热。独立式采暖系统的热源通常是燃烧汽油、柴油或煤油等燃料的燃烧器。独立式采暖系统也可分水暖和气暖两种。大型客车常常采用独立式采暖系统。独立式采暖装置的优点是采暖不受发动机工况影响，发动机不工作时也可对车内供热。独立式采暖装置通常是利用空气或水作为传热介质，因此，其主要类型有空气加热采暖系统和水加热采暖系统。

1. 余热水暖式采暖系统

（1）工作原理

余热水暖式采暖系统工作原理如图 2-20 所示。发动机冷却水温达到 80 ℃时，冷却系中的节温器主阀门开启，使冷却水进行大循环。节温器和加热器之间装有一个热水阀，需要采暖时，打开此热水阀。从发动机水套出来的热水流经节温器主阀门后，一部分流到供暖系统的加热器，另一部分流到散热器散热。进入加热器内的热水向加热器周围空气传热，在鼓风机作用下，车内或外部新鲜空气经过加热器后，冷空气变成了热空气，热空气经通风管道的不同出风口被送入车内。从加热器流出的冷却水由水泵吸入发动机的水套内，完成一次供暖循环。

常见轿车余热水暖式采暖系统通风管道风门布置如图2-21所示。通过调整风门，可使暖风口吹入车内的热空气吹向人体足部或胸部，以保证驾驶员和乘客的舒适性。除霜风门向挡风玻璃吹送热空气，以防止挡风玻璃结霜或结雾。

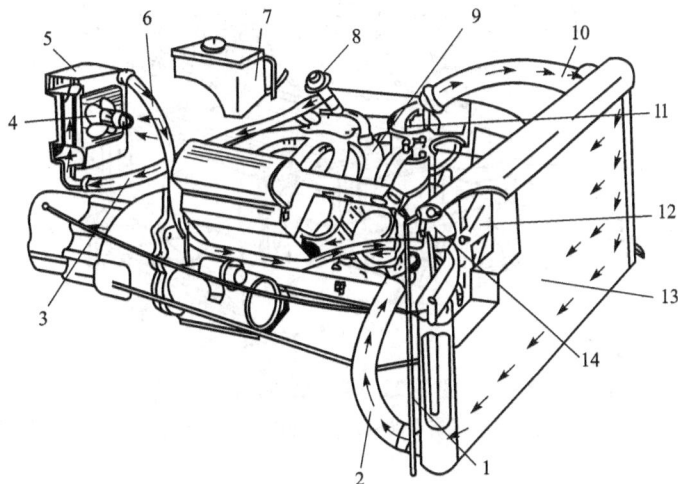

图2-20 余热水暖式采暖系统工作原理

1—溢流管；2—散热器出水管；3—加热器进水管；4—鼓风机；5—加热器；6—加热器出水管；7—膨胀水箱；
8—热水阀；9—发动机；10—散热器进水管；11—节温器；12—冷却风扇；13—散热器；14—水泵

图2-21 余热水暖式采暖系统通风管道风门布置

（2）采暖系统主要部件

1）暖风机总成。

采暖系统的主要部件是加热器和鼓风机，两者组合成一体称为暖风机总成。余热水暖式采暖系统中装用的暖风机分为两种：单独暖风机和整体空调器。

单独暖风机主要由加热器、鼓风机和外壳等组成，如图2-22所示。加热器的构造与蒸发器类似，也分管翅式和管带式两种，使用的材料有铜质和铝质；采暖系统工作时，冷却水自下而上流过加热器，这样可防止空气或蒸汽存留在加热器内产生"气阻"。鼓风机实际就是一个风扇，它由电动机驱动。

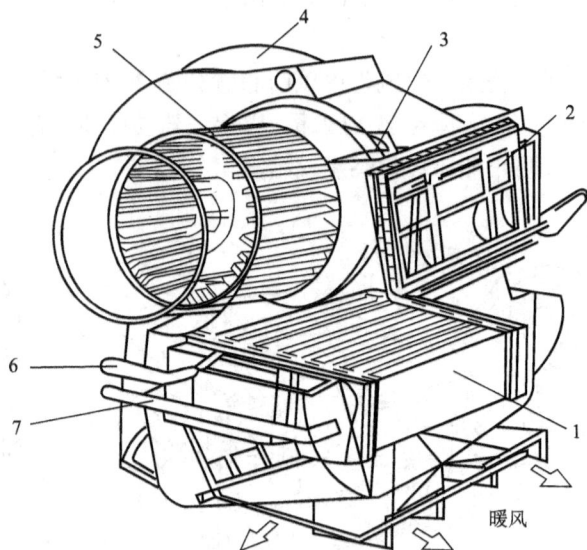

图 2-22　单独式暖风机

1—加热器芯；2—调节风门；3—风扇电动机；4—壳体；5—风扇叶轮；6—出水管；7—进水管

整体空调器是将采暖系统加热器与制冷系统蒸发器装在一个壳体内，共用一台鼓风机，两者用阀门隔开，如图 2-23 所示。

2）热水阀。

热水阀安装在发动机与加热器之间的进水管中，用来控制加热器的热水通道。根据控制方式不同，热水阀分为两种：拉绳控制阀和真空控制阀。

拉绳控制阀应用在手动空调系统中，由驾驶员通过温度选择开关来拉动拉绳，使热水阀开启或关闭，其结构如图 2-24 所示。

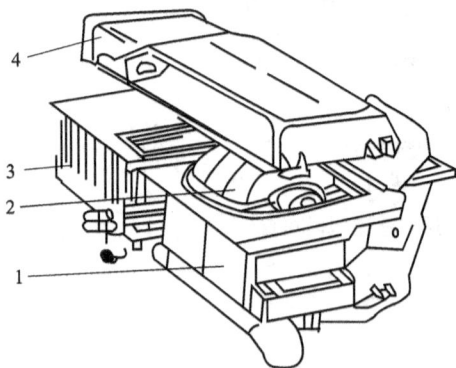

图 2-23　整体空调器

1—加热器；2—鼓风机；3—蒸发器；4—进风口

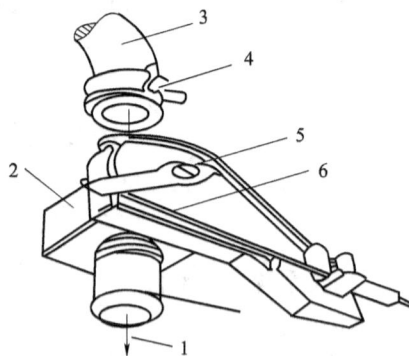

图 2-24　拉绳控制阀

1—出水口；2—热水阀；3—进水管；4—管夹；
5—支架；6—拉绳

真空控制阀可用在自动空调系统中，也可用在手动空调系统中。真空控制阀的结构如图 2-25 所示，主要由真空驱动器、活塞和阀体组成。真空驱动器的膜片左侧气室通大气，右侧气室为真空室，真空室装有膜片回位弹簧；需采暖时，将真空引至膜片右侧气室，在压差作用下，膜片克服弹簧力并带动活塞向右移动，热水阀开启；停止采暖时，释放膜片右侧气室真空，在回位弹簧作用下，膜片和活塞回位，热水阀关闭。真空源可由发动机进气管或真空罐提供。

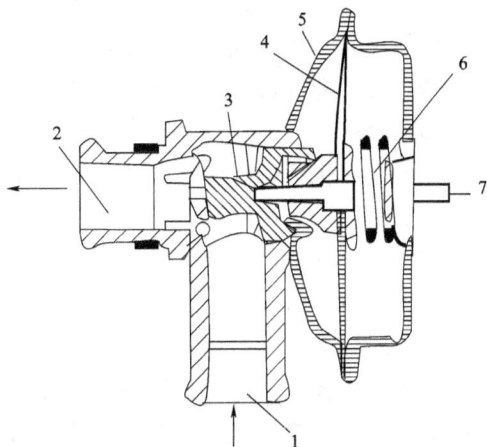

图 2-25　真空控制阀

1—进水口；2—出水口；3—活塞；4—膜片；
5—通气孔；6—弹簧；7—真空接口

2. 独立热源式加热系统

（1）独立式空气加热暖风系统

独立式空气加热暖风系统是通过空气加热器燃烧燃料，燃烧产生的高温气体通过热交换器，将冷空气加热后直接通过管路送到车厢内各风口供暖或出霜。其关键部件是空气加热器，图 2-26 所示为独立式空气加热器结构示意图。

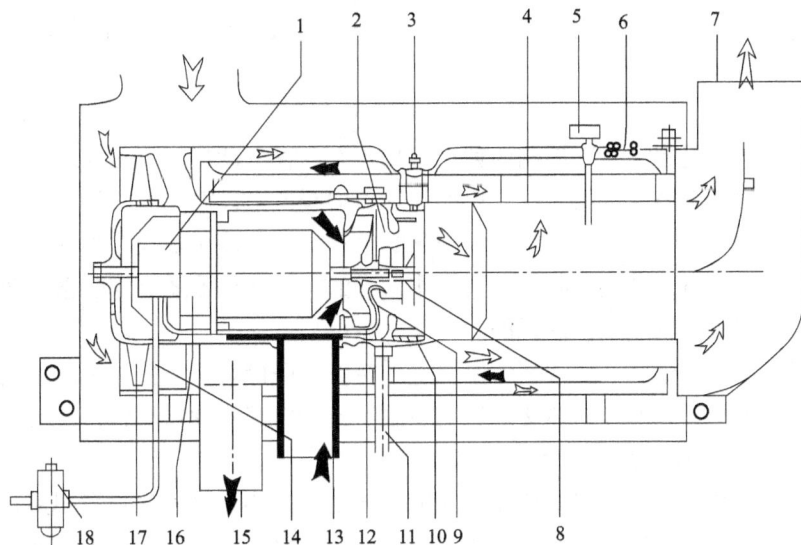

图 2-26　空气加热器

1—油泵；2—雾化杯；3—点火塞；4—热交换器；5—热控件；6—热保险；7—热风出口；
8—雾化杯盖；9—油泵出油管；10—导风盘；11—滴油管；12—小风轮；13—助燃进气管；
14—进油管；15—排气管；16—电机；17—大风扇；18—滤油电磁阀

直流电动机接通电源后，带动大风扇、油泵、雾化杯、小风轮高速旋转。燃烧用油从油箱吸出，经过滤油电磁阀、油管进入雾化杯被甩成雾状，与小风轮通过助燃风进口吸入的新鲜空气相混合形成可燃混合气。此混合气被点火塞（或高压电弧点火器）点燃，着火几秒钟后点火器断电，由已燃烧的火焰点燃不断输入的可燃混合气，使燃烧工况保持正常。燃烧产生的气体经热交换器内壁夹层环形通道从排气口排出。大风扇高速旋转所吸入的冷空气通过热交换器吸走绝大部分热量变成热空气,经管道及散热孔送入取暖区域。

空气加热器一般设有热量转换开关以获得强热不同的发热量;装有过热保护装置以保证使用安全。可另配油箱,对柴油车也可直接用车辆油箱。

1)燃烧室。

燃烧室由雾化杯与点火塞(或者喷油嘴与高压电弧点火器)组成,雾化杯直接装在风扇电动机的轴上,依靠离心力和空气的切向力将油雾化、混合,在点火塞点火引燃下,于燃烧器上部燃烧。燃烧室温度可达800 ℃,所以要用耐热不锈钢制造。燃烧室结构简单,输油管内径较大,不易堵塞,便于燃烧劣质油,所以被广泛采用。

2)热交换器。

热交换器是暖气装置的关键设备,由三层腔室构成。中心是燃烧室,包围燃烧室的第一层空腔通过要被加热的空气;在第一层空腔外的第二层空腔通过燃烧气体,然后引到排气腔;最外面的第三层空腔也是通过要被加热的空气。燃烧热量通过金属隔板加热空气,加热后的空气先集中至暖气室,然后送到车内。

3)供给系统。

供给系统是用来供给燃料、助燃空气和被加热空气的。油泵电动机、油泵、燃油电磁阀和油箱共同完成燃料供给任务,有的加热器靠提高油箱高度利用重力自动供油。电动机与风扇完成助燃空气和被加热空气的供给任务。助燃空气与被加热空气及油泵合用一个电动机,在电动机两端各带一个风扇。

4)控制系统。

控制系统有手动控制和自动控制两种,用来控制各种电动机、电磁阀、点火器、过热保护器、定时继电器和感温器等的工作。比如加热器的暖风出口温度超过设定值180 ℃时,过热保护器动作,使继电器自动切断油泵电磁阀的电源,油泵停止供油,加热器停止燃烧。当排气温度低于180 ℃时,可重新起动油泵工作。有的空气加热器还有定时预热功能,在出车前控制加热器提前工作以达到预热目的。

由于燃烧室的温度很高,为了不使燃烧室被烧坏,停机时应先关油泵,停止燃烧,通风机仍继续运转以带走燃烧室中的热量,直到感温器指示内部温度已正常,才可关闭风机。

(2)独立式液体加热暖风系统

独立式液体加热暖风系统的工作原理与独立式空气加热暖风系统基本相同,热交换器工作介质不是空气而是水,用水泵代替了风扇(水可由专用水箱提供,也可用发动机的冷却水)。其关键部件是独立燃烧式水加热器。水加热器的最大优点是提供的暖风比较湿润,人体感觉舒服,而且可预热发动机、润滑油和蓄电池等,便于冬季起动,等发动机起动后,再将被加热的水通向车厢内的水暖式散热器。

液体加热暖风系统主要由水加热器、循环泵、散热器和风窗除霜器等组成,散热器有并联和串联两种连接方式,如图2-27和图2-28所示。

1)水加热器。

水加热器的结构与空气加热器相近,其加热工质不是空气而是水,用水泵代替了风扇。加热器的基本结构由燃烧室、热交换器、供给系统和控制系统组成,图2-29所示为液体加热器的结构示意图。

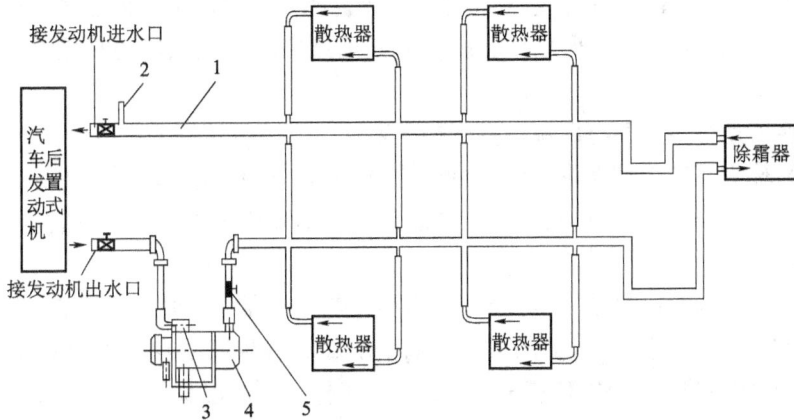

图 2-27 并联式液体加热暖风系统

1—水管；2—排气管（接膨胀水箱）；3—循环水泵；4—液体加热器；5—阀门

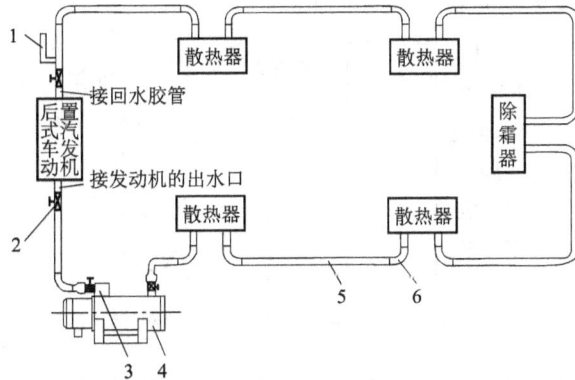

图 2-28 串联式液体加热暖风系统

1—排气管（接膨胀水箱）；2—阀门；3—循环水泵；4—液体加热器；5—水管；6—弯管接头

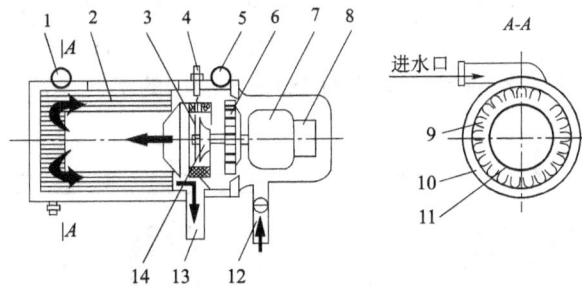

图 2-29 液体加热器

1—进水管；2—热交换器；3—燃烧室；4—电热塞；5—出水管；6—助燃风扇；7—电动机；
8—油泵；9—热交换片；10—水套；11—燃烧筒；12—进气；13—排气；14—雾化杯

① 燃烧室是燃料进行燃烧产生热量的装置，与空气加热器相同，由雾化杯与电热塞（或者喷油嘴与高压电弧点火器）组成。当加热器工作时，燃油通过油管送到雾化杯（或喷

油嘴）。雾化杯雾化的燃油与助燃空气混合，形成可燃混合气。可燃混合气由电热塞（或高压电弧点火器）点燃形成燃烧火焰，已燃烧的火焰点燃不断输入的可燃混合气，使燃烧保持正常。

② 热交换器是车内空气与燃烧热量交换的装置。

③ 供给系统主要作用是提供燃料、助燃空气和水。燃料供给装置由油泵、电动机、燃油电磁阀和油箱组成；风扇和电动机组成助燃空气供给装置；水泵、水泵电动机及其水管组成水供应系统。

④ 控制系统由水温控制器（恒温器）、水温过热保护器、定时器等组成，用来控制电动机、风扇、油泵、电磁阀、点火器的工作。如果水加热器与汽车发动机的冷却水管路相通，则当发动机冷却水温度低于 80 ℃左右时水加热器工作，而水温高于 80 ℃左右后，恒温器会自动切断油泵的电源，停止供油，加热器中的水泵继续工作，保证发动机工作正常以及水加热器不因过热而损坏，同时继续向车内供应暖气。当水温和燃烧室的温度高于规定值时，加热器停止工作；当夏天气温超过 10 ℃时，加热器不工作，只启动风机吸进车外空气，起通风作用。图 2-30 所示为水加热器的控制原理。

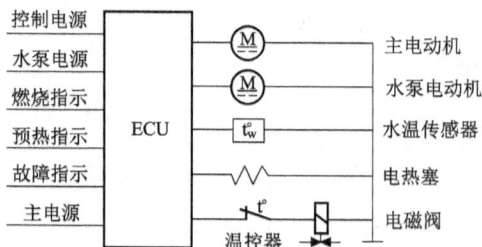

图 2-30 水加热器控制原理图

新发展的水加热器与空气加热器一样，也增加了定时预热遥控装置，能在规定时间对发动机或车厢预热。

2）散热器和风窗除霜器。

散热器用于向车厢内提供热空气，分为强制式散热器（散热器加鼓风机）和自然散热器。强制式散热器结构原理如图 2-31 所示。水散热器一般是管带式或管片式结构，管子内部流入已加热的热水，而管外则流过待加热的通往车厢内的空气，管外的铝带或铝翅片的作用是增加其散热能力。

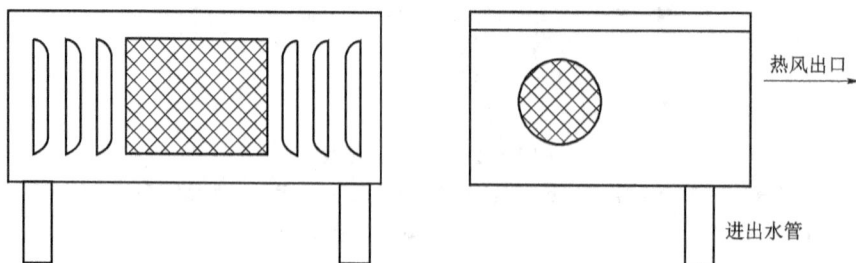

图 2-31 强制式散热器

风窗除霜器用于除去风窗上的雾气和霜。

独立热源水暖式暖风装置的暖风主要采用内循环式，灰尘少，暖气比较柔和而不干燥，人体感觉较舒适，不像空气加热器那样高温干热。水加热器还可预热发动机、润滑油和蓄电池等。为了避免寒冷时水加热器被冻坏，应该使用防冻液。

二、汽车空调的通风系统

将新鲜空气送进车内，取代污浊空气的过程，称为通风。通风的目的是使车内空气符合一定的卫生标准，以保证驾乘人员健康和舒适。通风还可起到调节车内温度的作用。

汽车空调的通风方式有动压通风和强制通风两种。

1. 动压通风

动压通风也叫自然通风，它是利用汽车行驶时空气对车身表面所产生的压力为动力，按照车身表面压力分布规律，在车上适当的地方开设进风口和排风口，以实现车内的自然通风。

进风口应设置在汽车前部的正压区，并且尽可能要离地面高一些，以免汽车行驶时扬起的尘土进入车内；排风口应设置在汽车车厢后部的负压区。

轿车通风时的空气流动如图 2-32 所示，进风口设置在车前风挡玻璃的下部，而且在进风口处还设有进气阀门和内循环空气阀门，用来控制新鲜空气的流量。一般情况下，在空调刚启动时，车内、外温差较大，此时应该关闭外循环气道，采用内循环方式工作，这样可以尽快地降低车内温度。

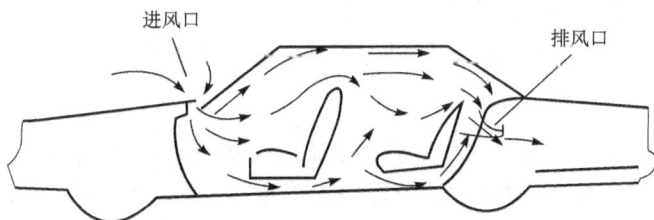

进风口　　　　　　排风口

图 2-32　轿车通风时的空气流动

2. 强制通风

强制通风是利用鼓风机强制将车外部新鲜空气送入车内进行通风换气的。在轿车的通风系统中，由于空调器采用冷暖一体化的配气方式，蒸发器与加热器联合工作，因此，采用强制通风时，可对车内的温度、湿度及空气净化进行综合调节，使车内更舒适。

三、空调的空气净化系统

空气净化主要是除去空气中的悬浮尘埃及车内烟雾。此外，在某些高级豪华轿车空调中还设有除臭和空气负离子发生装置。

汽车在公路上行驶，悬浮粉尘是其最大的污染。根据粉尘特性的不同，除尘净化可采取过滤除尘和静电除尘两种形式。

1. 过滤除尘

过滤除尘是指采用由无纺布、过滤纤维等组成的干式纤维过滤器对空气进行除尘。对于较大的尘埃，由于惯性作用，其来不及随气流转弯而碰在纤维孔壁上；对于微小颗粒，在其围绕纵横交错的纤维表面运动时，与纤维摩擦产生静电作用，被纤维吸附在其表面。

汽车空调中，一般选用直径约为 $10\ \mu m$ 的中孔聚氨酯泡沫塑料、化纤无纺布和各种人造纤维作为过滤器。

2. 静电除尘

静电除尘是指利用高压电极产生高压电场，对空气进行电离，使尘粒带电，然后在电场作用下产生定向运动，沉降在正负电极上，以实现对空气的除尘。

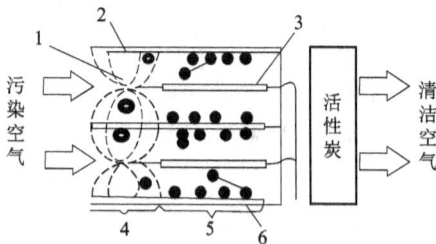

图 2-33　静电净化器工作原理

1—放电线；2—正电极；3—负电极；

4—电离部；5—集尘部；6—粉尘

静电式净化器的工作原理如图 2-33 所示，它由电离部、集尘部、活性炭吸附器三部分组成。电离部和集尘部可做成一体，也可分开，它是静电式净化器的主要组成部分，总称为电过滤器。电过滤器和负离子发生器由高压发生器供给高压电，在电离部的电极之间施加高达 5 kV 的高电压，使粉尘电离并带上负电，带负电的粉尘在电场力作用下，向由正极板构成的集尘部移动。在集尘部，正极板外加的高压正电将带负电的粉尘吸附。除去粉尘后的空气再用活性炭吸附，除去臭味及有害气体，然后将净化后的空气送至车内。有些净化器还设有负离子发生器，用以改善车厢内空气品质，以利于人体健康。

集尘部上的积灰达到一定量时，可进行清洗、除尘或更换。

3. 净化烟雾

对于自动空调系统的汽车，有些车辆在空调器内部设置了烟雾浓度传感器。当接通点火开关且空调器处于"AUTO"方式时，烟雾浓度传感器开始检测烟雾，将信号发送给空调控制单元，空调 ECU 使送风机在有烟雾时自动低速运转而在没有烟雾时自动停止，以保持车内空气清新。

烟雾浓度传感器的结构如图 2-34 所示，其主要由发光元件、光敏元件及信号处理电路等三部分组成。通过传感器细缝上的空气可以自由地流动，发光元件间歇地发出红外线，在没有烟雾的情况下，红外线射不到光敏元件上，电路不工作，但当烟雾等进入传感器内部时，烟雾粒子对间歇的红外光进行漫反射，则会有红外光射到光敏元件上，这时空调 ECU 判断出车内有烟雾，就会使鼓风机旋转。

四、汽车空调的配气方式

汽车空调系统不仅能将新鲜空气引入车厢内，而且能将冷气、热风及新鲜空气有机地进行混合调节，形成冷暖适宜的气流吹入车厢。配气系统常见的配气方式有以下几种。

1. 空气混合式

空气混合式空调配气系统的组成及工作过程如图 2-35 所示。空气经过蒸发器后即变为冷空气，而冷空气经过加热器后又变为热气，最后从出风口吹出由冷空气和热空气混合而成的混合气。风门 9 的作用就是将经过蒸发器的冷空气分成两部分，一部分冷空气经过加热器

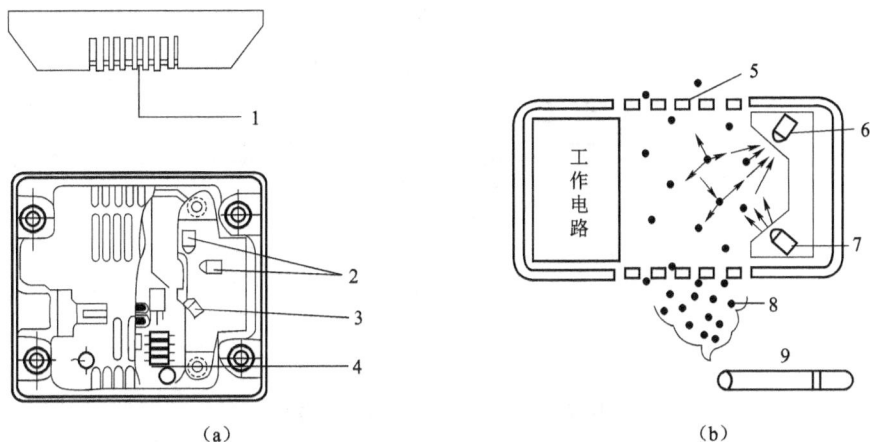

图 2-34　烟雾浓度传感器的结构

（a）传感器的结构；（b）传感器的工作原理

1—烟雾进口；2，6—光敏元件；3，7—发光元件；4—电路部分；5—细缝；

8—烟粒子；9—香烟

后变为热空气；另一部分冷空气则没经过加热器，仍为冷空气。改变风门 9 的位置可以改变冷空气与热空气的比例，即可通过改变风门 9 的位置来调节车内空气的温度。图 2-35 所示为所有的冷空气都经过加热器，此时空调器吹出的空气是最热空气。随着风门 9 顺时针转动，经过加热器的冷空气将逐渐减少，即吹出的热空气越来越少，吹向车内的混合气体的温度逐渐降低。

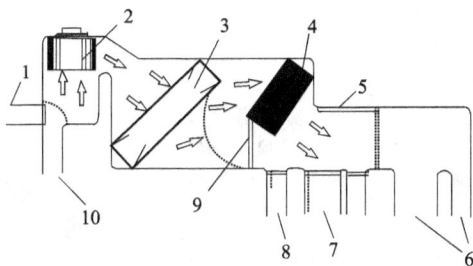

图 2-35　空气混合式空调器工作原理

1—外界空气入口；2—风机；3—蒸发器；4—加热器；5，9—风门；6，7，8—出风口；10—车内空气入口

空调器的工作过程：

外界空气+车内空气→进入风机 2→进入蒸发器 3 进行除湿降温→由风门 9 调节进入加热器的冷气量→经加热器的冷气和没经加热器的冷气混合→混合气由出风口 6 吹入车厢。

2. 全热式（再热式）

全热式空调器的组成及工作原理如图 2-36 所示。

空调器的工作过程：

外界空气+车内空气→进入风机 2→进入蒸发器 11 进行除湿降温→全部进入加热器→从出风口 5、6 吹入车厢。

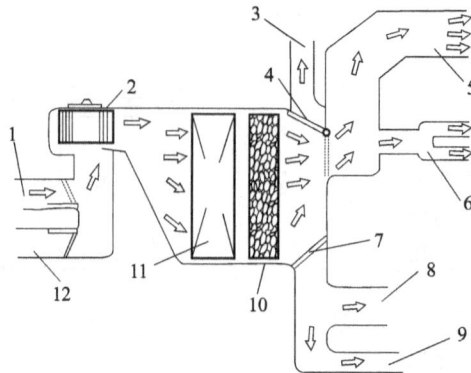

图2-36　全热式空调器工作原理

1—外界空气入口；2—风机；3—除霜风口；4，7—风门；5—中心出风口；6—侧出风口；8—前座位热出风口；
9—后座位热出风口；10—加热器；11—蒸发器；12—车内空气入口

在夏季，可单独使用蒸发器进行降温；在冬季，可单独使用加热器进行采暖；春秋雨季时，蒸发器与加热器同时使用，可除湿加热。

五、汽车空调的气流组织形式

汽车空调的气流组织过程分三个阶段：空气进气阶段、空气混合阶段及空气分配阶段。其形式如图2-37所示。

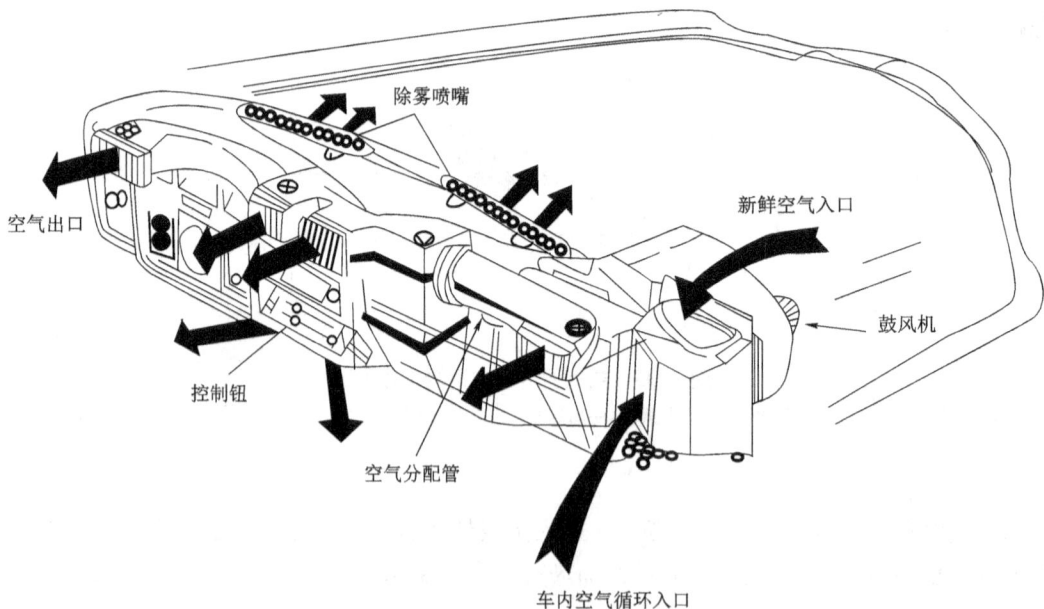

图2-37　汽车空调气流组织形式

1. 空气进气阶段

汽车空调工作时，空气进入阶段气流的组织形式有两种：一种是外界新鲜空气进入空调器进行空气调节工作，称为外循环；另一种是车内空气进入空调器进行空气调节工作，称为内循环，如图 2-38 所示。进气形式的选择由"新鲜/再循环"空气风门控制，如图 2-38 所示。"新鲜/再循环"空气风门用于控制新鲜空气和室内空气的循环比例，例如：当夏季室外空气温度较高时，应该尽量开小风门，使压缩机运行时间减少；同理，当冬季室外温度较低时，也应该尽量开小风门，以保持车内温度。当汽车车内空气品质下降时，应开大风门，使更多的新鲜空气进入车内。

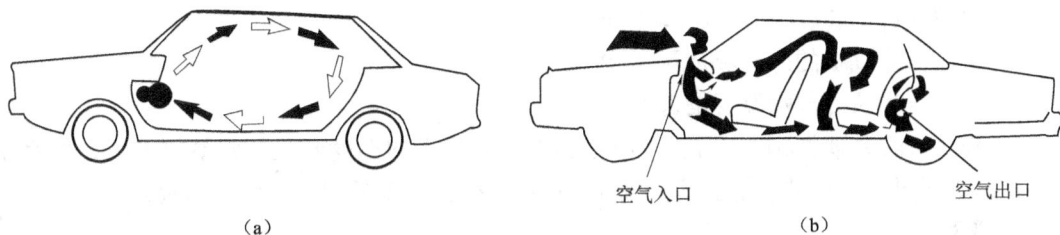

图 2-38　汽车空调进气组织形式示意图
(a) 内循环；(b) 外循环

2. 空气混合阶段

如图 2-38 所示，汽车空调工作时，空气混合段主要是由混合风门来控制空调器的工作温度的，混合风门通过调节冷空气与热空气的比例来控制空调器出口空气的温度，进而控制车内温度。当混合风门处于全开状态时，冷空气全部经过加热器，空调器出口为热空气，此时空调器吹出的空气为最热空气；当混合风门处于关闭位置状态时，冷空气不经过加热器，空调器出口空气温度最低，此时空调器为最大制冷状态。这样只要混合风门处于全开或全闭之间的不同位置，即得到不同温度的空气。

3. 空气分配阶段

如图 2-39 所示，空气分配阶段可通过控制不同的风门，使空气吹向面部、脚部及前风窗玻璃。

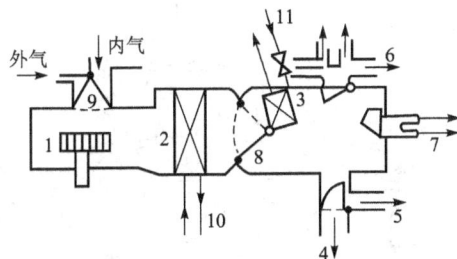

图 2-39　汽车空调进气组织原理图
1—鼓风机；2—蒸发器；3—加热器；4—脚部吹风口；5—面部吹风口；
6—除霜风口；7—侧吹风口；8—加热器旁通风门；9—新鲜空气风门；
10—蒸发器制冷剂进出管；11—加热器进出水管

实施与考核

一、技能学习

1. 采暖系统故障检修

当暖风系统不热或没有暖风时,应做以下检查:

1) 先检察发动机的冷冻液是否充足。

2) 观察发动机冷却水温度是否正常。

① 若发动机冷却水温度正常,则将空调控制面板上的温度开关打到最热位置,用手摸发动机后部暖风小水箱进水管上的暖风开关两端,若两端温差很大,则说明暖风开关坏,需要更换暖风开关。

② 若暖风开关正常,则用手摸发动机后部暖风小水箱进水管和出水管的温度,如果出水管温度很低,说明小水箱堵,需要维修。

3) 若风机转速低或风机不转,则需检查风机、风机调速器及风机电路。

4) 若某个出风口没有暖风,则检查该出风口的电动机或风门。

2. 汽车空调采暖通风操纵系统

手动空调操纵系统是通过驾驶员操纵控制面板上的各种功能键来对车内温度、风向和风速等进行调节的。在手动空调操纵控制系统中,暖风水阀及空气分配门的控制方式有两种类型:一种是由仪表板上的旋钮通过拉线控制;另一种是由仪表板上的旋钮通过真空阀控制。

(1) 空调控制面板

空调控制面板安装在驾驶室工作台上,如图 2-40 所示,主要设有 3 个控制开关,分别为鼓风机开关、空调方式选择开关和温度选择开关。

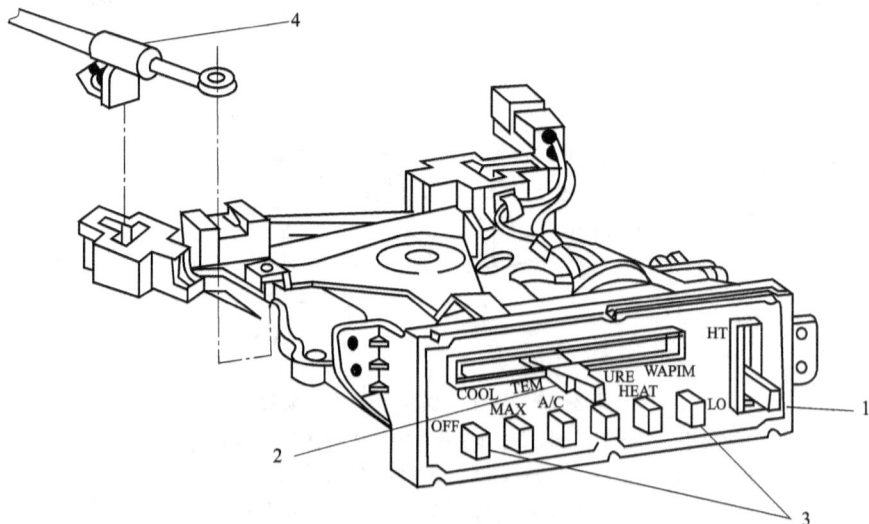

图 2-40 空调控制面板
1—鼓风机开关;2—温度选择开关;3—空调方式选择开关;4—暖风水阀拉线

1）鼓风机开关。

鼓风机开关通过控制调速电阻来控制转速，鼓风机电路如图 2-41 所示。其电动机通常为永磁式单速电动机。

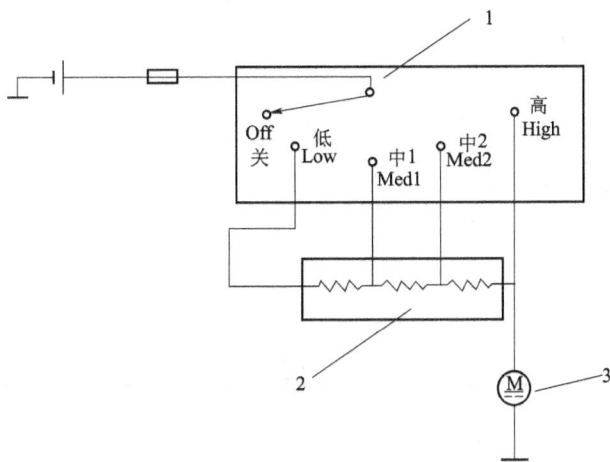

图 2-41　鼓风机电路

1—鼓风机开关；2—调速电阻总成；3—电动机

鼓风电动机的工作原理：当鼓风电动机开关置于低速（Low）、中速 1（Med1）、中速 2（Med2）或高速（High）等挡位时，电路中所串联的电阻值越来越小。电阻值的变化，改变了鼓风电动机的工作电压。由于电动机是单速电动机，工作电压越高，转速越高，故与鼓风电动机串接的电阻阻值越小，其工作电压越高，转速越高。

2）空调方式选择开关。

此开关用于确定空调系统的功能，即要求空调是制冷、取暖、通风还是除霜。驾驶员拨动开关即可选择空调系统的功能，开关通常设有停止位置、最冷位置、中冷位置、微冷位置、取暖位置、通风位置和除霜位置。

3）温度选择开关。

温度选择开关用来控制暖风水阀的位置，调节送入车内的冷、暖空气混合量，以实现对车内温度的调节。开关可在左、右两半区无级连续调节，左侧温度低，右侧温度高。

二、任务实施与考核（见表2-2）

表 2-2　教师考核记录

实训项目：　汽车空调采暖、通风系统工作情况检查

班级学号		姓名	
项目	必要的记录	分值	评分
风道检测			
鼓风机检测			
鼓风机电路检测			

续表

项目	必要的记录	分值	评分
风道清洗工艺			
总分			

老师签字：

_____年___月___日

任务三　汽车空调自动控制系统

学习目标

（1）能够正确描述汽车自动空调系统的组成及工作原理。

（2）能够正确描述汽车自动空调的通风原理。

（3）能够掌握汽车自动空调系统的故障诊断。

（4）能够初步分析汽车自动空调故障的原因。

任务分析

在汽车自动空调的使用过程中，经常会遇到空调系统不制冷、制冷量小等故障，导致汽车空调系统不能正常工作，失去空气调节和制冷的作用。

相关知识

一、电控自动空调系统的组成

电控自动空调系统的组成如图 2-42 所示，零件位置如图 2-43 所示。电控自动空调系统主要由通风、采暖、制冷、空气净化、操作和控制等部分组成，其中制冷系统、暖风系统和送风系统等与手动空调系统在结构上基本是相同的。电控自动空调系统是在手动控制空调系统的基础上，增加了控制系统（控制系统由传感器、空调 ECU 和执行元件等组成）；而操作系统与送风系统是在手动空调系统的基础上增加了各种伺服电动机，且操作系统有温度设定与选择开关，图 2-44 所示为 LS400 轿车电控自动空调系统的操作面板，各键的功能见表 2-3。

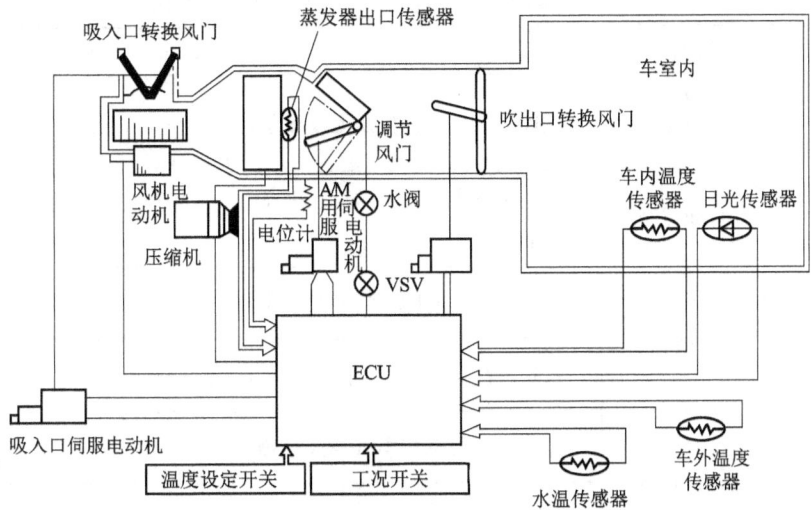

图 2-42　电控自动空调系统的组成

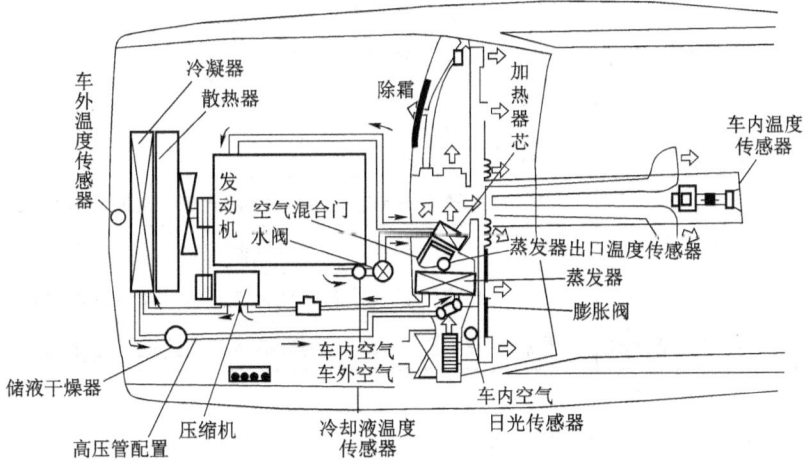

图 2-43　自动空调系统零件位置

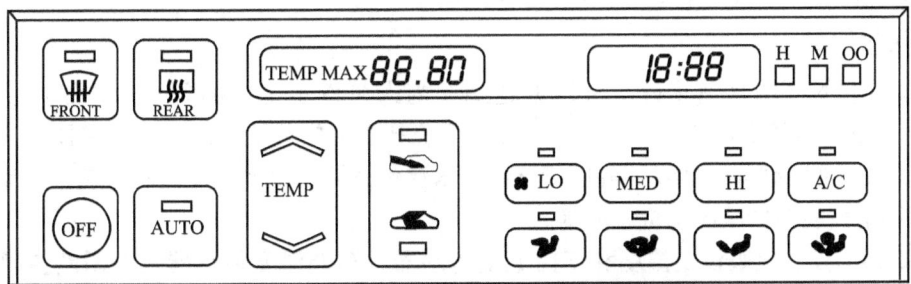

图 2-44　LS400 轿车电控自动空调系统的操作面板

表 2-3　LS400 轿车电控自动空调系统的操作面板

键符	键名	功　　能
(OFF)	停止	关闭风机、压缩机及温度显示
AUTO	自动控制	将出风温度、风机转速、进风方式、送风方式和压缩机的控制设置成"自动模式"
TEMP	温度控制	每按一次，温度设定增加 0.5 ℃，最高达 32 ℃
		每按一次，温度设定降低 0.5 ℃，最低至 18 ℃
	进风方式控制	置于"车外新鲜空气导入"模式
		置于"车内空气循环"模式
	送风方式控制	置于"吹脸"模式
		置于"吹脸及脚"模式
		置于"吹脚"模式
		置于"吹脚及除霜"模式
		置于"除霜"模式
(↗LO)	风机转速控制	置于"低速"模式。若空调控制正常，则同时起动压缩机
(MED)		置于"中速"模式。若空调控制正常，则同时起动压缩机
(HI)		置于"高速"模式。若空调控制正常，则同时起动压缩机
(A/C)	空调工作指示	开启或关闭压缩机。若风机不转，则此键不起作用

二、电控自动空调系统的工作原理

电控自动空调系统主要包括温度控制、鼓风机转速控制、送风方式控制、进气模式控制、压缩机控制等项目。下面介绍其工作原理。

1. 温度控制

温度控制的目的是使车内空气温度达到车内人员设定温度的要求，并保持稳定。如图 2-45 所示，电控自动空调系统的温度控制系统基本组成包括车内温度传感器、车外温度传感器、太阳能传感器、蒸发器温度传感器、水温传感器、设定温度控制仪表、自动空调控制 ECU 和空气混合伺服电动机总成等。

ECU 根据控制仪表设定温度和车内温度传感器、车外温度传感器及太阳能传感器等信号，自动调节混合门的位置。一般来说，车内、外温度越高，阳光越强，混合门就越接近"全冷"位置，ECU 根据车内、外温度控制空气混合门的位置。

2. 鼓风机转速控制

鼓风机转速控制的目的是调节降温或升温速度，稳定车内温度。

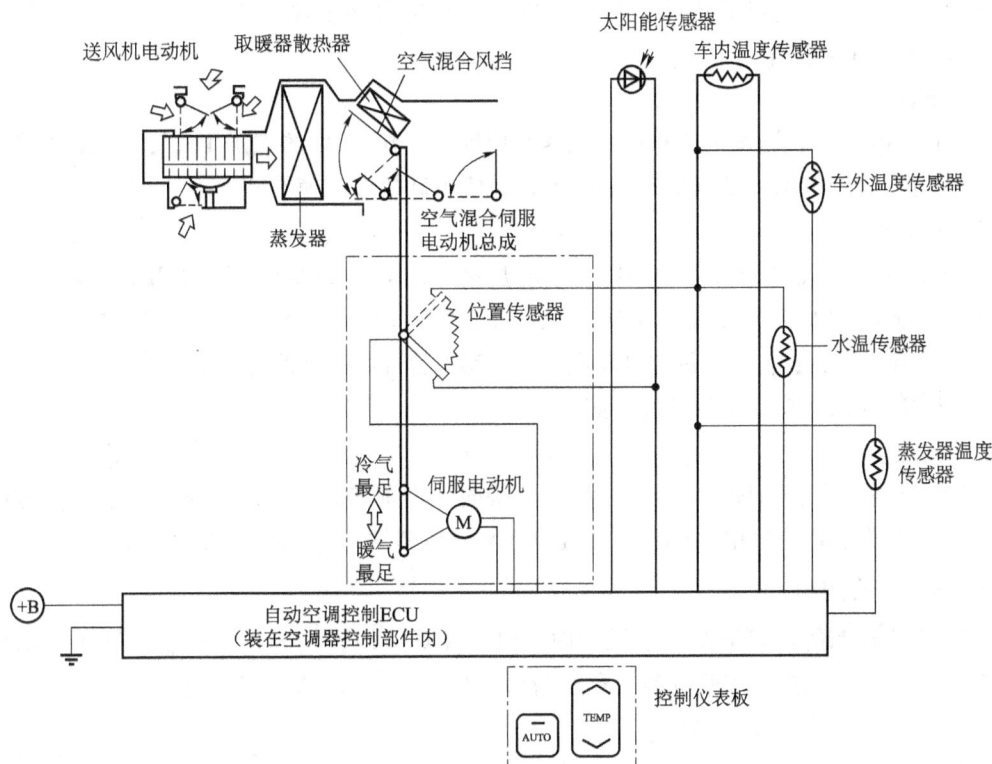

图 2-45 电控自动空调的温度控制系统

鼓风机转速控制系统的控制电路如图 2-46 所示。

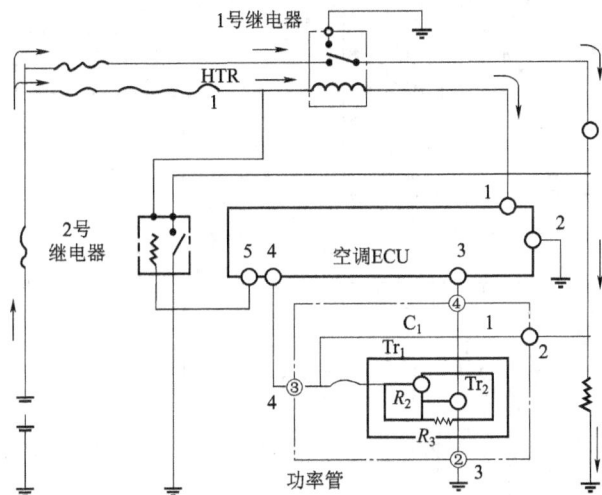

图 2-46 鼓风机转速控制系统的控制电路

（1）自动控制

当按下"AUTO"键时，驾驶员用"TEMP"开关设定想要的温度，空调 ECU 根据输入信号（车内温度传感器、环境温度传感器和太阳能传感器）和温度设定，自动调整风机转速，若水温传感器检测到水温低于 40 ℃，则空调 ECU 使风机停止工作。

（2）手动模式控制

1）低速运转。

如图 2-46 所示，当按下"LO"（低速）键时，空调 ECU 的端子 1 和 2 导通，1 号继电器吸合，电流流经电动机及电阻 R_1 后搭铁，风机电动机以低速旋转。

2）中速运转

如图 2-46 所示，当按下"MED"（中速）键时，空调 ECU 的端子 1 和 2 导通，1 号继电器吸合，同时空调 ECU 的端子 4 间歇性地向功率管端子 4（基极）输入控制电流，使 Tr_1 和 Tr_2 间歇性导通，这样，风机控制电流流经电动机后可以间歇性地经功率管端子 2 和端子 3 搭铁。风机转速取决功率管的导通时间。

3）高速运转

如图 2-46 所示，当按下"HI"（高速）键时，空调 ECU 的端子 5 和 2 导通，2 号继电器吸合，风机控制电流经电动机和 2 号继电器触点后搭铁，电动机以高速旋转。

3. 气流方式控制

气流方式控制的目的是调节送风方向，以提高舒适性。气流方式控制系统主要由传感器、ECU、气流方式控制伺服电动机和控制面板等组成。其控制电路如图 2-47 所示。

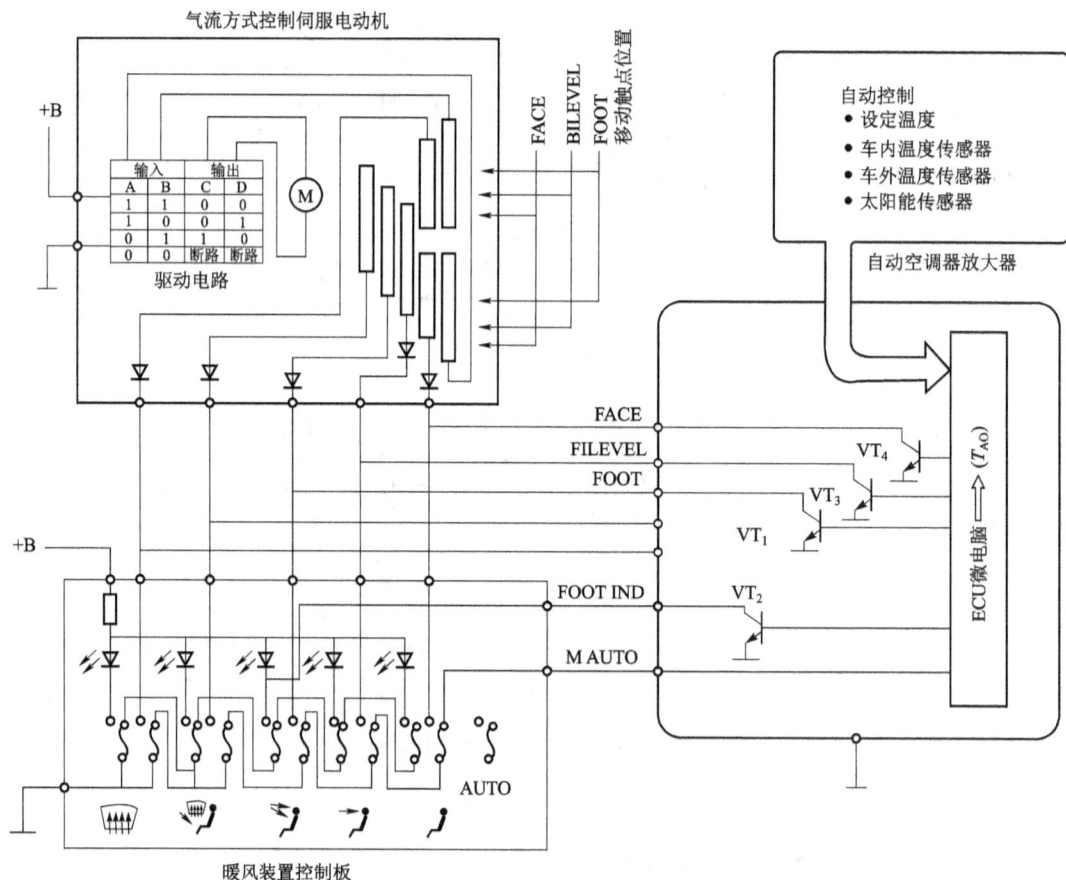

图 2-47　气流方式控制电路

当 T_{AO} 已从低变至高时，原来气流方式控制伺服电动机内的移动触点位于 FACE 位置。ECU 令 VT_1 导通，使驱动电路输入信号端 B 端通过 VT_1 搭铁为 0、A 端断路为 1。此时驱动电路输出端 D 端为 1、C 端为 0，电流由 D 端输出、C 端流回，电动机旋转；内部触点由 FACE 位移到 FOOT 位，电动机停转，出气方式由 FACE 方式转为 FOOT 方式。同时，ECU 令 VT_2 导通，使控制面板上的 FOOT 指示灯点亮。

当 T_{AO} 已从高变至中时，原来气流方式控制伺服电动机内的移动触点位于 FOOT 位置。ECU 令 VT_3 导通，使驱动电路输入信号端 A 端通过 VT_3 搭铁为 0、B 端断路为 1。此时驱动电路输出端 C 端为 1、D 端为 0，电流由 C 端输出、D 端流回，电动机旋转；内部触点由 FOOT 位移到 BILEVEL 位，电动机停转，出气方式由 FOOT 方式转为 BILEVEL 方式。同时，ECU 控制控制面板上的 BILEVEL 指示灯点亮。

当 T_{AO} 已从中变至低时，原来气流方式控制伺服电动机内的移动触点位于 BILEVEL 位置。ECU 接通 VT_4，使驱动电路输入信号端 A 端通过 VT4 搭铁为 0、B 端断路为 1。此时驱动电路输出端 C 端为 1、D 端为 0，电流由 C 端输出、D 端流回，电动机旋转；内部触点由 BILEVEL 位移到 FACE 位，电动机停转，出气方式由 BILEVEL 方式转为 FACE 方式。同时 ECU 控制控制面板上的 FACE 指示灯点亮。

4. 进气模式控制

进气模式控制的目的是调节进入车内的新鲜空气量，使车内空气温度和质量达到最佳。

ECU 根据 T_{AO} 值确定进气模式，即将 RECIRC（车内循环）位移至 FRESH（车外新鲜空气），控制电路如图 2-48 所示。当 ECU 根据 T_{AO} 值接通 FRS 晶体管时，触点 B 搭铁，电流方向为：点火开关→端子 1→电动机→触点 B→端子 3→FRS 晶体管→搭铁，此时电动机旋转，带动风门由 RECIRC（车内循环）位移至 FRESH（车外新鲜空气）位。

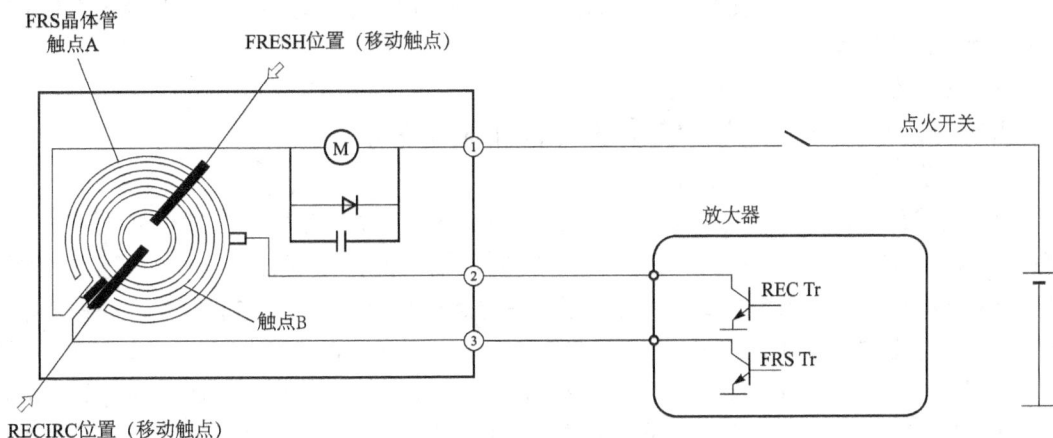

图 2-48 进气模式控制电路

该控制系统还有一种新鲜空气强制进气控制功能，当手动按下"DEF"开关时，将进气方式强制转变为 FRESH 方式，以清除挡风玻璃上的雾气。除此之外，进气模式控制还可改变新鲜空气与循环空气的混合比例。

5. 压缩机控制

（1）基本控制

ECU 根据车内温度、车外温度、蒸发器温度和设定温度等参数，自动控制压缩机的通断，调节蒸发器表面温度，并防止蒸发器表面结冰。

（2）低温保护

当车外环境温度低于某值（如 3 ℃ 或 8 ℃）时，压缩机停止工作，以减少压缩机的损耗。

（3）高速控制

当发动机转速超过某转速值时，压缩机停止工作，以防止因压缩机转速过高而造成损坏。

（4）加速切断

当发动机处于急加速工况时，为了保证发动机有足够的动力，压缩机暂时停止工作。

（5）高温控制

当发动机水温超过某值（如 109 ℃）时，压缩机停止工作，以防止发动机水温进一步上升。

（6）打滑保护

当压缩机卡死导致皮带打滑时，压缩机停止工作，以防止皮带负荷过大而断裂，进而影响水泵、发电机等的工作。

（7）低速控制

当发动机转速低于某转速（如 600 r/min）时，压缩机停止工作，以防止发动机失速。

（8）低压保护

当制冷系统压力低于某定值时，压缩机停止工作，以防止压缩机在系统制冷剂不足的条件下工作，造成压缩机损坏。

（9）高压保护

当系统压力超过某值时，压缩机停止工作，以防止空调系统瘫痪。

（10）可变排量压缩机的控制

可变排量压缩机有全容量（100%）运转、半容量（50%）运转和压缩机停止 3 种工作模式。ECU 根据空调系统冷气负荷的大小，控制压缩机的排量变化，以减少能量的浪费。可变排量压缩机的控制系统主要有两种类型：一种是根据冷却液温度进行控制；一种是根据蒸发器表面温度进行控制。

根据冷却液温度进行控制的方法：当发动机冷却液温度过高时，ECU 根据冷却液温度传感器信号，控制压缩机按半容量模式运转，以防止发动机过热；反之，当发动机冷却液低于某一值时，ECU 控制压缩机按全容量模式运转，以满足制冷需要。

根据蒸发器表面温度进行控制的方法：当蒸发器温度大于某一值（40 ℃）时，ECU 控制压缩机按全容量模式运转，以降低蒸发器温度；当蒸发器表面温度低于某一值（40 ℃）时，ECU 控制压缩机按半容量模式运转，以降低能耗；当蒸发器温度低于 3 ℃ 时，ECU 控制压缩机停止运转，以防止损坏压缩机。

三、电控自动空调系统主要部件的结构与原理

1. 电控自动空调常用传感器

（1）车内温度传感器

车内温度传感器一般安装在仪表板下面，安装位置如图 2-49 所示，其作用是检测车内空气温度，ECU 根据此信号控制出风口空气温度、鼓风机转速、气流方式和进气模式等。空调制冷时，车内温度越高，混合门越向"冷"的方向移动，出风口的温度就越低，鼓风机的转速就越高，以快速降温（进气门就处于内循环位置，以加快降温）。

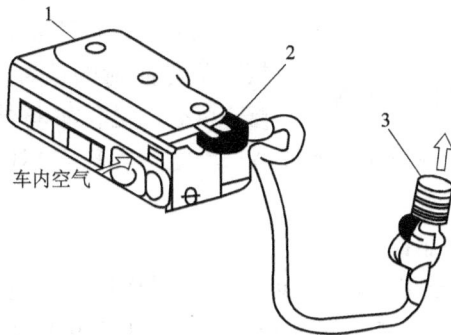

图 2-49　车内温度传感器安装位置

1—暖气装置控制板；2—车内温度传感器；3—吸气器

由于车内温度传感器安装位置较封闭，故为了准确及时地测量车内平均温度，必须采用强制通风装置将车内空气强制导向车内温度传感器。按强制导向气流方式不同，车内温度传感器可分为吸气器型车内温度传感器和电动机型车内温度传感器，两种传感器的结构分别如图 2-50 和图 2-51 所示。

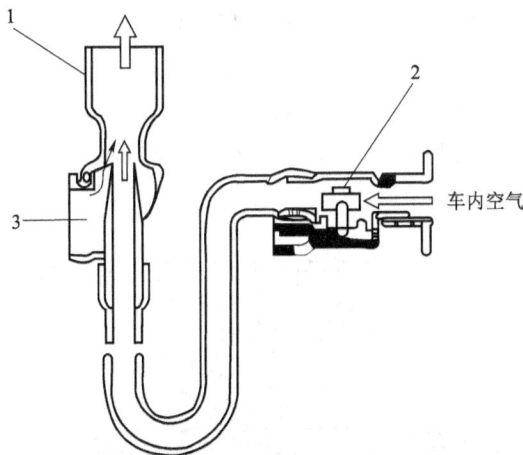

图 2-50　吸气器型车内温度传感器

1—吸气器；2—热敏电器；3—暖气装置

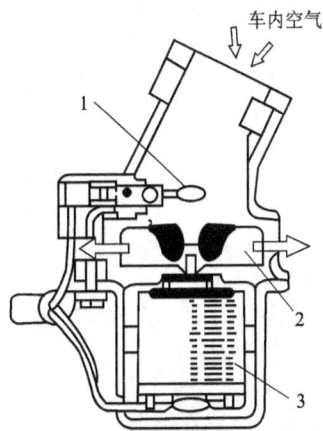

图 2-51　电动机型车内温度传感器

1—热敏电阻；2—风扇；3—电动机

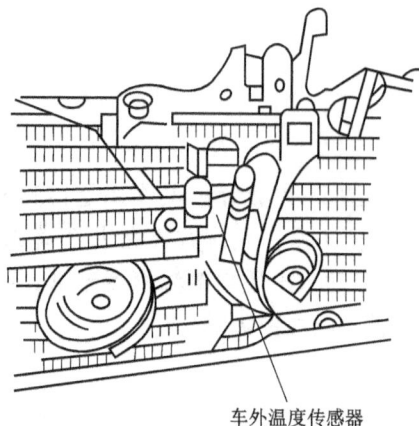

图2-52 车外温度传感器的安装位置

（2）车外温度传感器

车外温度传感器一般位于车的前部，安装位置如图2-52所示。其作用是检测车外环境温度，ECU根据此信号控制出风口空气温度、鼓风机转速、气流方式和进气模式等。空调制冷时，车外温度越高，混合门越向"冷"的方向移动，出风口温度越低，鼓风机的转速就越高，以加快降温（进气门就处于内循环位置，以加快降温）。

（3）太阳能传感器

太阳能传感器安装在驾驶室仪表板上方容易接受阳光照射的位置。其作用是检测阳光强弱，修正混合门的位置与鼓风机的转速。当阳光增强时，混合门移向"冷"侧，鼓风机转速提高；反之，当阳光减弱时，混合门移向"热"侧，鼓风机转速降低。

（4）空调蒸发器温度传感器

空调蒸发器温度传感器安装在蒸发器的表面。其作用：一是检测蒸发器表面的温度，修正混合门位置，调节车内温度；二是控制压缩机，防止蒸发器表面结冰。有些车型有两个蒸发器温度传感器，一个用来修正混合门位置，一个用来防止蒸发器表面结冰。

（5）水温传感器

水温传感器直接安装在暖风水箱底部的水道上，如图2-53所示，其作用是检测暖风装置加热芯的温度、修正混合门位置及控制压缩机和鼓风机。

（6）空调压缩机转速传感器

空调压缩机转速传感器安装在压缩机壳体上。其作用是检测压缩机的转速并送到空调电脑或空调控制器，再与发动机转速进行比较，判断压缩机皮带是否打滑或断裂。当压缩机皮带打滑或断裂时，空调电脑或空调控制器控制压缩机停转，以防止损坏压缩机。

（7）静电式制冷剂流量传感器

静电式制冷剂流量传感器安装在储液罐和膨胀阀之间，安装位置如图2-54所示。其作用是检测制冷剂流量，当制冷剂流量发生变化时，传感器以频率信号输入空调ECU，空调

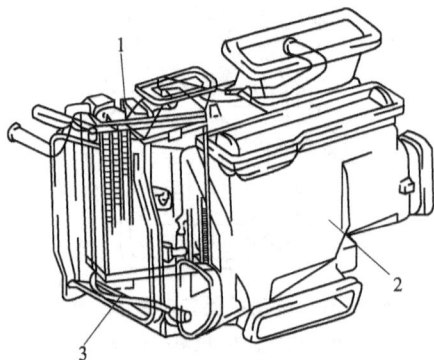

图2-53 水温传感器安装位置

1—暖风芯；2—暖风装置；3—水温传感器

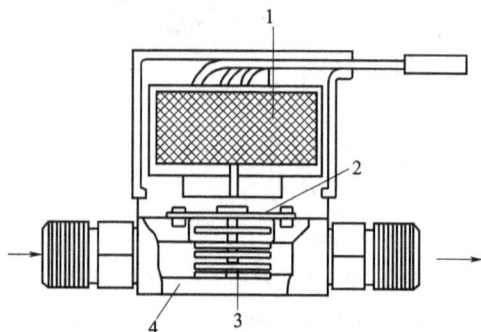

图2-54 静电式制冷剂流量传感器的安装位置

1—电路；2—玻璃环氧板；3—电极；4—外壳

ECU 根据此信号判断制冷剂流量是否正常。当出现异常时，则利用监控系统进行报警。

2. 电控自动空调执行器

电控自动空调系统的执行元件主要包括控制伺服电动机（伺服电动机）、风机及压缩机电磁离合器等。图 2-55 所示为 LS400 轿车伺服电动机的安装位置，图 2-56 所示为伺服电动机控制的各种挡风板的位置，表 2-4 所示为送风方式与各种挡风板的位置关系。

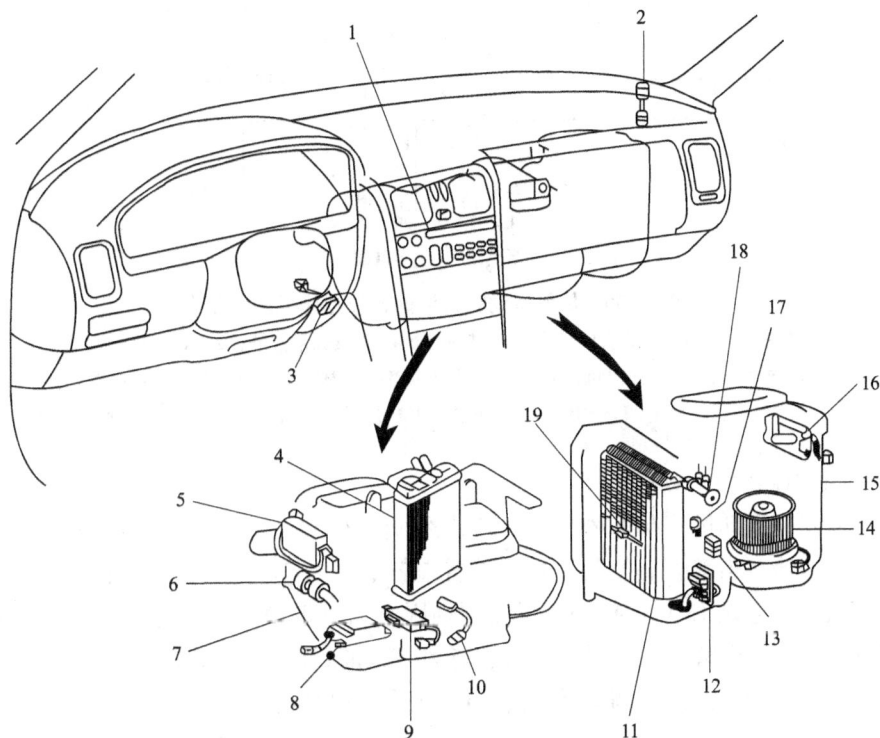

图 2-55 伺服电动机的安装位置

1—空调器控制部件；2—太阳能传感器；3—室温传感器；4—取暖器散热器；5—方式伺服电动机；
6—抽风机；7—取暖器组件；8—最大冷却伺服电动机；9—空气混合伺服电动机部件；
10—水温传感器；11—蒸发器；12—功率管；13—继电器；14—送风机电动机；
15—冷却和送风机组件；16—进气伺服电动机部件；17—送风机电阻；18—膨胀阀

表 2-4 送风方式与各种挡风板的位置关系

通风口　　方式		通风口			热		除霜器	
方式	风挡位置	中央	侧面	后面	前面	后面	前面	侧面
脸 ⤵	①③⑤⑦⑨	○	○	○				
脸和脚 ⤴	①②⑤⑧⑨	○	○	○	○	○		
脚 ⤵	②④⑥⑧⑨		○		○	○	○	○
脚/除霜器 ⤵	②④⑥⑧⑩		○		○	○	○	○
除霜器 ⎚	②④⑥⑦⑪		○				○	○
圆圈（○）的大小表示空气流量大小。								

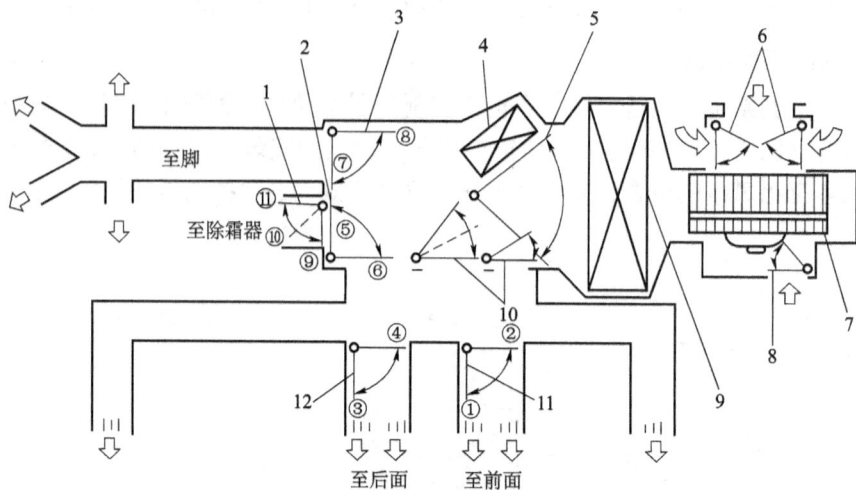

图 2-56 伺服电动机控制的各种挡风板的位置

1—除霜器风挡；2—通风口风挡；3—热风挡；4—取暖器散热器；5—空气混合风挡；
6—进气风挡；7—送风机电动机；8—进气风挡；9—蒸发器；10—冷气最足风挡；
11—中央通风口风挡；12—后通风口风挡

（1）进风控制伺服电动机

进风控制伺服电动机控制进风方式，其结构如图 2-57（a）所示。电动机的转子经连杆与进风挡风板相连，当驾驶员使用进风方式控制键选择"车外新鲜空气导入"或"车内空气循环"模式时，空调 ECU 即控制进风控制伺服电动机带动连杆顺时针或逆时针旋转，从而带动进风挡风板闭合或开启，以达到改变进风方式的目的。该伺服电动机内装有一个电位计随电动机转子转动，并向空调 ECU 反馈电动机活动触点的位置情况。

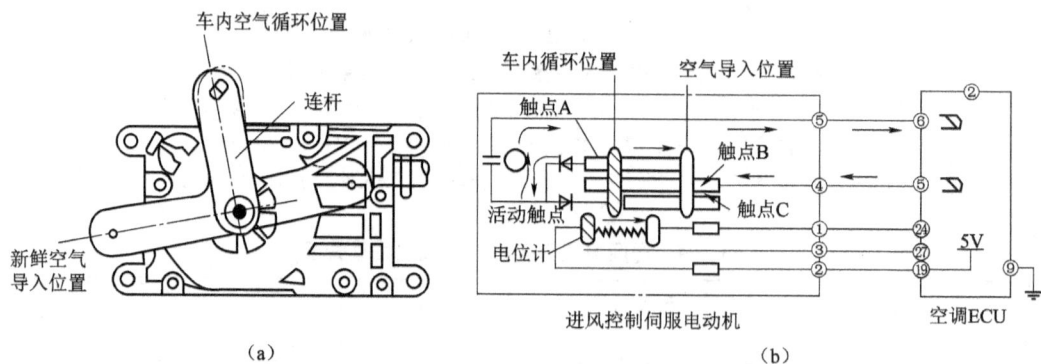

图 2-57 进风控制伺服电动机的结构与连接电路

（a）结构；（b）连接电路

进风控制伺服电动机与空调 ECU 的连接电路如图 2-57（b）所示。当按下"车外新鲜空气导入"键时，电路为：空调 ECU 端子 5→伺服电动机端子 4→触点 B→活动触点→触点 A→电动机→伺服电动机端子 5→空调 ECU 端子 6→空调 ECU 端子 9→搭铁。此时伺服电动机转动，带动活动触点、电位计触点及进风挡风板转动，新鲜空气通道开启。当活动触点与触点 A 脱开时，电动机停止转动，空调进气方式被设定在"车外新鲜空气导入"状态，车外空气被吸入车内。

当按下"车内空气循环"键时，电路为：空调 ECU 端子 6→伺服电动机端子 5→电动机→触点 C→活动触点→触点 B→伺服电动机端子 4→空调 ECU 端子 5→空调 ECU 端子 9→搭铁。此时伺服电动机转动，带动活动触点、电位计触点及进风挡风板向反方向转动，关闭新鲜空气入口。同时打开车内空气循环通道，使车内空气循环流动。

当按下"自动控制"键时，空调 ECU 首先计算出所需要的出风温度，并根据计算结果自动改变进风控制伺服电动机的转向方向，从而实现进风方式的自动调节。

（2）空气混合伺服电动机

空气混合伺服电动机结构及电动机内部电路如图 2-58 所示，进行温度控制时，空调 ECU 首先根据驾驶员设置的温度及各传感器送入的信号，计算出所需要的出风温度，并控制空气混合伺服电动机连杆顺时针或逆时针转动，改变空气混合挡风板的开启角度，从而改变冷暖空气混合比例，调节出风温度，使其与计算值相符。电动机内电位计的作用是向空调 ECU 输送空气混合挡板的位置信号。

图 2-58　空气混合伺服电动机的结构与内部电路

（a）结构；（b）内部电路

（3）送风方式控制伺服电动机

送风方式控制伺服电动机结构及电动机内部电路如图 2-59 所示，当按下操作面板上的某个送风方式键时，空调 ECU 将电动机上的相应端子搭铁，由此电动机内的驱动电路将电动机连杆转动，并将送风控制挡风板转到相应的位置上，打开某个通道。

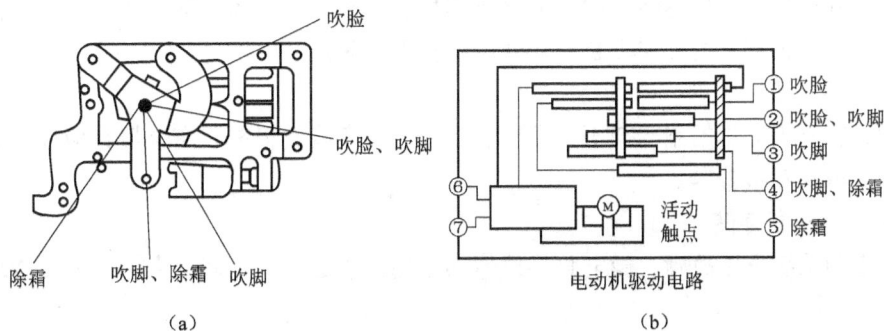

图 2-59　送风方式控制伺服电动机的结构与内部电路

（a）结构；（b）内部电路

当按下"自动控制"键时，空调 ECU 根据计算结果，在与人脸、脚等几个位置自动改变送风方式。

（4）最冷控制伺服电动机

最冷控制伺服电动机的结构及内部电路如图 2-60 所示，该电动机的挡风板具有全开、半开和全闭 3 个位置。当空调 ECU 使某个位置的端子搭铁时，电动机驱动电路使电动机旋转，带动最冷控制挡风板置于相应位置上。

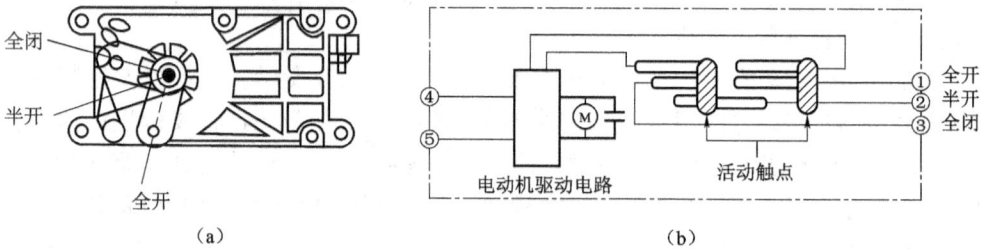

图 2-60　最冷控制伺服电动机的结构与内部电路
（a）结构；（b）内部电路

（5）可变排量压缩机

可变排量压缩机是在压缩机移动活塞的旋转斜盘上增加了一个可变排量机构，空调 ECU 根据冷却液温度传感器信号确定是否给可变排量机构的电磁线圈通电，从而控制压缩机的容量。

3. 电控自动空调 ECU

空调 ECU 与操作面板成一体，它对各种传感器输入的信号和功能选择键输入的指令进行计算、分析比较后，发出指令，控制各个执行元件动作，使车内温度、空气流动状况等始终保持在驾驶员设定的水平上，极大地简化了操作，该系统主要用在高级轿车空调上。另外空调 ECU 控制的汽车空调系统具有以下功能。

（1）空调控制

空调控制包括温度自动控制、风量控制、运转方式给定的自动控制、换气量控制等，满足车内空调对舒适性的要求。

（2）节能控制

节能控制包括压缩机运转控制、换气量的最适量控制以及随温度变化的换气切换、自动转入经济运行、根据车内外温度自动切断压缩机电源等。

（3）故障、安全报警

故障、安全报警包括制冷剂不足报警、制冷压力高或低报警、离合器打滑报警、各种控制器件的故障判断报警等。

（4）故障诊断存储

汽车空调系统发生故障，微电脑将故障部位用代码的形式存储起来，在需要修理时指示故障的部位。

（5）显示

显示包括显示给定的温度、控制温度、控制方式和运转方式的状态等。

一、技能学习

1. 电控自动空调的故障诊断

丰田凌志 LS400 轿车的自动空调系统具有故障自诊断功能，其诊断操作可直接在空调器控制按钮上进行，诊断代码在温度显示屏处输出。如果在空调器运转中出现压缩机同步传感器电路开路或制冷剂不足，则空调器控制总成上的 A/C 开关指示器灯便开始闪烁。当这种情况发生时，将显示压缩机同步传感器电路故障的诊断代码 22 和空调器制冷剂不足的诊断代码 Normal，即表明空调器有故障。

（1）故障自诊断

凌志 LS400 轿车自动空调系统诊断检查状态的操作方法如图 2-61 所示。

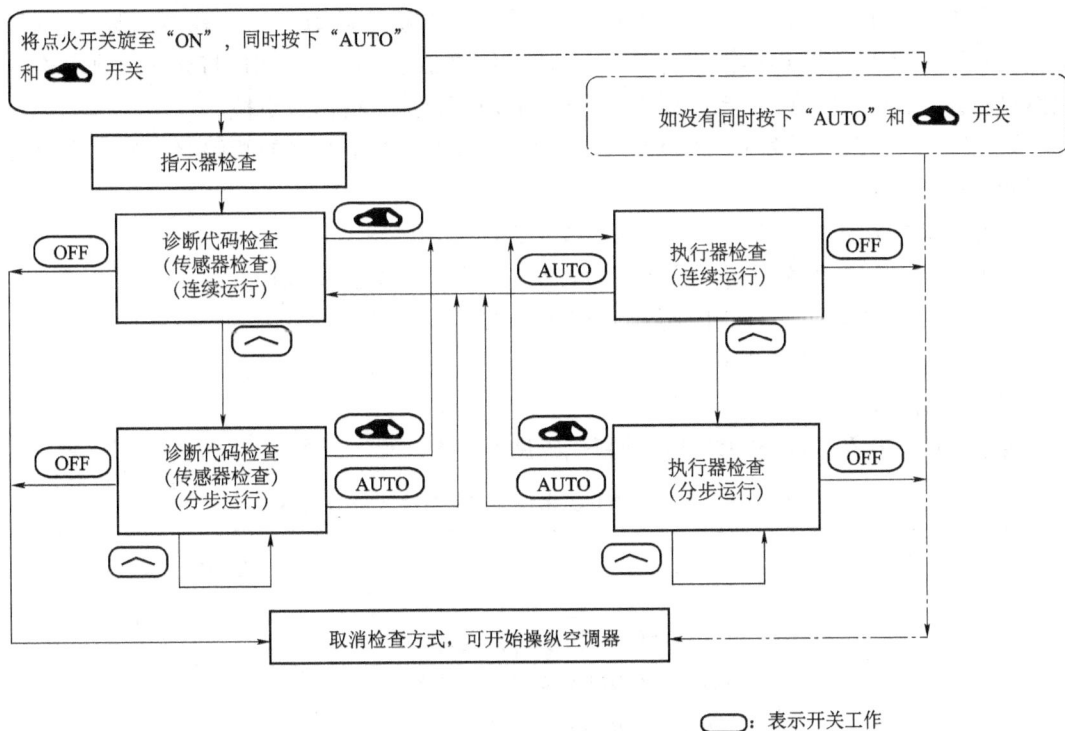

图 2-61　诊断检查状态的操作方法

1）指示器检查。

① 将点火开关置于"ON"位置，并同时按下空调器控制"AUTO"开关和"REC"开关。

② 查看所有指示器灯在 2 s 间隔内，应连续闪亮 4 次。

③ 在第二步指示器灯亮时，察听蜂鸣器声音。

说明：

a. 指示器检查结束后，诊断代码检查便自动开始。

b. 如要取消检查状态，则按下"OFF"开关。

2) 诊断代码检查。

① 进行指示器检查。指示器检查完毕后，该系统即自动进入诊断代码检查状态。

② 读出仪表板温度显示屏上显示的代码，并根据诊断代码表所提示的故障部位进行检查排除。如要慢慢显示，则可按"UPA"开关，将其改成步进运转。每按动一次"UPA"开关，改变一次显示。

说明：

a. 如果读出一个代码蜂鸣器就响了，则表明该代码所指示的故障继续发生。

b. 如果读出一个代码蜂鸣器未响，则表明该代码所指示的故障早已发生（如插接器接触不良）。

c. 如果环境温度为-30℃或更低，即使该系统工作正常，则仍然可能输出故障代码。

d. 诊断代码由最小到最大，依次显示。

e. 如果是在光线暗的地方进行检查，则可能显示诊断代码21（太阳能传感器不正常）。对比检查时，应用灯光（如检查灯）照射太阳能传感器进行检查。如用灯光照射进行检查，仍然显示诊断代码21，则可能是太阳能传感器有故障，应予检修或更换。

③ 仅在发生现时故障时，才显示压缩机同步传感器电路开路或短路（诊断代码22）。为了验证诊断代码22，可按下述步骤进行：

a. 使发动机运转，并进入诊断代码检查状态。

b. 按下"REC"开关，进入执行器检查状态，并设定第三步运转。

c. 按下"AUTO"开关，回到诊断代码检查状态。

d. 约3 s后，显示诊断代码。

（3）诊断代码

凌志LS400轿车自动空调系统的诊断代码见表2-5。

表2-5 凌志LS400轿车自动空调系统的诊断代码

代码	故 障 部 位
00	正常
11	车室温度传感器电路开路或短路
12	环境温度传感器电路开路或短路
13	蒸发器温度传感器电路开路或短路
14	水温传感器电路开路或短路
21*	太阳能传感器电路开路或短路
22*	压缩机同步传感器电路开路或短路
31	空气混合风挡位置传感器电路开路或短路
32	进气风挡位置传感器电路开路或短路
33	空气混合风挡位置传感器电路开路； 进气伺服电动机电路开路或短路； 空气混合伺服电动机锁住

代码	故 障 部 位
34	进气风挡位置传感器电路开路； 进气伺服电动机电路开路或短路； 进气伺服电动机锁住

*：仅在发生现时故障时，太阳能传感器和压缩机同步传感器开路才能检测出来。其他代码在现时故障（蜂鸣器发出声音）和过去故障（蜂鸣器不发出声音）时，均可检测出来。

（4）清除诊断代码

1）取出 2 号接线盒中的保险丝 10 s 以上，从存储器中清除诊断代码。

2）重新装回保险丝，并确认输出正常代码。

（5）执行器检查

1）进入传感器检查状态后，按动"REC"开关。

2）由于从温度显示 20 ℃开始，每隔 1 s，便按顺序自动运转每个风挡、电动机和继电器，所以可用肉眼与手检查温度和空气流量。如要慢慢显示，则可按动"UP"开关，改成步进运转。每按动一次"UP"开关，改变一次显示。

说明：

① 当显示代码改变时，蜂鸣器发出响声。

② 诊断代码由最小到最大，依次显示。

2. 电控自动空调控制电路的分析方法

电路控制系统比较复杂，不同类型的自动空调控制差别较大，但其控制电路可按照电路功能和输入输出原则进行划分。

（1）按电路功能划分（见图 2-62）

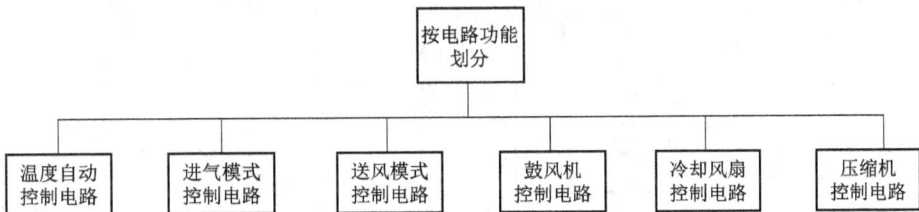

图 2-62　按电路功能划分

（2）按输入输出原则分（见图 2-63）

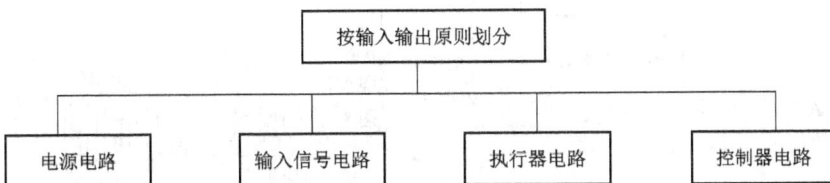

图 2-63　按电路功能划分

3. 电控自动空调电脑控制电路

（1）电源电路检测

以 LS400 轿车自动空调为例，分析其电路的特点、组成、控制原理、线路检修方法及思路，控制电路如图 2-64 所示。拆下空调 ECU，保持连接器处于连接状态。测量端子 +B、IG、ACC 与 GND 间的电压，均应为 12 V。若无 12 V 电压，则应检查相应熔丝及供电电路。

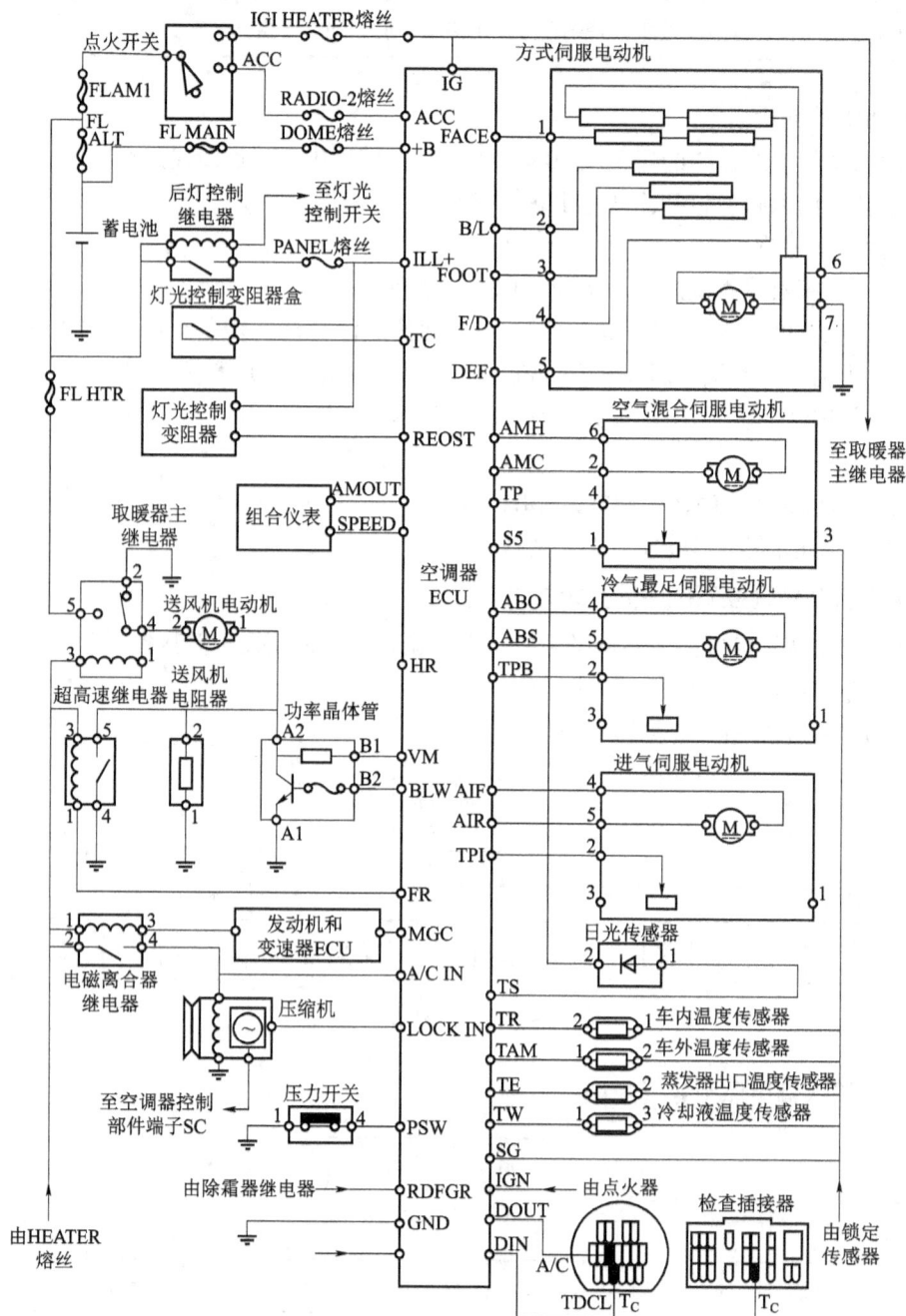

图 2-64 LS400 轿车自动空调系统电路

若端子+B 无电压，则空调 ECU 不能储存故障代码和设定工作状态。点火开关在 ACC 挡时，若空调显示器无显示，即 ACC 电源故障。

（2）输入信号电路检修

以 LS400 轿车自动空调为例，如图 2-64 所示。

1）车内温度传感器。

车内温度传感器用于检测车内的温度，并发送适当的信号给空调 ECU。拆下仪表板 1 号下罩，脱开车内温度传感器连接器，检查车内温度传感器连接器两端子间的电阻，在 25 ℃时其阻值为 1.6~1.8 kΩ；在 50 ℃时其阻值为 0.5~0.7 kΩ，且当温度升高时，其阻值逐渐降低。

2）车外温度传感器。

车外温度传感器用于检测环境温度，并发送适当的信号给空调 ECU。

拆下前散热护栅，脱开车外温度传感器连接器，检查车外温度传感器连接器两端子间的电阻，在 25 ℃时其阻值为 1.6~1.8 kΩ；在 50 ℃时其阻值为 0.5~0.7 kΩ。随着温度升高，其阻值逐渐降低。

3）蒸发器温度传感器。

蒸发器温度传感器用于检测冷却组件内的温度，发送适当的信号给空调 ECU。拆下蒸发器出口温度传感器，检查蒸发器温度传感器连接器两端子间的电阻，在 25 ℃时其阻值为 4.5~5.2 kΩ；在 50 ℃时其阻值为 2.0~2.7 kΩ。随着当温度升高，电阻逐渐降低。

4）水温传感器。

水温传感器用于检测冷却液温度，发送适当的信号给空调 ECU。当发动机温度较低时，这些信号用于预热控制。

拆下加热器组件和水温传感器，检查水温传感器连接器的端子 1 与 3 之间的电阻，在 0 ℃时其阻值为 1.56~17.5 kΩ；在 40 ℃时其阻值为 2.4~2.8 kΩ；在 70 ℃时其阻值为 0.7~1.0 kΩ。随着温度升高，电阻逐渐降低。

5）阳光传感器。

阳光传感器内光控二极管检测太阳能辐射，并将信号传给空调 ECU。太阳能辐射强度越强，光控二极管的电阻越小，当传感器没有接收到太阳能辐射时，即使系统正常，也会显示诊断代码 21。

拆下杂物箱，脱开阳光传感器连接器，测其反向电阻，当传感器用布蒙住时，阻值为无穷大，掀开遮传感器的布并用灯光照射时约为 4 kΩ，当灯光逐渐移开时，阻值逐渐增大。

6）压缩机锁止传感器。

发动机每转一圈，压缩机锁止传感器便向空调 ECU 发送 4 个脉冲。若压缩机皮带或电磁离合器打滑，空调 ECU 将使压缩机停止工作，且指示器以 1 s 间隔闪烁。

用千斤顶顶起汽车，脱开压缩机锁止传感器连接器，测量压缩机锁止传感器连接器端子之间的电阻，在 25 ℃时其阻值应为 530~650 Ω；在 100 ℃时其阻值应为 670~890 Ω。

7）压力开关。

当制冷剂压力降得太低（系统压力低于 0.22 MPa）或升得太高（系统压力高于 2.7 MPa）时，压力开关将信号发送给空调 ECU。当空调 ECU 收到这些信号时，输出信号给发动机和自动变速器 ECU，通过"发动机和自动变速器 ECU"断开压缩机继电器，并使电磁离合器断开。

拆下右侧前照灯，脱开压力开关连接器；接通点火开关，将压力表连接到制冷系统，当制冷剂气体压力改变时，检查压力开关端子1与4之间的导通情况。若压力在正常范围内，压力开关不通，则为压力开关损坏。

8）点火器电路。

空调ECU通过接收点火器送来的信号监测发动机转速。空调ECU利用发动机转速信号和压缩机转速信号检测压缩机同步情况。

（3）空调执行器电路检修

以LS400轿车为例，如图2-64所示。

1）鼓风机电路。

打开风扇和空调，若风机不转，则应检查加热器继电器。取下继电器并连接继电器端子4、5，风机应转动。否则，如测量继电器端子1与3间有电压，则为继电器损坏；连接继电器端子4与5，若风机不转，则为风机电阻或电源故障；若风机不能调速，则多为功率管（蒸发器组件内）损坏；若无高速，则为极高速继电器损坏。

2）空气混合伺服电动机及传感器电路。

空气混合风门位置传感器安装在空气混合伺服电动机内，用于检测空气混合风门的位置，并将信号送入空调ECU。空气混合伺服电动机及传感器电路不正常会引起无冷气、冷气不足等故障。

拆下空调ECU，保持连接器处于连接状态。接通点火开关，改变设定温度，使空气混合风门起作用，并在每次改变设定温度时测量空调ECU连接器端子TP与SG间的电压（最冷控制时为4 V），当设定温度升高时，电压值应按直线规律逐渐降低（暖气最足时为1 V）。若不正常，则可取下加热器组件，脱开空气混合伺服电动机连接器，测量空气混合伺服电动机连接器端子1与3间的电阻，其正常值为4.7~7.2 kΩ。当空气混合伺服电动机以正确顺序运转时，测量空气混合伺服电动机连接器端子4与3间的电阻，最冷控制时为3.76~5.76 kΩ。当设定温度升高时，电阻值应按直线规律逐渐降低，暖气最足时为0.94~1.44 kΩ。

3）进风控制伺服电动机及传感器电路。

进风控制传感器安装在进气伺服电动机组件内，用于检测进风风门的位置，并将测得的信号送入空调ECU。

接通点火开关，按下"REC/FRS"开关，改变新鲜空气和再循环之间的进气，测量进气伺服电动机运转时传感器端子TPI与SG间的电压，在REC侧时约为4 V；当进气伺服电动机从REC侧移到FRS侧时，电压值应按直线规律逐渐降低，在FRS侧时应为1 V。若不正常，则拆下加热器组件，脱开进气伺服电动机组件连接器，测量进气伺服电动机连接器端子S5与SG（6针连接器中端子3与1）间的电阻，其正常值为4.7~7.2 kΩ。当进气伺服电动机以正确顺序运转时，测量在进气伺服电动机连接器端子TPI与SG（6针连接器中端子2与1）之间的电阻，在REC侧时应为3.76~5.76 kΩ；当进气伺服电动机从REC侧移到FRS侧时，电阻值应按直线规律逐渐降低，在FRS侧时应为0.94~1.44 kΩ。端子4与5之间应导通。

4）送风伺服电动机电路。

送风伺服电动机电路根据从ECU来的信号使伺服电动机运转，改变每个送风风门的位置。当"AUTO"开关接通时，ECU按照设定温度自动在吹脸、脸与脚之间、脚等三种高度之间改变送风。当"AUTO"开关断开时，由手动开关选定某一位置。检修时先设定到执行器检查状态，按下"TEMP"开关，使其进入步进送风，再依次按该开关，检查气流送风变化情况，气流变化送风应从"吹脸最冷→脸→脸和脚→脚→脚和除霜器→除霜器"送风依次变化。否则可取下加热器组件，脱开伺服电动机连接器，将电源正极连接到端子6、电源负极连接到端子7，然后再将电源负极依次接端子1、2、3、4、5，工作方式也应按上述顺序变化，否则为送风伺服电动机损坏。

5）最冷控制伺服电动机电路。

最冷控制伺服电动机按从ECU来的信号控制最冷控制风门在开、半开、关3个送风状态之间转换。当"AUTO"开关接通时，通风口处在吹脸位置，空调ECU控制该风门在开、半开和关位置。当在吹脚或脸和脚位置时，该风门一直关闭着。检修时可设定到执行器检查状态，按下"TEMP"开关，使其进入步进送风，再按"TEMP"开关，根据风量和风门运转噪声检查风门能否转换。否则可拆下加热器组件，脱开最冷控制伺服电动机连接器，将电源正极连接到端子4、电源负极连接到端子5，然后再将电源负极依次接端子1、2、3，若风门位置不能转换，则为电动机组件损坏；若正常，则为配线或ECU损坏。

6）压缩机电路。

空调ECU从端子MGC输出电磁离合器信号"ON"信号到发动机和自动变速器ECU。当发动机和自动变速器ECU接到此信号时，它从端子ACMG传送一个信号，接通压缩机电磁离合器继电器，于是压缩机电磁离合器接通。空调ECU也通过端子A/C IN监视电源电压是否供应到电磁离合器上。

拆下空调ECU，保持连接器处于连接状态，接通点火开关，按下一个风扇转速控制开关，检查在空调开关接通或断开时，空调ECU连接器的端子A/C IN与车身搭铁之间的电压，其正常值为：空调开关接通时，电压为蓄电池电压；空调开关断开时，电压为0 V。再检查压缩机电磁离合器，脱开电磁离合器连接器，将电源正极导线连接到电磁离合器连接器端子上，电磁离合器应吸合，否则要修理或更换电磁离合器。

二、任务实施与考核（见表2-5）

表2-5　教师考核记录

实训项目：　汽车自动控制空调系统工作情况检查

班级学号		姓名	
项目	必要的记录	分值	评分
故障检测方法			
电源故障检测			
输入信号检测			

项目	必要的记录	分值	评分
控制电路检测			
总分			

老师签字：

_____年____月____日

项目三

汽车空调系统维护与维修

任务一 汽车空调维护基础

学习目标

（1）能够正确描述汽车空调系统的维护工具及使用方法。

（2）能够正确描述维护和检测汽车空调的作业内容。

任务分析

在汽车空调的使用过程中，经常会遇到空调系统不制冷、制冷量小等故障，导致汽车空调系统不能正常工作，失去空气调节和制冷的作用。

相关知识

一、常用维修工具的介绍

对于汽车空调的保养、检查、维修，需要掌握配套的专用工具与设备的使用，才能准确而迅速地进行相关作业，提高工作质量。这些工具与设备包括：各种扳手、螺钉旋具、万用表、歧管压力计、真空泵和检漏设备等。

1. 歧管压力计

歧管压力计也称歧管压力表，其结构如图3-1所示。它是由高、低压力指示表，高、低压阀门开关手轮，接红色软管通高压侧的管接头4，接黄（或绿）色软管用于抽真空和加注制冷剂的管接头5，接蓝色软管通低压侧的管接头6组成。

歧管压力计是维修汽车空调制冷系统必不可少的重要工具，它与制冷系统相接可进行抽真空、加注制冷剂及诊断制冷系统故障等操作。

歧管压力计的具体操作步骤如下：

1）当手动低压阀开启、手动高压阀关闭时，低压管路与中间管路及低压表相通，此时可从低压侧加注制冷剂或排放制冷剂，并同时检测高、低压侧的压力。

2）当手动低压阀关闭、手动高压阀开启时，高压管路与中间管路及高压表相通，此时可从高压侧加注制冷剂，并同时检测高、低压侧的压力。

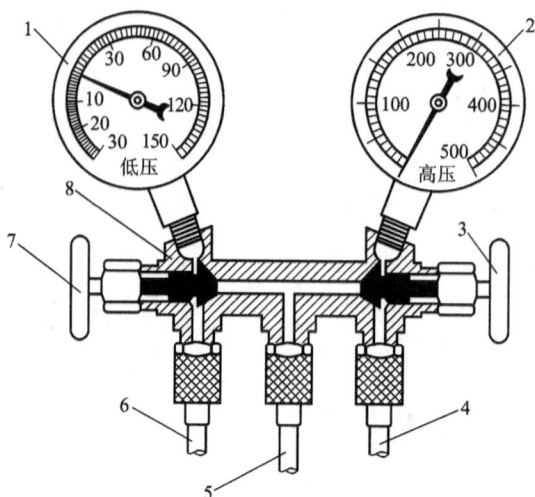

图 3-1　歧管压力计结构

1—低压表；2—高压表；3—高压阀门开关手轮；4—高压表管接头；
5—中间管接头；6—低压表管接头；7—低压阀门开关手轮；8—表座

3）当手动高、低压阀均关闭时，可检测高、低压侧的压力。

4）当手动高、低压阀均开启时，可加注制冷剂、抽真空，并检测高、低压侧的压力。

2. 真空泵

如图 3-2 所示，真空泵用于制冷系统抽真空，排除系统内的空气和水分。因为安装、检修空调制冷系统时，会有一定量的空气进入制冷系统，而空气中含有的水蒸气会使制冷系统的膨胀阀冰堵、冷凝压力升高、系统零部件发生腐蚀，所以在加注新制冷剂之前，必须对制冷系统抽真空。抽真空并不能将水抽出系统，而是产生真空后降低了水的沸点，水在较低温度下沸腾，并以蒸汽的形式从系统中被抽出。

3. 检漏设备

拆装或检修汽车空调制冷系统管道、更换零部件之后，需在检修及拆装部位进行制冷剂的泄漏检查。一般采用卤素检漏灯和电子检漏仪两种设备，其中电子检漏仪较为常用。

（1）卤素检漏灯

它是一种丙烷（或酒精）气体燃烧喷灯，利用制冷剂气体进入安装在喷灯的吸入管内会使喷灯的火焰颜色改变这一特性来判断系统的

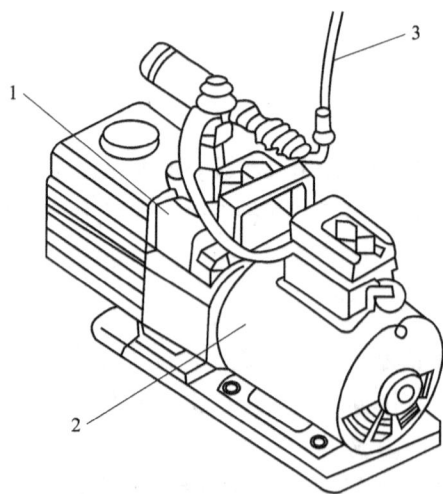

图 3-2　真空泵

1—真空泵；2—电动机；3—真空管

泄漏部位和泄漏程度。泄漏量少时，火焰呈浅绿色；泄漏量较多时，火焰呈浅蓝色；泄漏量很多时，火焰呈紫色。

（2）电子检漏仪

如图 3-3 所示，电子检漏仪用来检查制冷系统中制冷剂是否泄漏，并确定泄漏部位。

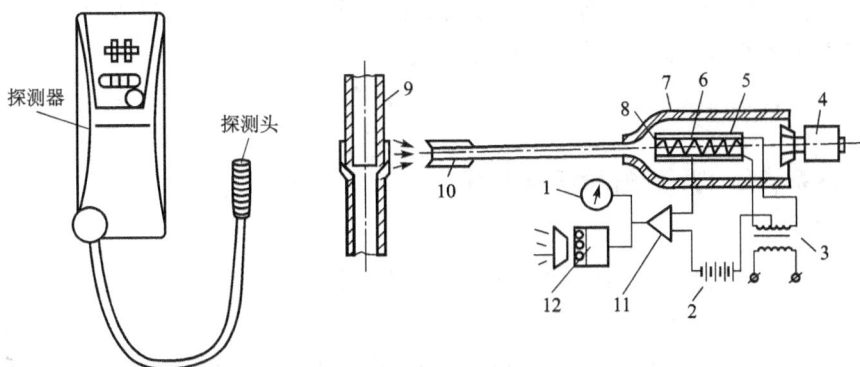

图 3-3　电子检漏仪结构

1—电流计；2—阳极电源；3—变压器；4—风机；5—阳极；6—阴极；7—外壳；
8—电热器；9—管道；10—吸嘴；11—放大器；12—音程振荡器

电子检测仪的操作步骤如下：

1）将检漏仪电源接上，并预热 10 min 左右。

2）将开关拨至校核挡，确认指示灯和警铃工作正常。

3）将仪器调到所要求的灵敏度范围。

4）将开关拨到检测挡，将探头放到被检测部位，如果有超过灵敏度范围的泄漏量，则警铃会报警。

一旦查出泄漏部位，探头应立即离开此部位，以免缩短仪器寿命。

如果制冷系统有大量泄漏或因刚经过维修而使周围空间存在大量制冷剂气体，则应先吹净空气再进行检查，否则将无法检测到确切的泄漏部位。

4. 制冷剂注入阀

为了便于维修汽车空调和携带方便，制冷剂厂商制造了一种小罐制冷剂，一般通过制冷剂注入阀把小罐中的制冷剂加到制冷回路中去。

图 3-4 所示为制冷剂注入阀，制冷剂罐内装有制冷剂，接头用软管与歧管压力计的中间接头相连，其操作方法如下。

1）按逆时针方向旋转注入阀手柄，直到阀针退回为止。

2）将注入阀装到制冷剂罐上，逆时针方向旋转板状螺母直到最高位置，然后将制冷剂注入阀顺时针拧动，直到注入阀嵌入制冷剂密封塞为止。

3）将板状螺母按顺时针方向旋转到底，再将歧管压力计上的中间软管固定到注入阀的接头上。

4）拧紧板状螺母。

5）按顺时针方向旋转手柄，使阀针刺穿密封塞。

6）若要充注制冷剂，则逆时针方向旋转手柄，使阀针抬起，同时打开歧管压力计上的手动阀。

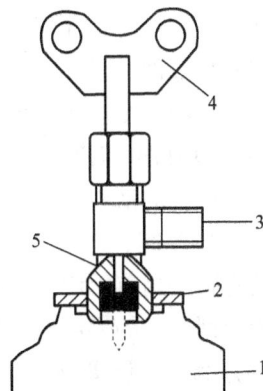

图 3-4　制冷剂注入阀结构

1—制冷剂罐；2—板状螺母；3—注入
阀接头；4—制冷剂注入
阀手柄；5—阀针

7）若要停止加注制冷剂，则顺时针方向旋转手柄，使阀针再次进入密封塞，起到密封作用，并同时关闭歧管压力计上的手动阀。

二、汽车空调的维护

汽车空调系统分日常维护保养和定期保养。

1. 日常维护

日常维护主要是通过看、听、摸、测等方法进行检查。

1）检查和清洗汽车空调的冷凝器，要求散热片内清洁，片间无堵塞物。

2）检查制冷剂量。当空调系统工作时，从液视镜中观察到流动的制冷剂几乎透明无气泡，但提高或降低发动机转速时可能出现气泡；关闭压缩机后立刻有气泡，然后渐渐消失。这就说明制冷系统工作正常。如果压缩机工作时有大量的气泡，则说明制冷系统不正常。

3）检查传动带，压缩机与发动机之间的传动带应张紧。

4）用耳听和鼻闻检查汽车空调有无异常响声和异常气味。

5）用手摸压缩机附近高、低压管有无温差，正常情况下低压管路呈低温状态、高压管路呈高温状态。

6）用手摸冷凝器进口和出口处，正常情况下是前者比后者热。

7）用手摸膨胀阀前后应有明显温差，正常情况下是前热后凉。

8）检查制冷系统软管外观是否正常；各接头处连接是否牢靠；接头处有无油污，有油污表明有微漏，应进行紧固。

9）检查制冷系统电路连接是否牢靠，有无断路或脱接现象。

2. 定期维护

为保证汽车空调无故障运行，需要定期对系统各主要零部件进行维护保养，如压缩机、冷凝器、蒸发器、膨胀阀、高压管和低压管、储液干燥器、电气系统、高压和低压开关及冷凝器和蒸发器风机等。

（1）压缩机

在压缩机运转情况下，检查其是否有异常响声，如有，则说明压缩机的轴承、阀片、活塞环或其他部件有可能损伤或冷冻润滑油过少；检查压缩机的高低压端有无温差；运转中如压缩机有振动，则应检查传动带的松紧度，同时还要检查润滑油的液面高度。

（2）冷凝器、蒸发器

检查两者的清洁状况、通道是否畅通，以保证其能通过最大的通气量。

（3）膨胀阀

检查膨胀阀有无堵塞；感温包与蒸发器出口管路是否贴紧；膨胀阀能否根据温度的变化自动调节制冷剂的供给量。

（4）高、低压管

检查软管有无裂纹、鼓包、老化或破损现象；硬管是否有裂纹或渗漏现象；是否会碰到硬物或运动件；管道螺栓是否紧固。

（5）储液干燥器

检查易熔塞是否熔化、各接头处是否有油迹；正常工作时其表面应无露珠或挂霜现象；

每年四、五月份维护期中应视需要更换干燥剂或干燥过滤器总成。

（6）电气系统

检查电磁离合器有无打滑现象；低温保护开关在规定的气温下如能正常启动压缩机，则说明其有故障；检查电线连接是否可靠。

（7）高、低压开关

检查高、低压开关，高压开关在压力 2.2 MPa 时应能自动接通声光报警电路并使电磁离合器断电，当压力小于 2 MPa 时应能自动复位；低压开关在压力小于 0.2 MPa 时应能自动接通声光报警电路并使电磁离合器断电，当压力大于 0.2 MPa 时应能自动复位。

（8）冷凝器和蒸发器风机

检查冷凝器和蒸发器风机工作时有无异常响声、叶片有无破损、螺栓连接是否牢固、电动机轴承有无缺油现象。

三、汽车空调系统检修

汽车空调制冷系统检修的基本操作一般包括制冷系统工作压力的检测、制冷系统的检漏、制冷剂排空、抽真空、制冷剂的充注、加注冷冻油等。

1. 维修操作注意事项

（1）作业环境

检修空调时应注意清洁和防潮，要防止污物、灰尘和水分进入制冷系统；要把机组周围和接头附近清洁干净；应避免雨天进行维修作业。

（2）制冷剂的使用

保存和搬运制冷剂时，应按其要求存放，不要用火烤钢瓶，也不能把它放置在太阳能直接照射到的地方；制冷剂应存放在低于 40 ℃以下的阴凉地方；制冷剂不能接触人体，否则会引起冻伤；操作时不可靠近面部，而且必须戴上护目镜和手套，若不慎将制冷剂溅到眼中或皮肤上，则应立即用大量的冷水冲洗，然后用一块无菌布盖在受伤部位，去医院进行专业治疗。

（3）制冷系统管路操作

拆卸制冷系统管路时，应立即将系统管口或接头封住，以免潮气或灰尘进入；清洁管路时应用高压氮气冲洗；管接头的密封圈是一次性的，每次检修后应该更换；拧紧或松开管接头时，应使用两个扳手。

汽车空调制冷管路的连接一定要牢固可靠，应具有良好的密封性能，但又不能拧得过紧而损伤螺纹，因此要根据不同的材质和管径按照拧紧力矩的要求操作。

2. 制冷系统工作压力的检测

要了解汽车空调制冷系统工作循环进行的情况，必须测量制冷系统工作时高压侧和低压侧的压力，制冷系统工作压力的检测具体操作过程如下：

1）将歧管压力计正确连接到制冷系统相应的检修阀上，如果是手动检修阀，则应使阀处于中位。

2）关闭歧管压力计上的两个手动截止阀。

3）用手拧松歧管压力计上高低压注入软管的连接螺母，让系统内的制冷剂将软管内的空气排出，然后再将连接螺母拧紧。

4）起动发动机，并使发动机转速保持在 1 000~1 500 r/min，然后打开空调 A/C 开关和鼓风机开关，设置到空调最大制冷状态，鼓风机高速运转，温度调节到低。

5）关闭车门、车窗和舱盖，发动机预热。

6）将一根玻璃温度计放到中风门空调出风口（检测空调冷风温度），而将干湿温度计放在车内空气循环进气口处（检测室内环境温度），湿温度计的球部要覆盖蘸满水的棉花。

7）空调系统至少要正常工作 15 min 后才能进行检测工作，并记录数据。空调的正常值要达到一定的标准要求。当环境温度在 21 ℃~32 ℃时，空调冷风温度在 1 ℃~10 ℃。R134a 空调系统低压侧的压力应为 0.15~0.25 MPa，高压侧的压力应为 1.37~1.57 MPa。

注意：根据车型及测试工况（发动机转速、蒸发器入口温度）不同，压力范围略有差异。

3. 制冷系统的检漏

汽车空调系统的常用检漏方法有压力检漏、真空检漏、电子式检漏仪检漏和外观检漏等。

（1）压力检漏

压力检漏是指将少量制冷剂及一定压力的氮气加入制冷系统中，再用观察法、肥皂泡沫、卤素检漏灯或电子检漏仪进行检漏的一种方法。这种方法常用于空调制冷系统中制冷剂全部漏光时的检漏。采用压力检漏时，严禁用压缩空气进行检漏，因压缩空气中含有水分，水分随空气进入后会在膨胀阀处产生冰堵。如图 3-5 所示。

（2）真空检漏

应用真空泵进行检漏，真空度应达到 0.1 MPa，并保持 24 h 内真空度没有显著升高即可。抽真空的目的：

1）抽出系统中残留的氮气；

2）检查系统有无渗漏；

3）使系统干燥。

只有在系统抽真空后才能加注制冷剂。

（3）电子式检漏仪检漏

用电子式检漏仪对空调系统进行检漏，检漏仪探头应尽可能接近检漏部位，一般要求在 3 mm 之内，探头的移动速度必须低于 30 mm/s。当探头脏污或电压偏低时，都会影响检查的准确性。其方法和步骤如下：

1）将检漏仪电源接上，进行预热 10 min 左右。

2）对检漏仪进行校核，使指示灯和警铃工作正常。

3）将检漏仪调到所需要的灵敏度范围。

4）将探头放在易出现泄漏的各个部位进行检测，防止漏检。

5）当指示灯亮、警铃响起时，此位置为泄漏部位。同时应将探头立即移动，以免损坏检漏仪。

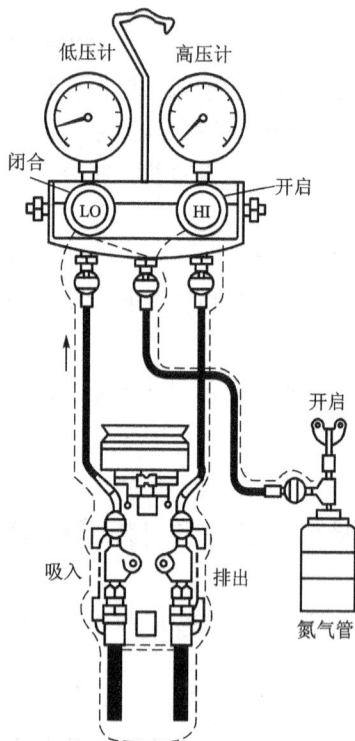

图 3-5　制冷剂加压检漏

（4）外观检漏

制冷剂泄漏部位往往会渗出冷冻润滑油，若发现在某处有油污渗出，则可进一步用清洁的白纸擦拭或用手直接触摸检查。如仍有油冒出，则可能有渗漏。

4. 制冷剂排空

制冷剂排空是指将制冷系统内的制冷剂排出。制冷剂排空一般有传统排空法和回收排空法两种。

（1）传统排空法

传统排空法如图 3-6 所示，具体过程如下：

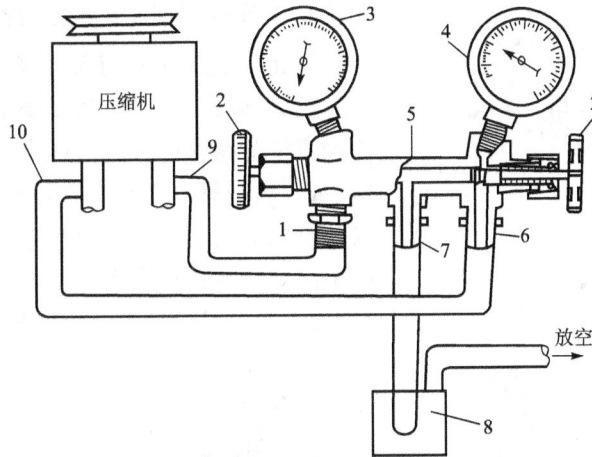

图 3-6　制冷剂排空

1—低压管；2—手柄；3—低压表；4—高压表；5—表阀；6—高压管；
7—维修软管；8—集油罐；9—吸气阀；10—排气阀

1）把歧管压力表组连接到系统的高、低压检修阀上。

2）起动发动机并使转速维持在 1 000~1 200 r/min，运行 10~15 min。

3）风扇开至高速运转，将系统中所有的控制开关都放到最冷位置并使系统达到稳定状态。

4）把发动机转速调到正常怠速状态。

5）关闭空调的控制开关，关闭发动机。

6）慢慢打开歧管压力表组上的低压手动阀，让制冷剂缓缓地从中间软管流入回收装置中，等压力下降到 350 kPa 时，再慢慢拧开高压手动阀，以防止冷冻机油被带出。

7）当歧管压力表组的高、低压力表指示为零时，说明系统内制冷剂已排空。

（2）回收排空法

制冷剂的放卸回收、净化循环使用工作过程如下。

1）用表阀系统将汽车空调制冷系统中的制冷剂回收到储液瓶。其中，高压阀连接压缩机排气管，低压阀连接压缩机吸气管，表阀的中间接口连接钢瓶。钢瓶的底部有一个截止阀，用来放卸制冷剂从而带出润滑油（冷冻机油）。降压时，先慢慢拧开高压手动阀，让制冷剂缓慢流出而尽量不带出冷冻机油。当压力下降到 350 kPa 时，再慢慢拧开低压手动阀，让制冷剂经降压、除酸、干燥、过滤等工序处理后，重新压缩、冷凝、液化，装入储液瓶中。

2）在此过程中，对生成的酸性物质的清除，常采用中和法或膜处理方法，使酸性物质自动分离；对混入制冷剂中的水分常采用分子筛吸附，使制冷剂的含水量降到可重新使用的标准；对不溶杂质（如铁屑、油污、灰尘等），可采用过滤装置加以清除。

（3）注意事项

1）回收场地应通风良好，不要使排出的制冷剂靠近明火，以免产生有毒气体。

2）制冷剂排出而冷冻润滑油并非全部排出，因此应测定排出的油量，以便补充。

5. 汽车空调制冷系统抽真空

抽真空是为了排除制冷系统内的空气和水汽，它是空调维修中一项极为重要的程序。图3-7所示为抽真空管路连接方法，具体操作过程如下：

1）将歧管压力计上的两根高、低压力软管分别与压缩机上的高、低接口相连，并将歧管压力计上的中间软管与真空泵相连。

2）打开歧管压力计上的手动高、低压阀，启动真空泵，并注视两个压力表，将系统压力抽真空至98.70～99.99 kPa。

3）关闭歧管压力计上的手动高、低压阀，观察压力表指示压力是否回升。若回升，则表示系统泄漏，此时应进行检漏和修补；若压力表指针保持不动，则打开手动高、低压阀，启动真空泵继续抽真空15～30 min，使其真空压力表指针稳定。

4）关闭歧管压力计上的手动高、低压阀。

5）关闭真空泵。先关闭手动高、低压阀，然后关闭真空泵，目的是防止空气进入制冷系统。

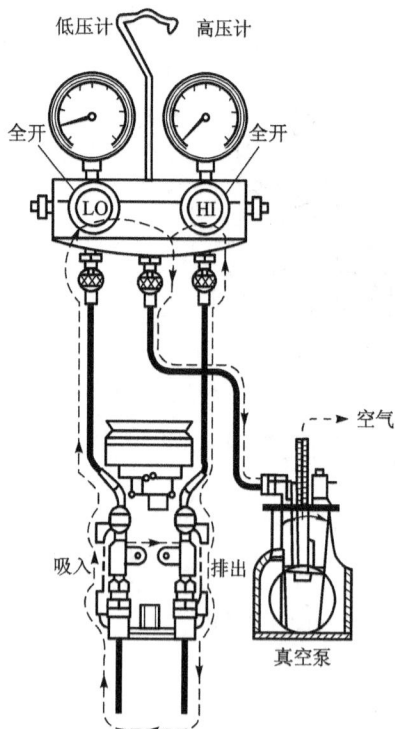

图3-7 空调系统抽真空

6. 汽车空调系统制冷剂充注

当制冷系统抽真空达到要求，且经检漏确定制冷系统不存在泄漏部位后，即可向制冷系统充注制冷剂。

充注前，先确定注入制冷剂的数量，充注量过多或过少都会影响空调的制冷效果，压缩机的铭牌上一般都标有所用制冷剂的种类及其充注量。

（1）从高压侧充注制冷剂

液态制冷剂可以从高压侧注入，其加注过程如下：

1）抽真空作业完成后，将中间注入软管从真空泵上卸下，改接到制冷剂注入阀接口上，装好制冷剂罐，并用注入阀打开制冷剂罐，然后将与歧管压力计相连接的中间软管接头稍微松开一些，直到听到嘶嘶声后再拧紧，以排出中间注入软管内的空气。

2）打开歧管气压计高压侧手动阀，制冷剂便经高压侧注入软管并进入系统高压侧，这时观察低压表指针一起升高，若低压表指针不回升或回升很慢，则说明系统内部有堵塞处，应停止充注并进行检修。

若低压表指针随高压表一起正常回升，则可将制冷剂罐倒立，使制冷剂呈液态进入系统。注入规定量的制冷剂，关闭高压侧手动阀和注入阀后，即可进行检漏或试运行。

图 3-8 所示为从高压侧充注液态制冷剂示意图。一般在抽真空后初步检漏之前，从高压侧注入一定量的液态制冷剂（200 g 左右），使制冷系统有一定量的制冷剂并保持一定的压力，以便于用卤素检漏仪进行检漏作业。

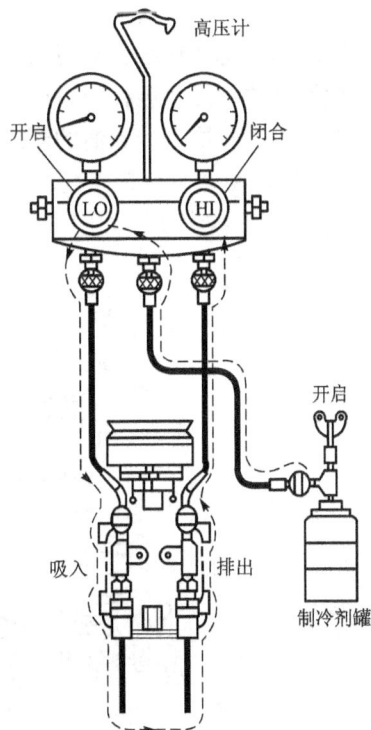

另外应注意，采用这种方式充注制冷剂时，不允许打开歧管压力计上的低压手动阀，也决不允许运转压缩机，否则有可能造成制冷剂罐爆裂。

（2）从低压侧注入气态制冷剂

气态制冷剂一般从制冷系统低压侧检修阀注入，用于初步检漏后充足制冷剂量或给系统内补充制冷剂，其加注过程如下：

1）将歧管压力计连接于制冷系统检修阀上，将中间注入软管与制冷剂注入阀和制冷剂罐连接。

2）起动发动机并使之保持在 1 500～2 000 r/min 转速下运转，接通空调 A/C 开关使压缩机工作，鼓风机以高速旋转，温度调节推杆或旋钮调至最大冷却位置。

3）用注入阀打开制冷剂罐并保持罐体直立，缓慢打开歧管压力计低压手动阀，气态制冷剂便由制冷剂罐经注入软管、低压侧检修阀被压缩机吸入制冷系统低压侧，如图 3-9 所示。同时调节低压侧手动阀开度，使低压表读数不超过 411.6 kPa。为加快充注速度，可将制冷剂罐直立放在温度为 40 ℃左右的温水中，以保证制冷剂罐内的液态制冷剂具有一定的蒸发速度。

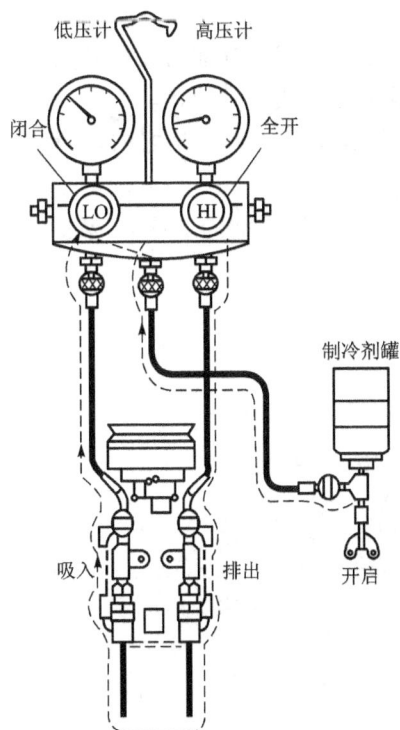

图 3-8　从高压侧充注液态制冷剂　　　　图 3-9　从低压侧充注气态制冷剂

若使用的是小容量罐，则在加注一罐后仍需加注时，可关闭歧管压力计上的低压侧手动阀，从空罐上卸下注入阀，把它装到待用的制冷剂罐上，排出中间注入软管内的空气后，再继续加注到适量为止。

4）充注完毕后，关闭歧管压力计低压侧手动阀，关闭注入阀，关闭空调 A/C 开关和鼓风机开关，使发动机熄火，卸下歧管压力计即可。

7. 汽车空调系统加注冷冻润滑油

通常汽车空调制冷系统的冷冻润滑油消耗很少，但每两年需要更换一次，每次应按规定数量加注（一般压缩机的铭牌上标注润滑油的型号和数量）。加注时一定要使用同一牌号的冷冻润滑油，不同牌号的冷冻润滑油混用会生成沉淀物。

加注冷冻油有直接加入法和真空吸入法两种方式。

（1）直接加入法

1）卸下加油塞（见图 3-10），注入规定型号的冷冻机油。

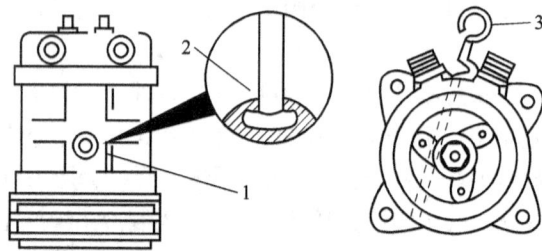

图 3-10　直接加注冷冻机油

1—加油塞；2—加油孔；3—油尺

2）通过加油塞孔观察，旋转离合器前板，使活塞连杆正好在加油塞孔中央位置。

3）把油尺插到活塞连杆的右边，直至油尺端部碰到压缩机外壳为止。

4）取出油尺，检查冷冻油的刻度数（沟纹），应该在油尺的 4~6 格之内。

（2）真空吸入法

按要求正确连接设备，如图 3-11 所示。先将制冷系统抽真空到 2 kPa，然后开始加注冷冻油，步骤如下：

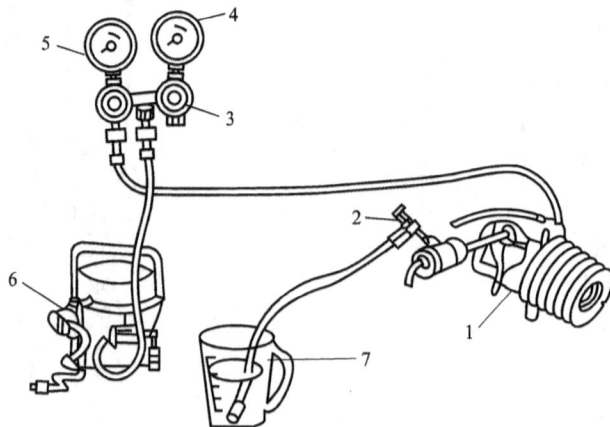

图 3-11　抽真空加注冷冻油

1—压缩机；2—辅助阀；3—手动阀；4—高压表；5—低压表；6—真空泵；7—油杯

1）关闭高压手动阀门，关闭辅助阀。

2）把高压侧软管从歧管压力表上拆下，插入油杯内。

3）打开辅助阀，使冷冻油从油杯吸入制冷系统。

4）当油杯中的冷冻机油快被抽空时，立即关闭辅助阀门，以免系统中吸入空气。

5）把高压侧软管接头拧在歧管压力表上，打开高压手动阀门，启动真空泵，将高压侧软管抽真空。然后再打开辅助阀，为系统抽真空，压力至 2 kPa，再加抽 15 min，以便排除随油进入系统里的空气。此时，冷冻油在高压侧，待系统运转后，冷冻油返回压缩机。

实施与考核

一、技能学习

起动发动机，打开空调开关，打开风机开关，出风口无冷气吹出。这种情况可能是电气方面或是机械方面的原因。

1. 电气方面

系统不制冷主要是指压缩机没有工作。压缩机电磁离合器的电路、空调开关、高压开关、低压开关以及温控放大器等都与压缩机的电磁离合器串联，只要有一个元件发生故障，空调压缩机就会停止工作。当压缩机不工作时，对电器故障的检查应循序渐进，从简到繁，切忌乱拆。

1）检查保险丝是否熔断。如果熔断，则说明电路中可能有某个地方短路。这时应检查导线的绝缘层有无损坏以及是否有短路烧坏的迹象。在未查明原因之前不要随便接上熔断丝进行试机，以免电气系统遭受更大的损坏。

2）断开压缩机电磁离合器的线束，直接将常火线引到电磁离合器，若离合器工作，则说明电磁离合器本身正常，继续检查其他方面。

3）检查电路中的空调开关、高压开关、低压开关以及温控放大器，先检查高、低压开关，然后观察温控放大器，最后检查空调开关。检查方法是采用短路法，例如要检查低压开关，就将低压开关短路，然后打开空调开关，如果电磁离合器能吸合，则说明低压开关有故障，或者是制冷系统中制冷剂已经泄漏。可用歧管压力表进一步检查系统内的制冷剂压力，以判断制冷剂是否泄漏。

2. 机械方面

在确认电气系统工作正常的情况下，系统不制冷，则需要进行机械方面的检查。

（1）压缩机驱动皮带断

皮带断，压缩机便停止工作，制冷系统也无法制冷。

（2）制冷系统堵塞

系统堵塞后，制冷剂无法循环，从而导致系统不制冷。用歧管压力表检测系统内的压力，结果是低压侧压力很低、高压侧压力非常高，则系统最可能产生堵塞的部位是干燥过滤器及膨胀阀。

（3）膨胀阀感温包破裂

感温包破裂，装在里面的工质就会全部流失造成膨胀阀膜片的上方压力为零，阀针在弹簧力的作用下将阀孔关闭。制冷剂无法流向蒸发器,因此系统无法制冷。感温包破裂后,膨胀阀一般要换新件。

（4）系统内制冷剂全部漏失

系统内没有制冷剂,则系统无法制冷。检测时可用歧管压力表测系统的压力,若高、低侧压力都很低,则说明制冷剂已经泄漏。如果出现这种情况,应用测漏仪详细检查确定其泄漏部位,然后进行修复。修复后要对系统抽真空,然后按规定加足制冷剂及冷冻润滑油。

（5）压缩机进、排气阀片损坏

由于阀片损坏,压缩机起不到吸入排出的作用,从而使制冷剂无法循环、系统无法制冷。可用歧管压力表检测系统内的压力,结果应是高、低压侧的压力接近相等。阀片损坏后,要拆卸压缩机进行修理或换新件。

3. 制冷系统压力的检测

制冷系统技术状况的好坏以及各设备总成技术状况的好坏都可以利用歧管压力表检测制冷系统压力进行初步判断。当压缩机正常工作时,制冷系统低压侧的压力应为 147 ~ 192 kPa,高压侧的压力应为 1 373~1 668 kPa。当制冷系统制冷效果不好时,测试结果与正常压力一定不符,具体分析参见表 3-1。

表 3-1　用歧管压力表检测系统压力测试结果分析

量具指示	故障现象	可能原因	故障排除
高压与低压侧压力均过高	发动机趋于过热	发动机冷却系统故障	检查并修理各发动机冷却系统
	① 低压管接头附近区域的温度明显低于蒸发器出口附近区域的温度。 ② 板上有时结霜	① 过多的液体制冷剂在低压侧。 ② 制冷剂流量排出过多。 ③ 膨胀阀比规定量开得多了一点: a. 温度阀不正确; b. 膨胀阀调整不正确	更换膨胀阀
高压侧压力过高而低压侧压力过低	冷凝器上部和高压侧偏热,而储液罐并不热	压缩机和冷凝器间的高压管或高压元件被阻塞或被压扁	① 检查、修理或更换失效件。 ② 检查压缩机润滑油有无杂质

量具指示	故障现象	可能原因	故障排除
高压侧压力过低而低压侧压力过高	压缩机停止工作后，高低压侧的压力很快相等	① 压缩机压缩功能不正常。 ② 压缩机内部密封装置损坏	更换压缩机
	高低压侧的温度无差异	压缩机排量不能变化（压缩机行程处于最大行程）	更换压缩机
高压与低压侧压力均过低	① 储液罐进出口间的温度差很大，出口温度极低。 ② 储液罐进口和膨胀阀上结霜	储液罐内部有少量阻塞	① 更换储液罐。 ② 检查压缩机润滑油有无杂质
	① 与储液罐附近温度相比，膨胀阀的进口温度极低。 ② 膨胀阀的进口可能结霜。 ③ 高压侧某处出现温度差异	储液罐和膨胀阀间的高压管路被阻塞	① 检查并修理失效件。 ② 检查压缩机润滑油有无杂质
高低压侧的压力均过低	膨胀阀的进出口间有巨大温度差异，而阀本身结霜	① 膨胀阀调整不正确。 ② 温度阀故障。 ③ 出品和进口可能被阻塞	① 用压缩空气吹除异物。 ② 检查压缩机润滑油有无杂质
	低压管接头附件区域的温度明显低于蒸发器出口附近区域的温度	低压管被阻塞或压扁	① 检查并修理失效零件。 ② 检查压缩机润滑油有无杂质
	气流量不足或过低	① 蒸发器结冰。 ② 压缩机排出量不能变化（压缩机行程处于最大行程）	更换压缩机

项目三 汽车空调系统维护与维修

量具指示	故障现象	可能原因	故障排除
低压侧压力有时呈负值	① 空调系统不起作用，也不能循环地冷却车厢空气。 ② 关闭压缩机并重新开动后，系统只能固定地工作一段时间	① 制冷剂不能循环排出。 ② 潮气在膨胀阀进出口处冻结。 ③ 制冷剂中混有水分	① 从制冷剂中除去水分或更换制冷剂。 ② 更换储液罐
低压侧压力呈负值	储液罐或膨胀阀管的前、后侧结霜或结露水	① 高压侧被关死，制冷剂不流动。 ② 膨胀阀或储液罐结霜	系统停歇后重新开动，以核实问题是否由水或异物造成。 ① 若问题是由水造成，则从制冷剂中除去水分或更换制冷剂。 ② 若问题是由异物造成，则拆下膨胀阀并用干压缩空气将这些异物吹掉。 ③ 若上述措施均不奏效，则更换膨胀阀。 ④ 更换储液罐。 ⑤ 检查压缩机润滑油有无杂质

二、任务实施与考核

1）8 名学生组合为一个小组，在充分掌握上述知识与技能的前提下，完成对汽车空调的维护检测，就车或者实训台分析空调的制冷工作状况。

2）学生根据空调维护检测作业记录填写学习工作单（见表 3-3），教师根据完成的情况进行考核（见表 3-3）。

表 3-3 技能学习工作单

实训项目： 汽车空调的维护

班级学号		姓 名	

1. 请描述你所了解到的汽车空调的检测工具使用方法。

_____

_____

_____

_____

_____

_____。

2. 请描述汽车空调的压力检测方法。

_____

_____

_____

_____

_____。

3. 请描述制冷剂排放方法。

_____

_____

_____

_____

_____。

4. 请记录你还了解到的制冷剂加注、检漏等作业。

_____

_____

_____

_____

_____。

5. 自我评价（个人技能掌握程度）：

□非常熟练　　□比较熟练　　□一般熟练　　□不熟练

教师评语：（包括工作单填写情况、语言表达、态度及沟通技巧等方面，并按等级制给出成绩）

实训记录成绩_____　　教师签字：_____　　_____年___月___日

任务二　汽车空调检测维修作业

学习目标

（1）能够正确使用汽车空调系统的检测工具。
（2）能够正确分析和检测汽车空调各个部件的故障。
（3）能够掌握汽车空调系统的故障诊断及修复方法。
（4）能够综合分析汽车空调故障并能进行拆装和修复。

任务分析

在汽车空调的使用过程中，经常会遇到空调系统不制冷、异响等故障，导致汽车空调系统不能正常工作，这也是气候换季过程中汽车技术人员经常遇到的汽车检测维修问题。

相关知识

一、汽车空调系统控制元件的检测

1. 空调压力开关的检查

其插头如图 3-12 所示，测试方法如下：

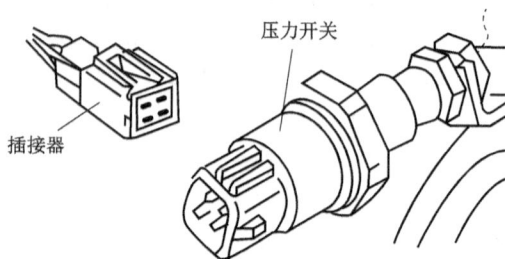

图 3-12　拔下压力开关插头

1）起动发动机，接通 A/C 开关，压缩机应运转；拔下开关插头，压缩机停止工作（低压开关断开）。

2）如果接通 A/C 开关，压缩机不运转，则拔下开关的插头。

3）将插头上的两个低压触点连接，如果连接触点后压缩机接通，且制冷良好，则进行下一步。

4）用万用表检查两个低压触点是否导通，不导通，说明低压开关有故障；若导通，则应检查相关电路。

5）在第 3 步检查中，如不制冷，则应检查管路内的压力是否过低。若过低，则说明制冷剂少或没有制冷剂。

2. 电磁离合器的检测

（1）电磁离合器线圈电阻检测

当电磁离合器不能吸合时，用外接电源直接驱动电磁离合器，或用万用表检查电磁离合器线圈电阻，来确定电磁离合器是否有故障。电阻检查方法如图3-13所示，标准电阻请参照相关维修手册。

（2）电磁离合器转子与衔铁间隙检测

当电磁离合器打滑或干涉时，检查转子与衔铁之间的间隙，应确保在离合器断电时无碰擦、通电时无打滑（离合器刚接合时除外）。测量离合器间隙应使用非磁性塞尺，如图3-14所示。

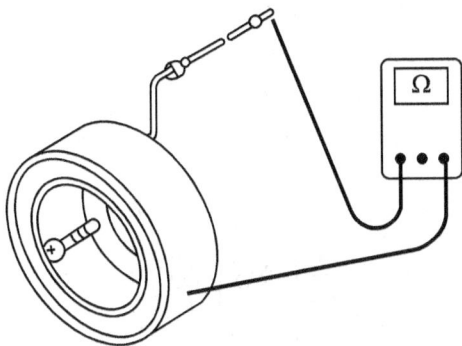

图3-13 电磁离合器线圈电阻检测

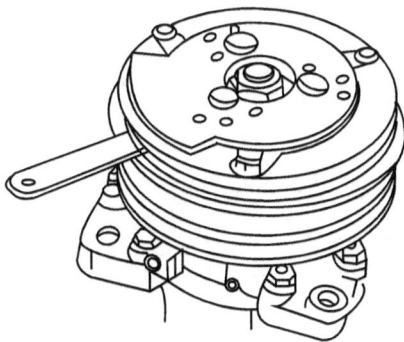

图3-14 转子与衔铁间隙检查

3. 环境温度开关的检测

1）当环境温度低于1.67 ℃时，用万用表电阻挡检测。若阻值为∞，则说明开关断开。

2）将环境温度传感器从冰块中拿出，当环境温度高于10 ℃时，万用表显示有阻值，说明开关已闭合。

3）若开关动作规律不符合上述情况，则说明传感器损坏。

4. 鼓风机的检测

可采取外接电源直接驱动鼓风机的方法检测，也可以用万用表检查鼓风机线圈电阻，并与标准值对照，检查方法如图3-15所示。

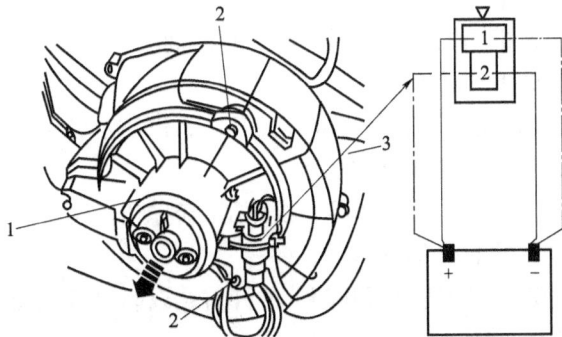

图3-15 鼓风机的检测

1—鼓风电动机；2—螺栓；3—线束插头

项目三 汽车空调系统维护与维修

5. 蒸发器温控开关的检查

将蒸发器温控开关的传感器放入水中（开关不要浸入水中），当水温增加到 2 ℃时，开关应导通；当水温降到 0 ℃时，开关应断开。具体方法可参照"3. 环境温度开关的检测"。

二、威驰轿车空调系统各总成的维修实例

1. 空调压缩机就车拆装

空调压缩机总成零部件分解如图 3-16 所示。

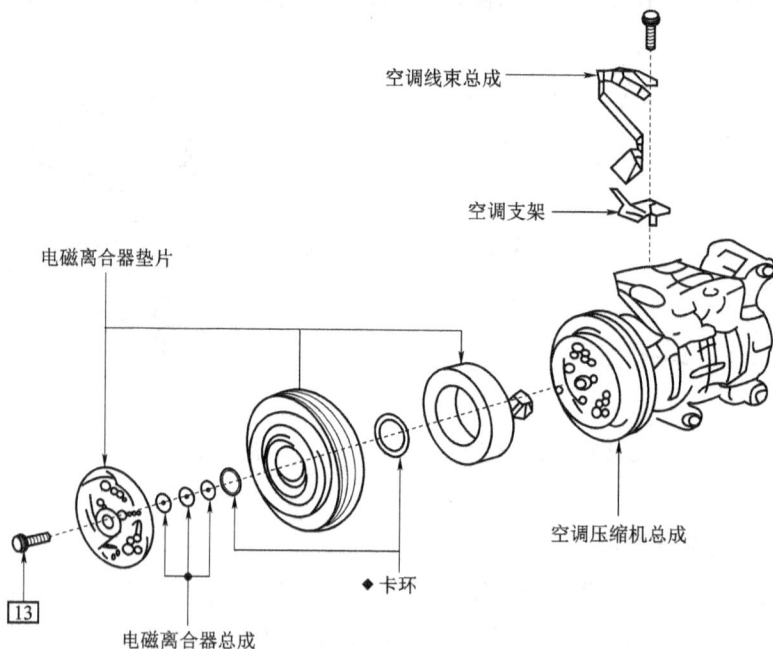

图 3-16 空调压缩机总成零部件分解

（1）拆卸

1）从系统内排出制冷剂。

2）拆下 V 形（压缩机到曲轴皮带轮）皮带。

3）断开制冷剂吸入口，如图 3-17 所示。

① 拆下螺栓，从压缩机和电磁离合器上断开制冷剂吸入口。

② 从制冷剂吸入口拆下 O 形环。

注意：用聚氯乙烯胶带密封所有断开部分的开口，以防水分和异物进入。

4）断开制冷剂排出口，如图 3-18 所示。

① 拆下螺栓，从压缩机和电磁离合器上断开制冷剂排出口。

② 从制冷剂排出口上拆下 O 形环。

注意：用聚氯乙烯胶带密封所有断开部分的开口，以防水分和异物进入。

5）拆下右侧发动机下盖。

6）拆下压缩机和电磁离合器总成。

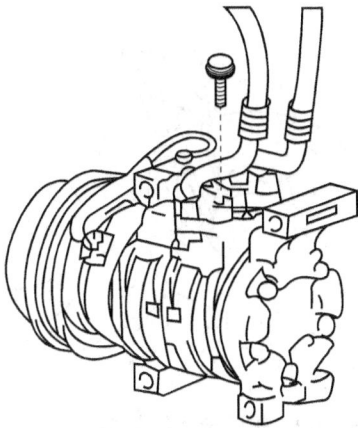

图 3-17 断开制冷剂吸入口

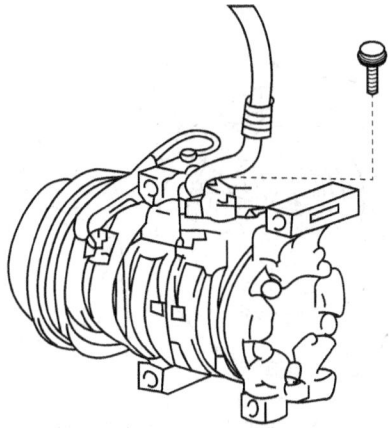

图 3-18 断开制冷剂排出口

① 断开接头。

② 拆下 4 个螺栓、压缩机和电磁离合器总成，如图 3-19 所示。

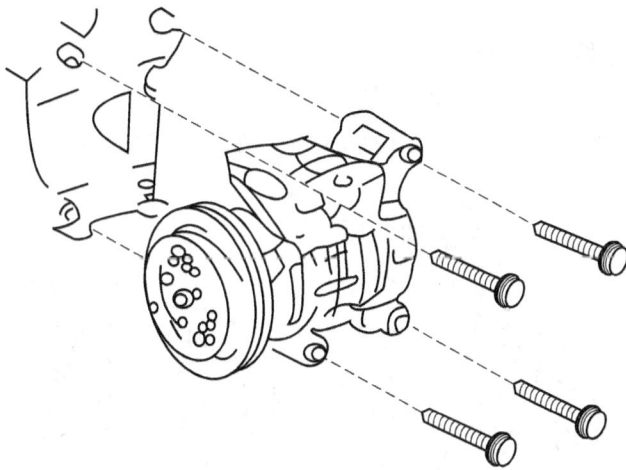

图 3-19 拆下压缩机

7）拆下电磁离合器总成。

① 在台钳上夹紧压缩机和电磁离合器。

② 用鲤鱼钳夹住离合器轮毂。

③ 拆下螺钉、电磁离合器轮毂和垫片，如图 3-20 所示。

④ 用卡环钳拆下卡环和电磁离合器转子，如图 3-21 所示。

⑤ 拆下螺钉，断开连接器。

⑥ 用卡环钳拆下卡环和电磁离合器定子，如图 3-22 所示。

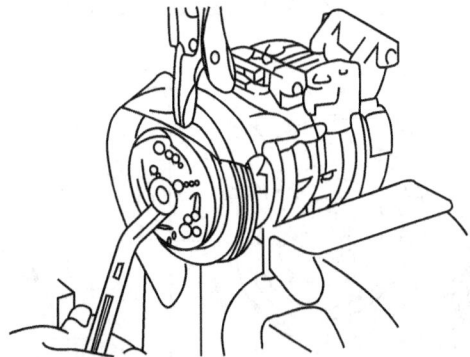

图 3-20 拆下电磁离合器轮毂和垫片

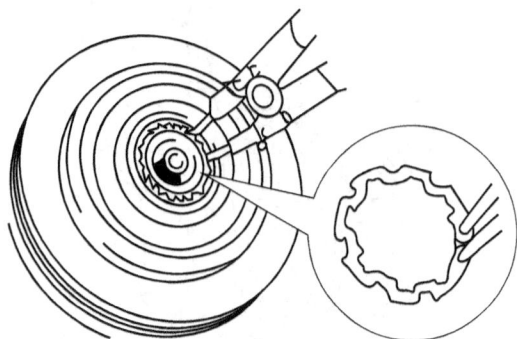

图 3-21 拆下卡环和电磁离合器转子

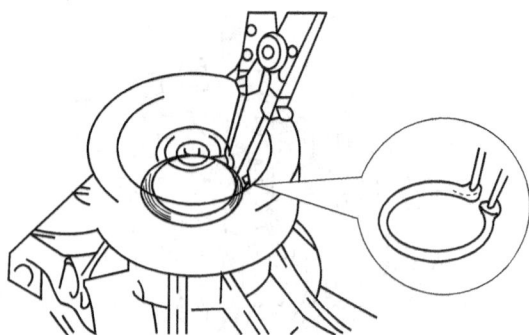

图 3-22 拆下卡环和电磁离合器定子

8）拆下空调控制线束总成。

9）拆下支架。

10）拆下压缩机总成。

（2）安装

1）安装电磁离合器总成。

① 如图 3-23 所示，安装电磁离合器定子。

② 用卡环钳安装新的卡环，有斜角的面朝上，如图 3-24 所示。

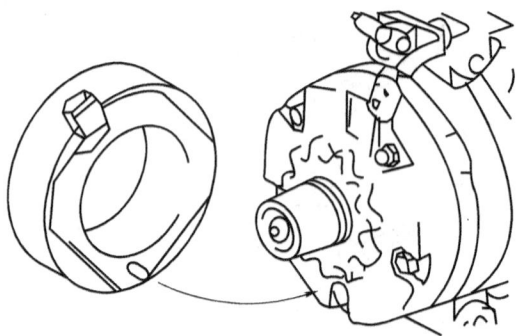

图 3-23 安装电磁离合器定子

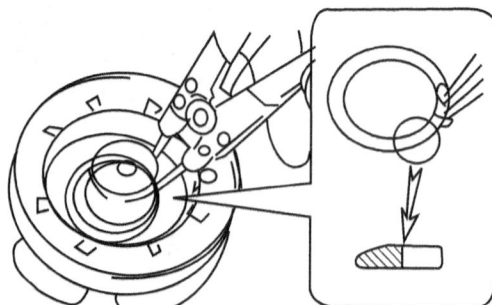

图 3-24 安装卡环

③ 安装螺栓，连接接头。

④ 用卡环钳安装电磁离合器转子和新的卡环，有斜角的面朝上，如图 3-25 所示。

⑤ 安装离合器轮毂和垫片。

注意：在分解前，不要改变电磁离合器中的组合垫片。

用鲤鱼钳夹住电磁离合器轮毂，安装螺栓，如图 3-26 所示，拧紧力矩为 13 N·m。

2）检查电磁离合器间隙，如图 3-27

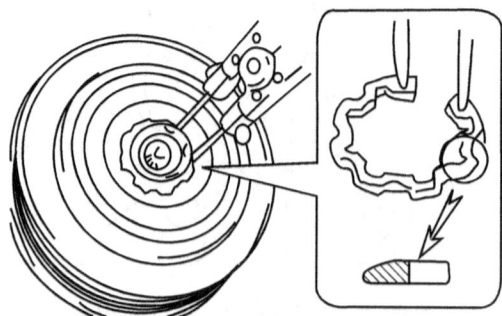

图 3-25 安装电磁离合器转子和卡环

所示。

①安装百分表，对准电磁离合器轮毂。

②连接蓄电池的正极引线到端子，负极引线到搭铁线。开、关离合器，测量间隙，标准间隙为 0.25~0.50 mm。如测量值超出标准值，则拆下电磁离合器轮毂，用垫片调整。

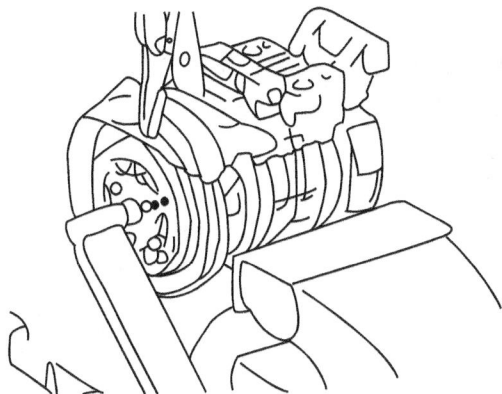

图 3-26 安装轮毂和垫片

图 3-27 检查电磁离合器间隙

注意：调整垫片应不超过 3 个。

3）检查压缩机油。当更换新的压缩机和电磁离合器时，从维修阀中慢慢放出制冷剂，并于安装前从新的压缩机和电磁离合器中排出所有的压缩机机油。

注意：

①当检查压缩机油量时，请参考制冷系统的拆装注意事项。

②压缩机机油残留于车上的管路中，如新压缩机和电磁离合器在安装前未放掉一些压缩机机油，系统内的压缩机机油过量，则会阻碍制冷剂循环的热交换，造成制冷剂故障。

③如旧压缩机和电磁离合器中的残油量过小，则检查油是否泄漏。

④确认压缩机油位 ND—OIL8。

4）安装压缩机和电磁离合器。

①用 4 个螺栓安装压缩机和电磁离合器，拧紧力矩为 25 N·m。

注意：按如图 3-28 所示顺序，安装压缩机和电磁离合器，紧固螺栓。

②连接接头。

5）安装制冷剂排出孔。

①从管口撕下缠裹的聚氯乙烯胶带。

②给新 O 形环和压缩机以及电磁离合器的接触面涂上足够的压缩机油（ND—OIL8 或等效物）。

③在制冷剂排出孔安装 O 形环。

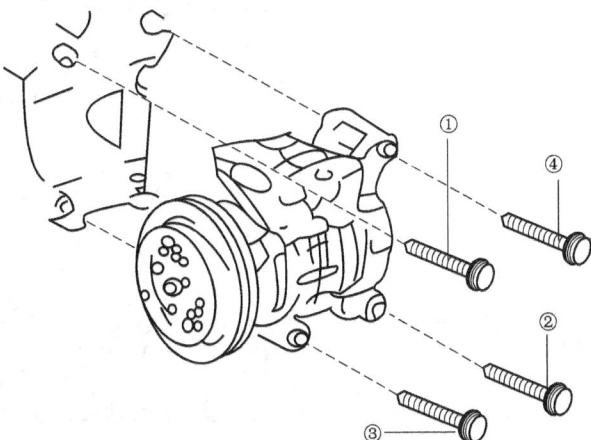

图 3-28 安装压缩机和电磁离合器

④ 用螺栓连接制冷剂排出孔到电磁离合器和压缩机上，拧紧力矩为9.8 N·m。

6）安装制冷剂吸入孔。

① 从管口撕下缠裹的聚氯乙烯胶带。

② 新O形环和压缩机以及电磁离合器的接触面涂上足够的压缩机油（ND—OIL8或等效物）。

③ 在制冷剂排出孔安装O形环。

④ 用螺栓连接制冷剂排出孔到电磁离合器和压缩机上，拧紧力矩为9.8 N·m。

7）安装V形（压缩机到曲轴皮带轮）皮带。

8）调整V形（压缩机到曲轴皮带轮）皮带。

9）充分紧固V形（压缩机到曲轴皮带轮）皮带。

10）加注制冷剂，规定量为（420±30）g。

11）发动机暖机。

12）检查制冷剂是否泄漏。

2. 空调蒸发器单元总成的拆装

空调蒸发器单元总成的零部件解体如图3-29、图3-30所示。

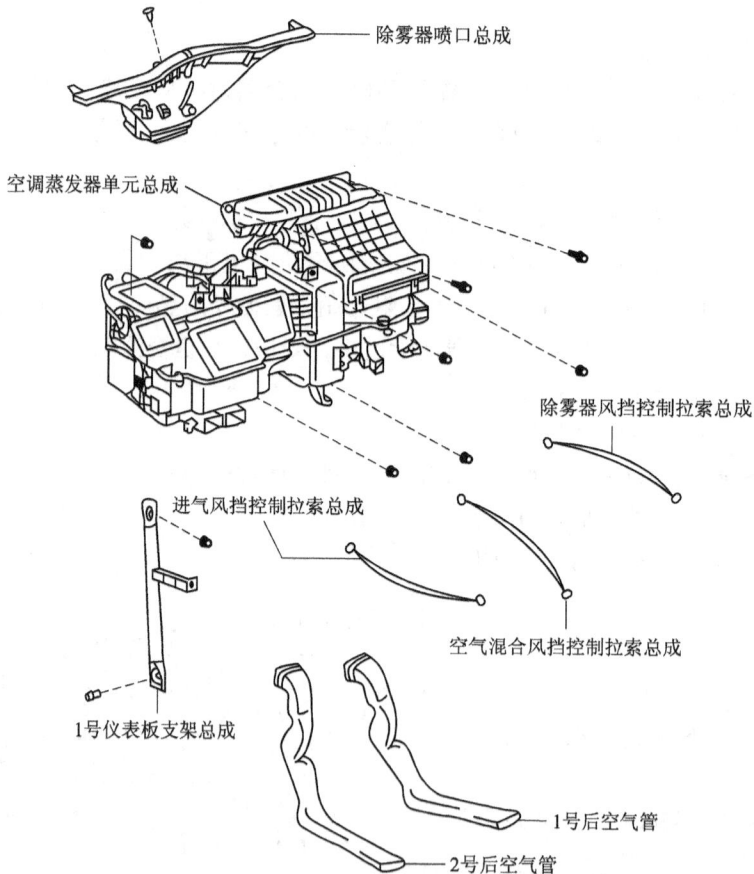

图3-29 空调蒸发器单元总成零部件解体（一）

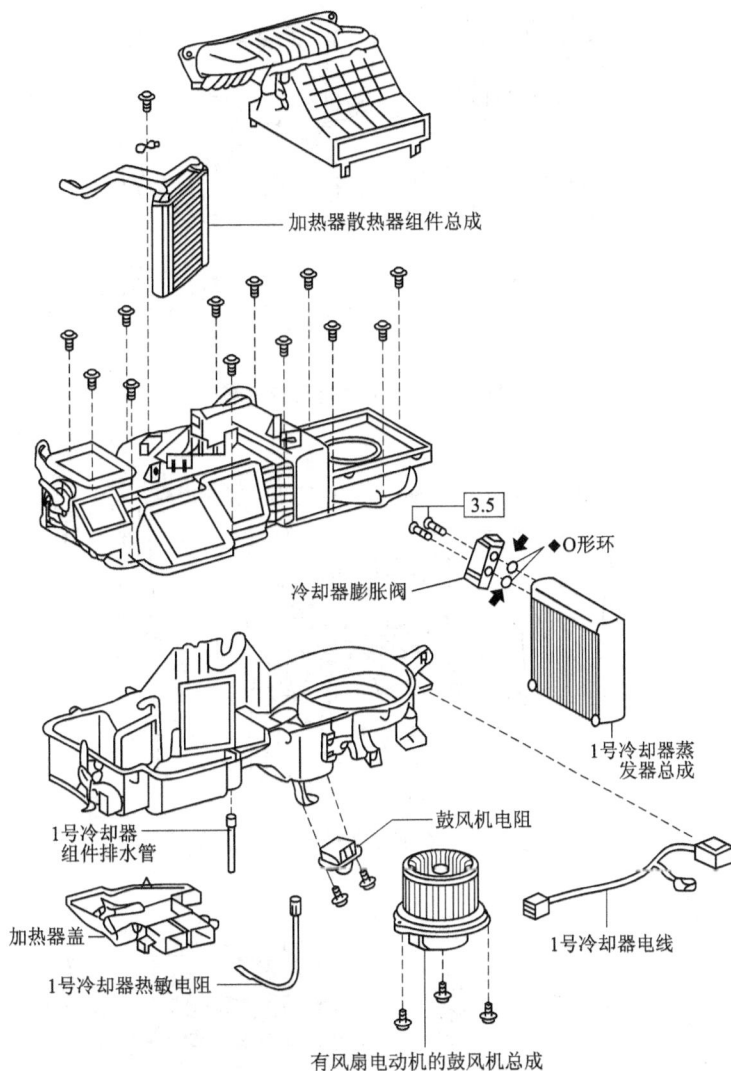

加热器散热器组件总成

3.5

◆O形环

冷却器膨胀阀

1号冷却器蒸
发器总成

1号冷却器
组件排水管

鼓风机电阻

加热器盖

1号冷却器电线

1号冷却器热敏电阻

有风扇电动机的鼓风机总成

图 3-30　空调蒸发器单元总成零部件解体（二）

（1）空调蒸发器单元总成的拆卸

1）从系统内排出制冷剂。

2）拆下下侧仪表板总成，拆下除雾喷口总成，拆下仪表板支架总成，松开两个锁扣，拆下 2 号后空气管，如图 3-31 所示。

3）拆下 4 个螺栓，拆下安全气囊 ECU 总成，如图 3-32 所示。

4）拆下除雾器风挡控制拉索总成。

5）拆下空气混合风挡控制拉索总成。

6）拆下进气风挡控制拉索总成。

7）拆下空调蒸发器单元总成。

拆下 2 个螺栓、5 个螺母和空调蒸发器单元总成，如图 3-33 所示。

（2）空调蒸发器单元总成的安装

〔 〕：两个锁扣

图 3-31　拆开 2 号后空气管

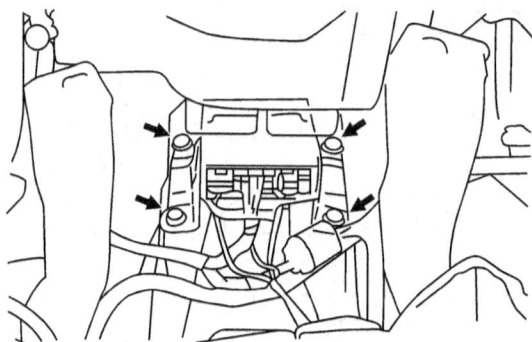

图 3-32　拆下安全气囊 ECU 总成

图 3-33　拆下空调蒸发器单元总成

1）安装 1 号冷却器蒸发器总成。

2）安装冷却器膨胀阀。用 5.0 mm 的六角扳手安装 2 个六角螺栓，拧紧力矩为 3.5 N·m。

3）安装空调蒸发器单元总成。

4）用 2 个螺栓安装安全气囊 ECU，拧紧力矩为 3.0 N·m（连接接头时，不要用力太大）。

5）不要碰撞安全气囊 ECU。安装安全气囊 ECU 总成，安装下侧仪表板总成。

6）安装加热器控制和附件总成。

将控制杆置于 FACE 位置，如图 3-34 所示，在控制杆上安装内拉索。按图 3-34 中箭头方向轻轻压下，将外拉索装在拉索夹箍上。

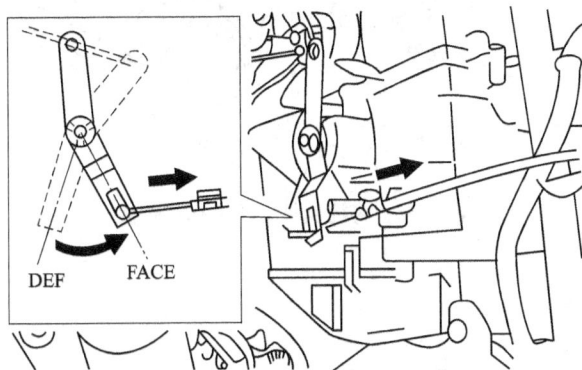

图 3-34　将控制杆置于 FACE 位置

DEF—外循环位置标记；FACE—内循环安装位置标记

切勿扭弯拉索，加热器控制杆应在 FACE 和 DEF 位置都能停下，且不回弹。将控制杆置于最大制冷位置，如图 3-35 所示。在控制杆上安装内拉索，按图 3-35 中箭头方向轻轻压下，将外拉索装在拉索夹箍上。操纵加热器控制杆时，在内循环、外循环位置应都能停下，且不回弹。

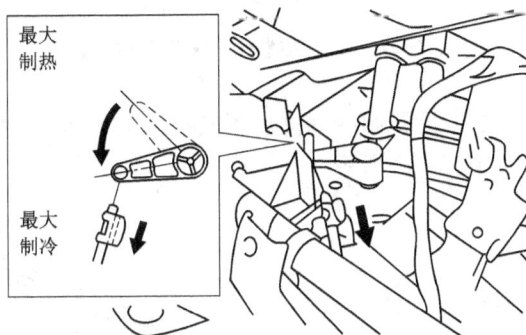

图 3-35　将控制杆臂置于最大制冷位置

将控制臂置于内循环位置，如图 3-36 所示，在控制杆上安装内拉索头。按图 3-36 中箭头所示方向轻轻压下，将外拉索装在拉索夹箍上。

7）安装仪表板总成，安装空调管路总成。

8）加注制冷剂，加注量为（420±30）g，启动发动机暖机。

9）检查制冷剂有无泄漏。

3. 带储液罐的冷凝器总成的拆装

带储液罐的冷凝器总成解体如图 3-37 所示。

（1）带储液罐的冷凝器总成的拆卸

项目三　汽车空调系统维护与维修

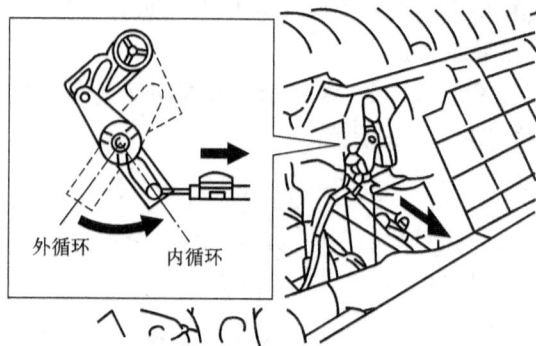

图 3-36　将控制杆置于内循环位置

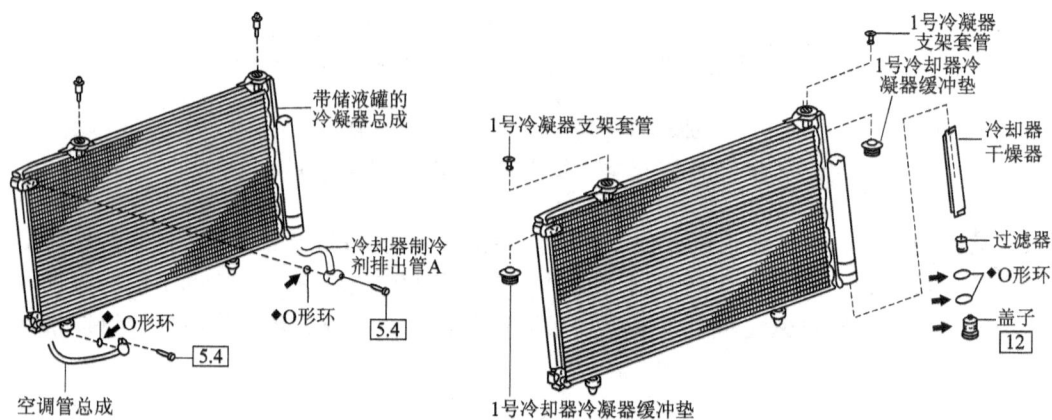

图 3-37　带储液罐的冷凝器总成解体

1）排出系统内的制冷剂，拆开制冷剂排出管及空调管总成，拆下带储液罐的冷凝器总成，拆下冷却器干燥器，如图 3-38 所示。

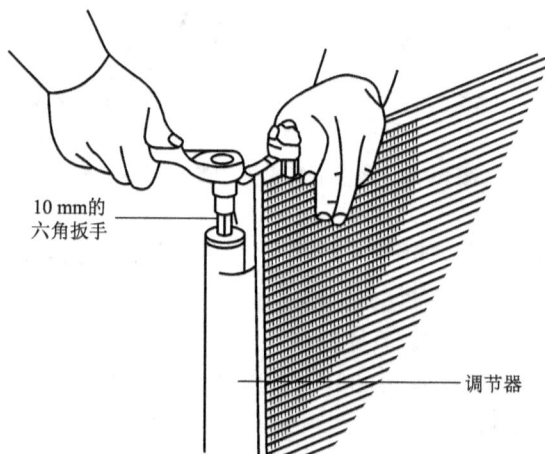

图 3-38　拆下盖子和过滤器

从盖子上拆下两个 O 形环，用尖嘴钳取出干燥器，如图 3-39 所示。

2）拆下冷凝器缓冲垫，拆下冷凝器支架套管。

（2）带储液罐的冷凝器总成的安装

1）安装冷却器干燥器。用尖嘴钳装入干燥器，在盖子上安装两个 O 形环，在 O 形环的接口处涂上足量的压缩机机油（ND-OIL8 或类似物），用 10 mm 的六角扳手在调节器上安装盖子和过滤器，拧紧力矩为 12 N·m。

2）安装带储液罐的冷凝器、空调管总成。用螺栓连接空调管总成和带储液罐的冷凝器总成，拧紧力矩为 54 N·m。

3）安装制冷剂排出管。撕去管口的聚氯乙烯胶带，连接冷凝器总成的相应部分，在 O 形环和管的接口涂上足够的压缩机机油（ND-OIL8 或类似物），

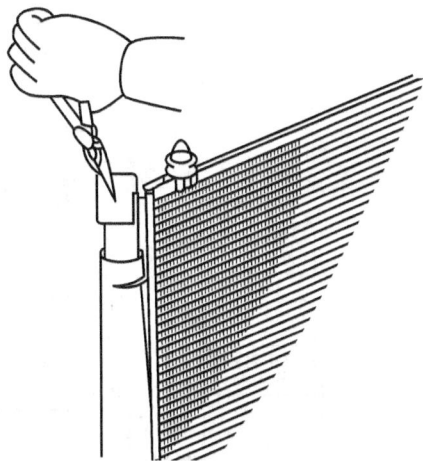

图 3-39　取出干燥器

在制冷剂排出管接头上安装 1 个 O 形环，用螺栓连接制冷剂排出管和带储液罐的冷凝器总成，拧紧力矩为 5.4 N·m。

4）加注制冷剂，加注量为（420±30）g，起动发动机暖机，检查制冷剂有无泄漏。

实施与考核

一、技能学习

1. 案例一

某客户抱怨驾驶的桑塔纳轿车空调制冷系统不制冷，要求给予检修。

学生通过维修资料的查阅，课程网站、视频资料的学习以及教师的答疑，以小组讨论的方式，制定汽车空调系统不制冷的故障流程，然后逐项进行检测，最后排除故障。下面提供一种汽车空调不制冷的故障流程图供参考，如图 3-40 所示。

2. 案例二

某客户驾驶的威驰轿车没有暖风，经检查，空调系统的通风装置无故障，所以怀疑是热水循环回路的故障。

（1）任务实施的环境

采暖系统的故障可分别按热水循环回路和通风装置两方面检查。由于本任务通风装置故障已排除，故热水循环回路的故障主要是管路堵塞、漏水或加热器控制阀没开启等。

（2）任务实施的步骤

1）拆卸。

① 打开加热器控制和附件总成。

松开 6 个锁扣，拉出加热器控制和附件总成，如图 3-41 所示。

② 用螺丝刀打开拉索夹箍的锁扣，拆下进气风窗控制拉索总成，如图 3-42 所示。

注意：勿扭弯拉索。如拉索弯曲，加热器或附件总成工作就会有故障。操作前，在螺丝刀头部缠上胶带。

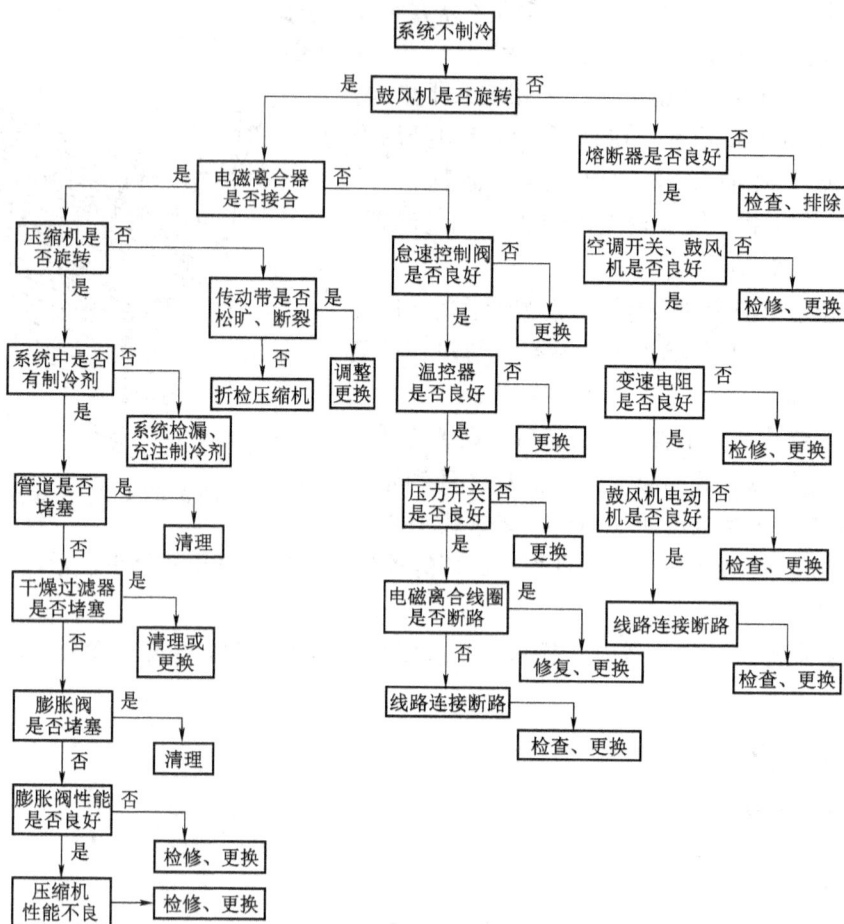

图 3-40　空调系统不制冷的故障诊断流

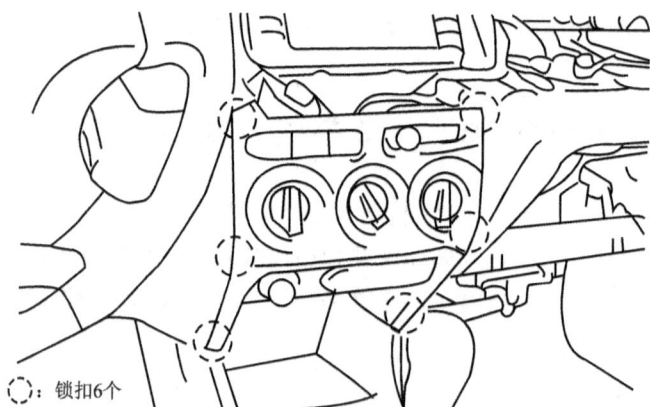

〇 : 锁扣6个

图 3-41　松开 6 个锁扣

③ 用螺丝刀打开拉索夹箍的锁扣，拆下空气混合挡控制拉索总成，如图 3-43 所示。

注意：勿扭弯拉索。如果拉索弯曲，则加热器或附件总成工作就会发生故障。操作前，在螺丝刀头部缠上胶带。

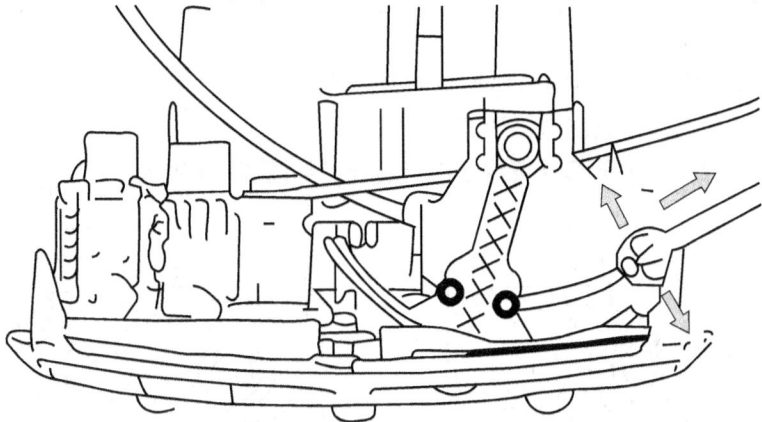

图 3-42　拆进气风窗控制拉索总成

图 3-43　拆空气混合挡控制拉索总成

④ 用螺丝刀打开拉索夹箍的锁扣，拆下除雾风挡控制拉索总成，如图 3-44 所示。

图 3-44　拆除雾风挡控制拉索总成

注意：勿扭弯拉索。如拉索弯曲，则加热器或附件总成工作就会发生故障。操作前，在螺丝刀头部缠上胶带。

⑤断开所有连接器，拆下加热器控制和附件总成。

a. 拆下 3 个加热器控制旋钮，如图 3-45 所示。

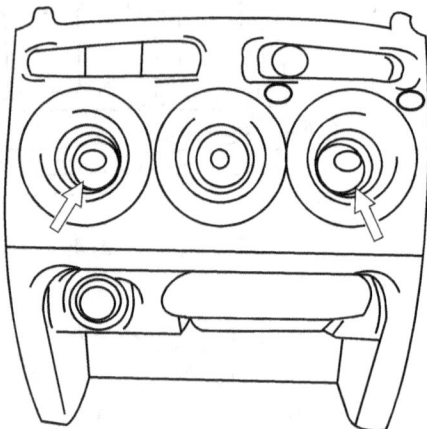

b. 拆下 2 个螺钉和中下部仪表控制面板总成，如图 3-46 所示。

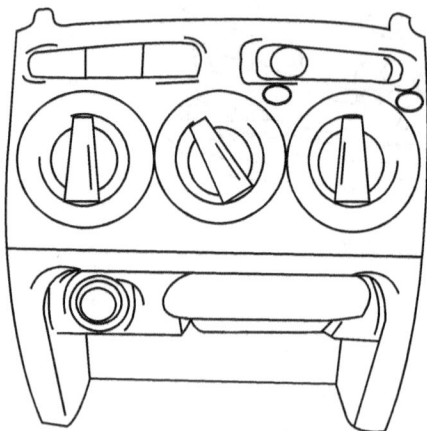

图 3-45 拆下 3 个加热器控制旋钮   **图 3-46 拆下 2 个螺钉和中下部仪表控制面板总成**

c. 松开固定锁扣，拆下进气风挡控制杆，如图 3-47 所示。

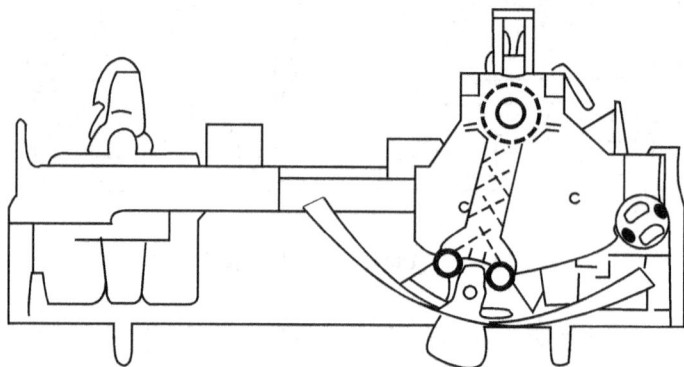

◌ ：锁扣

图 3-47 拆下进气风挡控制杆

d. 拆下加热器或鼓风口控制总成。

2）安装。

①在加热器控制杆上安装除雾风挡控制拉索总成内拉索端头。

②在拉索夹箍上安装除雾风挡控制拉索总成。

③在加热器控制杆上安装空气混合风挡控制拉索总成的内拉索。

④在拉索夹上安装空气混合风挡控制拉索总成的外拉索。

⑤在加热器控制杆上安装进气风挡控制拉索总成的内拉索。

⑥在拉索夹上安装进气风挡控制索总成的外拉索。

注意：勿扭弯拉索。如拉索弯曲，则加热器控制和附件总成会出现故障。

⑦ 连接各连接件，安装加热器控制和附件总成。

注意：

a. 勿扭弯拉索。如拉索弯曲，则加热器控制或附件总成会出现故障。

b. 操作加热器控制旋钮，检查控制杆在内循环和外循环位置都能停下，确认无回弹。

c. 从加热器和附件总成拉动拉索，检查外拉索应不能拉动。

二、任务实施与考核

1）8名学生组合为一个小组，在充分掌握上述知识与技能的前提下，完成对汽车空调各个部件的拆装，就车或实训台分析空调的制冷故障，并进行修复故障。

2）学生根据空调故障分析作业单的记录，填写学习工作单（见表3-4）。教师根据完成的情况完成考核表（见表3-4）。

表3-4 技能学习工作单

实训项目：__汽车空调的故障检修作业__

班级学号		姓　名	
1. 请描述你所了解到的汽车空调的检修作业内容。 　　　　　　　　　　　　　　　　　　　　　　　　　　　　　　　。 2. 请描述汽车空调的各个部件的检测方法。 　　　　　　　　　　　　　　　　　　　　　　　　　　　　　　　。 3. 请描述威驰汽车空调的检测方法。 　　　　　　　　　　　　　　　　　　　　　　　　　　　　　　　。 4. 自我评价（个人技能掌握程度）：□非常熟练　□比较熟练　□一般熟练　□不熟练			
教师评语：（包括工作单填写情况、语言表达、态度及沟通技巧等方面，并按等级制给出成绩） 实训记录成绩_____　　教师签字：_____　　____年___月___日			

❋ 任务三　汽车空调维修企业案例

学习目标

（1）能够正确了解汽车空调系统的保养维护案例。

（2）能够正确分析汽车空调的维修检测方法。

（3）通过案例的分析能够掌握汽车空调系统的故障诊断方法。

任务分析

在汽车空调的使用过程中，经常会遇到空调系统不制冷、有噪声等故障，现总结一些维修工作中遇到的典型空调维修案例介绍给读者。

相关知识

案例1：汽车空调不制冷故障检修

车型：凌志 LS400。

症状：驾驶员反映该车开着空调在市内行驶，发动机突然熄火了，再起动车时，发动机能工作一下，接着好像有阻力似的又熄火了。驾驶员连忙打电话求救。

诊断：赶到现场后，将点火开关转到"START"位置，检查起动机的工作情况，与驾驶员反映的情况一致。经检查，蓄电池电压充足。分析发动机在行驶过程中不可能突然损坏，怀疑是发动机上的某个部件损坏，使发动机转动阻力增大。

将发动机前部的传动皮带拆下，转动转向助力泵、发电机等的皮带轮，若压缩机皮带轮也很轻松，则传动皮带轮没有故障。这时想到，车辆行驶时因空调开着，压缩机皮带轮与离合器接合，这时用很大的力也不能转动皮带轮了，说明压缩机内部卡死。

将压缩机拆下，更换一新压缩机，对制冷系统清洗、抽真空，按规定量充注制冷剂。制冷系统又可正常工作了，但制冷效果不是太好。

在驾驶员处了解到该车只行驶了 60 000 km，正常情况下，压缩机不应损坏。又了解到该车前段时间制冷效果不是太好，后来在某修理厂修理后效果稍好了些。经过了解，此车制冷系统应还有其他故障存在，后因天色已晚，驾驶员急着赶路，就决定第二天再处理。

第二天驾驶员没来，过了几天遇到驾驶员，他说到原来那家修理厂修了一下制冷系统，感觉效果好了点。继续进行检查，在高、低压测试口接上压力表组，起动发动机，打开空调开关，发现系统高、低压端压力均较高，低压端的压力达到 0.25 MPa，高压端的压力达到 2.4 MPa，而标准值低压端为 0.15~0.2 MPa，高压端为 1.4~1.5 MPa。压力高出这么多，可能是制冷剂充入过量。

和驾驶员商量后，答应继续由我来排除故障。于是我用制冷剂回收机将制冷剂回收一部分，使高、低压端压力与标准值相符。

手摸从压缩机出来的高压管，感觉温度很高，而从冷凝器出来的高压管的温度也很高，可能是冷凝器散热不好，准备用水冲一下冷凝器，看制冷系统冷却效果如何。谁知，轻轻一冲，就流出很多污物，再反复冲洗，冲出很多昆虫、树叶等。冲洗完后，感觉空调系统制冷效果很好。再检查高、低压端压力，又充了少许制冷剂，这时效果就更好了，驾驶员很满意。

修复：用水冲一下冷凝器，又充了少许制冷剂，故障排除。

分析：该车是由于盲目给制冷系统充注制冷剂，造成系统压力过高，从而导致压缩机损坏的。这个故障的维修也提醒我们：在维修时一定要找准故障，不要南辕北辙，造成车辆损坏。

案例2：汽车空调不制冷故障检修

车型：丰田花冠（COROLLA 2.0 L）。

症状：制冷系统压力屡次降低。

诊断：驾驶员反映该车夏季时打开空调开关，制冷系统不工作，于是到一家修理厂维修，经检查制冷系统制冷剂不足，向系统内补充了制冷剂，当时试验制冷效果良好。三天后，制冷系统制冷效果变差，就又到那家修理厂检查，这次是因为制冷系统高、低压端压力低，用检漏仪检测，系统不泄露，以为是原来充注不足，就又补充了制冷剂。谁知，三天后，制冷系统压力又下降了。

诊断与排除：制冷系统压力屡次下降，肯定是由于制冷剂泄露引起的，其他原因不可能引起系统压力降低。

在制冷系统的高、低压端接上压力表组检测，高、低压压力均低于标准值，结合驾驶员反映的情况，可判定系统有泄漏。用制冷剂检漏仪对制冷系统检漏。若系统有泄漏，检漏仪则鸣叫。将仪器的灵敏度调至最高，再将检漏仪的探头依次放在各管接头处检测，当探头放在进、出驾驶室的高压管上停一段时间后，检漏仪发出鸣叫声，再将探头放在低压管上，检漏仪也发出鸣叫声，两处都鸣叫，分不清到底是哪根管泄漏。

既然此处的高、低压管接头均有泄漏的迹象，则将两个管接头均拆下，检查O形环，没损坏。为安全起见，更换了两个O形环。对制冷系统抽真空，充制冷剂后，制冷系统可正常工作。将检漏仪探头再次放在进出驾驶室的高、低压管上停一会儿，检漏仪又发出鸣叫声。这是怎么回事？是此处管接头泄漏，还是其他地方泄漏的制冷剂来到了这里？

将检漏仪探头放在此处附近，检漏仪仍鸣叫，若放在远离此处的管接头上检测，则检漏仪不鸣叫。分析可能是驾驶室内部泄漏引起的。

制冷系统由压缩机、冷凝器、干燥器、膨胀阀、压力开关、蒸发器等组成。在驾驶室内部是蒸发器及其连接管路，分析是由于它们的泄漏引起了故障。

将蒸发器拆下，观察后发现蒸发器右下部有油污，可能是此处泄漏，加压试验果然如此。用铝焊将其焊好后，重新装复，对制冷系统抽真空，充制冷剂后，系统制冷正常，用检漏仪放在制冷系统的任何部位检测，检漏仪均不鸣叫。该车至今运行了一年多，制冷系统再没发生过泄漏现象。

修复：将蒸发器修复后，故障排除。

项目三　汽车空调系统维护与维修

分析：蒸发器装在驾驶室内部，极少发生泄漏，很多人检漏时将此处列为免检部位。但故障率低，并不表示不发生故障，在本故障的检测中，若开始拆下手套箱下护板，用检漏仪检测一下，就能很容易发现故障原因了。

案例3：汽车空调不制冷故障检修

车型：捷达 CT5。

症状：汽车输出的冷气时有时无。

诊断：捷达慢速行驶时空调输出的冷气无异常，加速时没有冷气，松开油门空挡滑行时，前出风口有冷气吹出。加速行驶时前出风口没有风，停车检查，空调系统正常，于是原地加速 2 500 r 时，发现前出风口没有冷气吹出，但风挡侧的出风口有风吹出。因这辆捷达车的风道有真空机构控制，所以故障在真空下进行控制。拔下真空单向阀，用嘴吸通气，说明真空单向阀已不起作用，由此引发故障。从结构可知，当发动机转速高、节气门开度大时，进气管道的真空度就小，真空机构在弹簧的作用下关闭前出风口、风道和内循环；怠速时节气门开度小，进气管的真空度大，经克服真空机构弹簧的作用，打开前出风 H 风道和内循环，所以怠速时有冷气吹出，加速时则没有风吹出。

修复：拆换真空单向阀后，故障排除。

分析：上述故障都是比较常见的，因此在维修中，要熟悉其工作原理，分析其故障原因，找出问题之所在，这是维修中最为重要的。

案例4：汽车空调的出风控制系统的检修

车型：宝马 525i。

症状：在空调系统制冷开关打开时，风机1、2、3挡均无风吹出，但4挡有较小的风吹出，过一段时间后自动跳停。

诊断：4挡有小风吹出，说明风机运转，制冷系统正常，只是调节系统有故障。拆检风机温控电阻（该电阻的触点和风机挡位相配），在冷态和热态下进行测量，其电阻的阻值无变化。当把电阻放在风机风口前时，风机最多工作1 h便自动跳停。后经仔细观察发现：电阻有一个触点的铆钉松动。铆紧该铆钉之后，把电阻装回原位，再打开风机试验，风机不再跳停，各挡位都恢复正常。

修复：紧固铆钉后，故障排除。

分析：在维修时一定要找准故障，不要盲目地找故障，不要南辕北辙，造成车辆损坏。

案例5：汽车空调采暖系统故障检修

车型：上海桑塔纳 2000 时代超人。

症状：车辆打开暖风时，暖风不热。

诊断：上海桑塔纳轿车打开暖风时，暖风不热。经检查，发现送风量小。当接通暖风电动机的高速开关时电动机转动，而将开关放至低转速时电动机不转，说明电动机、熔断器等是好的。于是将控制开关旋至低速挡，用导线将控制开关的低速挡控制引线搭铁，观察电动机，发现电动机不运转，于是怀疑暖风机电阻器损坏或引线断路。当用万用表测量时，电阻值为 20 Ω，正常电阻器的阻值应为 1.5 Ω，说明电阻器烧断。

修复： 拆换了电阻器后试车，故障排除。

分析： 由于该车在以前维修过电动机，故怀疑是维修人员不小心弄坏了电阻器。

案例6：汽车空调的维护

车型： 雪佛兰鲁米娜面包车（LUMINA 3.1L）。

症状： 该车原来制冷效果极差，经检查，高压端压力过低，分析是压缩机损坏。更换新压缩机后，制冷效果很好，谁知两天后，压缩机发出异响，制冷效果又变差。

诊断： 压缩机在这么短的时间内损坏，其原因可能有两种：一是压缩机质量太差；二是安装维修不当。不管是什么原因，先将压缩机拆下，分解后检查，经检查发现压缩机缸壁严重损坏，分析是润滑不良造成的。询问维修人员得知，在安装压缩机时已加注了冷冻油。是冷冻油质量有问题吗？将冷冻油桶拿来一看，上面的标签上写着使用 R134a 制冷剂的压缩机用冷冻油，而该车使用的正是 R134a 制冷剂。再看标签，上面没注明生产厂家。拿来纯正的 R134a 和 R12 制冷剂冷冻油比较，一看就知道压缩机内加注的是 R12 冷冻油，故障就出在这里。

修复： 拆换了压缩机后试车，故障排除。

分析： 使用 R134a 制冷剂的压缩机中加注的冷冻油是特制的聚亚烷二醇合成的冷冻润滑油。R12 与 R134a 制冷剂冷冻油不能混合，若混合会产生油泥，使压缩机润滑不良，并腐蚀管路中的橡胶件，最终导致压缩机早期损坏。本车就是由于加错了冷冻油而导致压缩机损坏的。

案例7：汽车空调的维护

车型： 韩国现代索纳塔汽车。

症状： 行驶6万公里空调压缩机坏了，更换后使用不到一个月又损坏。

诊断： 压缩机更换后又损坏，其原因可能有以下几种：一是压力继电器失灵；二是安全阀失灵；三是干燥过滤器的过滤功能减退；四是蒸发器制冷负荷降低；五是系统泄露。不管是什么原因，现逐一排查。经检查压力继电器和安全阀都正常，当检查干燥过滤器时，发现干燥过滤器很脏，猜想故障原因可能来源于此。所以提醒维修人员在更换新压缩机前，最好彻底清洗系统管路，同时更换新干燥过滤器。

修复： 拆换了压缩机，清洗系统管路后试空调，故障排除。

分析： 干燥过滤器的功能之一就是过滤污物，将其安装在压缩机的进气口端，以防止铁屑、铁锈等污物进入压缩机，损伤阀片和气缸。如果其过滤功能减退，污物便会被吸入压缩机，严重时造成压缩机损坏。

案例8：自动控制空调的电路分析及故障检测

车型： 凯迪拉克（CADILAC FLEETWOOD 5.7L）。

症状： 驾驶员反映近段时间制冷系统的制冷效果不如以前了，将温度开关调至最低，从风口吹出的风也不是很凉。

诊断： FLEETWOOD 型轿车的空调系统很先进，具有自诊断功能，通过触发能使空调系统控制电脑输出故障码。既然该车具有如此先进的功能，则决定先进行一下自诊断，以避免走弯路。

1）将点火开关转至"ON"位置。

2）同时按下空调控制板上的"OFF"及"TEMP△"（温度升高）键。

3）空调控制板屏幕上显示"00"，表示进入车辆自诊断系统了。

4）利用风量升高或风量降低键，选择诊断系统代码，空调控制系统的代码是02。

5）再按"OUT TEMP"（外界温度）键，读取故障码。

读取该车故障码是09，查故障代码表，含义是：制冷剂不足。拿出制冷剂压力测试表组，接在高、低压端上一测，压力果然都很低。对系统补充了制冷剂，高、低压压力恢复正常，驾驶员说制冷效果又恢复到和原来一样了。简单地用检漏仪一测，也没发现有泄漏点，我心里很高兴，驾驶员也满意地将车开走了。

本来想这辆车的空调电脑诊断系统还真好用，一诊断就查出了故障，省了不少事。不想，三天后，驾驶员又开车来了，说制冷效果又变差了。一调故障码仍是09，说明制冷剂又不足了，判定制冷系统有泄漏处。

用检漏仪逐点认真检查，当检查到压缩机时，发现压缩机上的高压管接头处有轻微泄漏。将接头拆下后，更换了O形环，抽真空，充制冷剂，制冷效果又恢复正常。这次，经过一个夏季制冷效果都很好。

修复：更换了O形密封圈，又充了制冷剂，故障排除。

分析：电脑故障诊断系统不是万能的，它能根据空调系统众多的传感器，如车内温度传感器、车外温度传感器、阳光传感器、高低压压力开关等，感知空调系统的工作状况。在检测传感器正常而车内温度达不到要求的情况下，能做出判断：系统缺制冷剂。但电脑决不能告诉你某某处泄漏了、某某处堵塞了，这些工作还要我们一步步认真地去做，不能草率了事。

实施与考核

一、技能学习

结合故障案例分析空调维修方法。

二、任务实施与考核

1）8名学生组合为一个小组，在充分掌握上述知识与技能的前提下，完成对汽车空调的典型故障检修。

2）学生根据空调典型故障分析作业工作单记录填写学习工作单（见表3-5）。教师根据学生完成的情况进行考核（见表3-5）。

表 3-5　技能学习工作单

实训项目：　__汽车空调的典型故障检测__

班级学号		姓　名	

1. 请描述你所了解到的汽车空调的典型故障情况。

_____

_____

_____

_____

_____。

2. 请举例描述汽车空调的故障维修方法。

_____

_____

_____

_____。

3. 请举例描述空调故障检测维修的步骤。

_____。

_____

_____。

4. 自我评价（个人技能掌握程度）：

□非常熟练　　□比较熟练　　□一般熟练　　□不熟练

教师评语：（包括工作单填写情况、语言表达、态度及沟通技巧等方面，并按等级制给出成绩）

实训记录成绩_____　　教师签字：_____　　_____年___月___日

项目四

典型汽车空调检修技术

✿ 任务一　典型汽车空调维修技术

学习目标

（1）能够正确描述汽车空调的维修知识。

（2）能够正确解释汽车空调维修常识。

（3）能够正确描述典型汽车空调基本维修程序。

任务分析

通过分析典型汽车空调的维修程序和方法，掌握汽车空调的维修手段及工艺、方法。

相关知识

一、检修常识

1. 小心

1）维修任何电气组件之前，应先拔开电瓶负极线。除非有指示，否则必须将点火开关转到"Off"或"Lock"位置。

2）此空调系统含有R134a制冷剂，必须特别处理以免人员受伤。必须随时遵守下列的特别处理指示：

① 当维修冷媒系统时随时穿戴护目镜，并以干净的布料包裹接合部位及阀门连接部位。

② 随时保持工作场所通风，并且避免吸入冷媒雾气。

③ 切勿对空调管路或组件进行焊接或蒸汽清洗。

④ 切勿让冷媒直接碰触皮肤。若R134a碰触身体的任何部位，则应立即使用清水冲洗并送往医院。

⑤ 当使用R134a缸桶时，在每一次使用完毕之后均必须重新安装重金属螺丝盖。

⑥ 切勿将R134a冷媒瓶置于乘客室进行运送。

⑦ 当冷媒从大的R134a缸桶添加到小的R134a缸桶时，切勿完全装满，必须保留让液体冷媒膨胀的空间。

3）拆卸或更换任何空调管路或零件之前，必须使用适合的冷媒回收设备将所有的冷媒完全回收。

4）R12 无法与 R134a 兼容。使用 R12 到此系统中将造成空调系统故障。

5）每一个组件必须在准备安装时才可以将安装的密封盖拆下。

6）切勿将冷媒释放到大气当中。每当需要排放空调系统时必须使用冷媒回收设备。

7）保持冷媒容器的温度低于 40 ℃（104 ℉）。

8）切勿让冷媒或冷媒容器暴露在火焰中。

2. 注意

1）重新安装固定器到原先拆下的位置。

2）必须使用正确零件料号的固定器。

3）锁紧固定器并固定到正确的扭力值。未锁紧或锁得过紧都会造成空调系统泄漏或损坏。

4）若空调系统曾经暴露在大气当中，则在充填 R134a 之前必须彻底地抽真空。

5）所有零件在打开封盖之前都必须在室温之下，以避免凝结的水气进人组件中。

6）O 形环与油封的状况必须良好。在密封表面若有毛边或污染会造成冷媒泄漏。

7）当锁紧 O 形环安装部位时，必须使用反安装方向的抵挡扳手抵挡，以避免密封变形，并使其能够完全锁紧。

8）空调系统充填完毕之后要重新安装维修阀盖。

9）弹性软管的弯曲弧度不可以超过管径的四倍。

10）不可以让弹性软管与排气歧管距离小于 64 mm。

11）保持所有的工具及零件清洁干燥。

12）使用护套来保护车身，以避免损坏。

13）当安装空调管路或电线时，必须正确配置，以免碰触到移动的零件。

3. 说明

1）A/C 暖气系统结合了暖气、冷气、通风、除湿系统。暖气系统中的暖气可以从发动机产生的热来获得。另外，在冷气系统中需要更多复杂的组件来产生冷气。当空气被冷却时，空气中的湿气会凝结并形成水滴而从空气中分离。空气的流动是由手动形式或自动形式来控制的。

2）全自动温度控制（FATC）功能的空气出风温度是完全的自动控制。FATC 也可控制车内循环以及车内空气的湿度。

配备有 FATC 时，不管车外的温度如何，驾驶人均可以选择温度并可通过 FATC 功能来保持车内的温度。FATC 控制模块控制空调、通风、暖气以及除湿系统。这些电子控制系统自动的调整风门、鼓风机转速以及压缩机动作周期。

二、上海别克空调（HVAC）系统的检修资料

1. 主要紧固件紧固技术参数

上海别克轿车手动 HVAC 系统主要紧固件紧固技术参数见表 4-1。

表 4-1　上海别克车手动 HVAC 系统主要紧固件紧固技术参数

紧固件	扭矩/ (N·m)	紧固件	扭矩/ (N·m)
储能器支座螺栓	4	HVAC 模块备用螺钉 CJ4	1.9
空气分配管螺钉	1.5	HVAC 模块与驾驶室前壁连接螺栓/ 螺母	10
空气管道螺钉 CJ4	1.9	HVAC 模块上壳螺钉	1.5
进风罩螺钉	1.5	缸体上的液压管安装螺栓	16
鼓风机组件螺钉	1.5	冷凝器上的液压管螺母	27
鼓风机电动机螺栓	20	节流孔处的液压管螺母 C60	27
鼓风机电动机电阻器螺钉	1.5	制冷剂压力传感器	4.7
压缩机软管总成与储能器螺母	16	检修孔阀芯	12
压缩机软管总成与压缩机连接螺栓	33	缸体上的进气管道安装螺栓	16
压缩机软管总成与冷凝器连接螺母	16	储能器上的进气管道螺母	47
压缩机上部和下部螺栓	50	温度执行器螺钉	1.5
压缩机压力卸荷阀	9	双级节流孔线束螺母	3.3
蒸发器芯安装螺栓	16	双级节流孔管与冷凝器管连接螺母	27
加热器芯盖螺钉	1.5	双级节流孔管与蒸发器管连接螺母	36
加热器进口管螺母	7	真空电磁阀螺钉	1.5
加热器出口盖螺钉	1.5	真空箱螺钉	1.5

2. 系统技术规格

HVAC 系统容量见表 4-2，冷冻油分配技术要求见表 4-3。

表 4-2　系统容量

适用范围	技术要求	GM 部件号码
Polyalklene Glycol（PAG）Synthic 冷冻油	250 mL	12345923
A/C 系统 R134a 充注容量	0.852 kg	12345922
矿物质基 525 黏度矿物质油（O 形环和接头润滑）	—	12301108

表 4-3　冷冻油分配技术要求

更换元件	加油量/mL
A/C 压缩机	若放出的少于 3 mL，则加 60 mL；若放出的大于 30 mL，则加等量冷冻油
冷凝器	30
蒸发器	90
储能器	30
制冷剂大量泄漏	90

3. HVAC 系统诊断数据和程序

（1）HVAC 系统功能检查

HVAC 控制总成将来自其他系统的信息资料传送给驾驶人员，因此，在进行 HVAC 系统的进一步诊断之前，回顾 HVAC 系统如何工作与各个系统间和 HVAC 系统是如何相互制约的一般性信息，可以节省诊断时间，避免错误诊断和不必要的元件更换。

当在诊断流程中涉及用扫描工具诊断 HVAC 控制总成时，扫描工具除了显示故障代码（DTCs）外，还能显示输入状态和数值。扫描工具也能循环加热器、A/C 开关、控制输入和输出及指示器的开与关。因此使用扫描工具可以选择这些参数。

并不是所有的电路中存在故障时都向 HVAC 控制总成输入一个信息、设置一个故障代码，一些电路，例如，加热器电磁阀线圈输出、加热器/除霜器电磁阀线圈输出和再循环电磁阀线圈输出等就没有设置故障代码。

HVAC 系统（CJ4）的功能检查如图 4-1 所示，HVAC 系统（C60）的功能检查如图 4-2 所示。

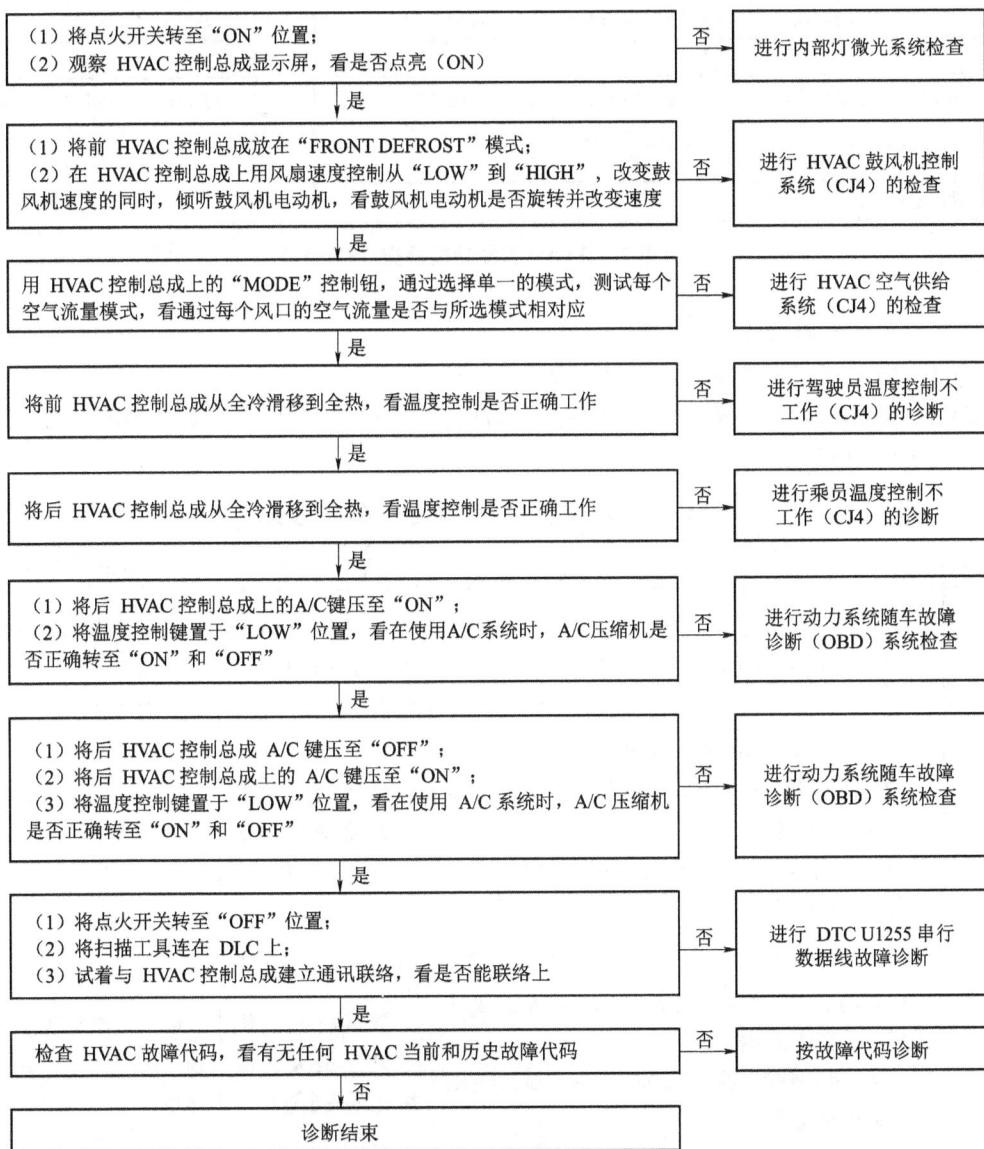

图 4-1　HVAC 系统功能检查（CJ4）

| （1）将点火开关转至"ON"位置； | 否 → | 进行内部灯微光系统的检查 |
| （2）观察 HVAC 控制总成显示是否正常 | | |

↓是

| （1）将HVAC控制总成放入"DEFROST"模式； | 否 → | 进行 HVAC 鼓风机控制系统的检查（C60） |
| （2）用HVAC控制总成上的风扇速度控制由"LOW"至"HIGH"改变鼓风机速度的同时，倾听鼓风机的电动机，看其是否运转并改变速度 | | |

↓是

| （1）压下 HVAC 控制总成上的 A/C 键； | 否 → | 进行 HVAC 压缩机控制系统的检查 |
| （2）将温度控制放在全冷（蓝至）设置状态，看在使用 A/C 系统时，A/C 压缩机是否正确运转至"ON"和"OFF" | | |

↓是

| 用 HVAC 控制总成上的"MODE"控制，通过选择单独的模式，测试每种空气流量模式的测试，看每种模式下空气流是否流过正确的出风口 | 否 → | 进行 HVAC 空气供给系统的检查（C60） |

↓是

| 将温度控制总成由全冷（蓝色）转至全热（红色），看空气温度控制是否正确工作 | 否 → | 进行温度控制不工作（C60）的诊断 |

↓是

| 功能检查结束，系统正常 |

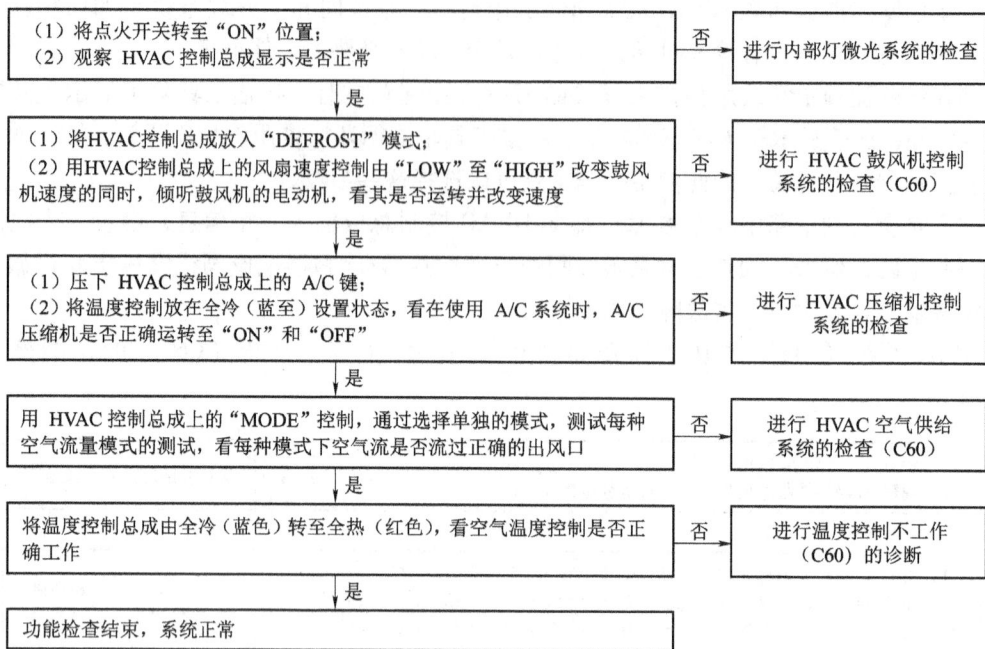

图 4-2　HVAC 系统功能检查（C60）

（2）HVAC 鼓风机控制系统检查

1）HVAC 鼓风机控制系统（CJ4）检查。

HVAC 鼓风机控制系统（CJ4）的检查方法见表 4-4，各种不正常结果的诊断流程如图 4-3～图 4-5 所示。

表 4-4　HVAC 鼓风机控制系统（CJ4）检查

步骤	操作方法	正常结果	不正常结果
1	（1）将点火开关转至"ON"位置； （2）压下前 HVAC 控制总成"OFF"键	鼓风机电动机不工作（OFF）	鼓风机电动机一直工作（CJ4）
2	（1）压下前 HVAC 控制总成"ON"键； （2）将前 HVAC 控制总成的风扇控制开关压至最高速度位置； （3）将前 HVAC 控制总成的风扇控制开关压至最低速度位置	鼓风机电动机上升至最大速度后降至最小速度	鼓风机电动机在任何速度不工作（CJ4—工作前）
3	（1）将后 HVAC 控制总成的风扇控制总成开关压至最高速度位置； （2）将后 HVAC 控制总成的风扇控制开关压至最低速度位置	鼓风机电动机上升至最大速度后降至最小速度	鼓风机电动机在任何速度不工作（CJ4—工作后）

```
是否进行过鼓风机控制系统的检查（CJ4）  ──否──→  进行表 4-4 的检查
         │
         是
         ↓
更换鼓风机电动机控制模块
```

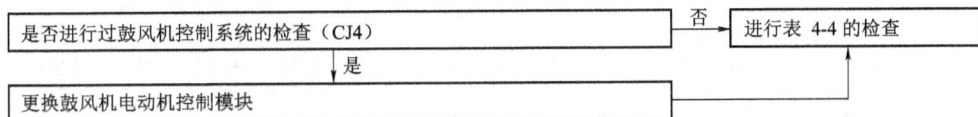

图 4-3　鼓风机电动机一直工作（CJ4）的诊断流程

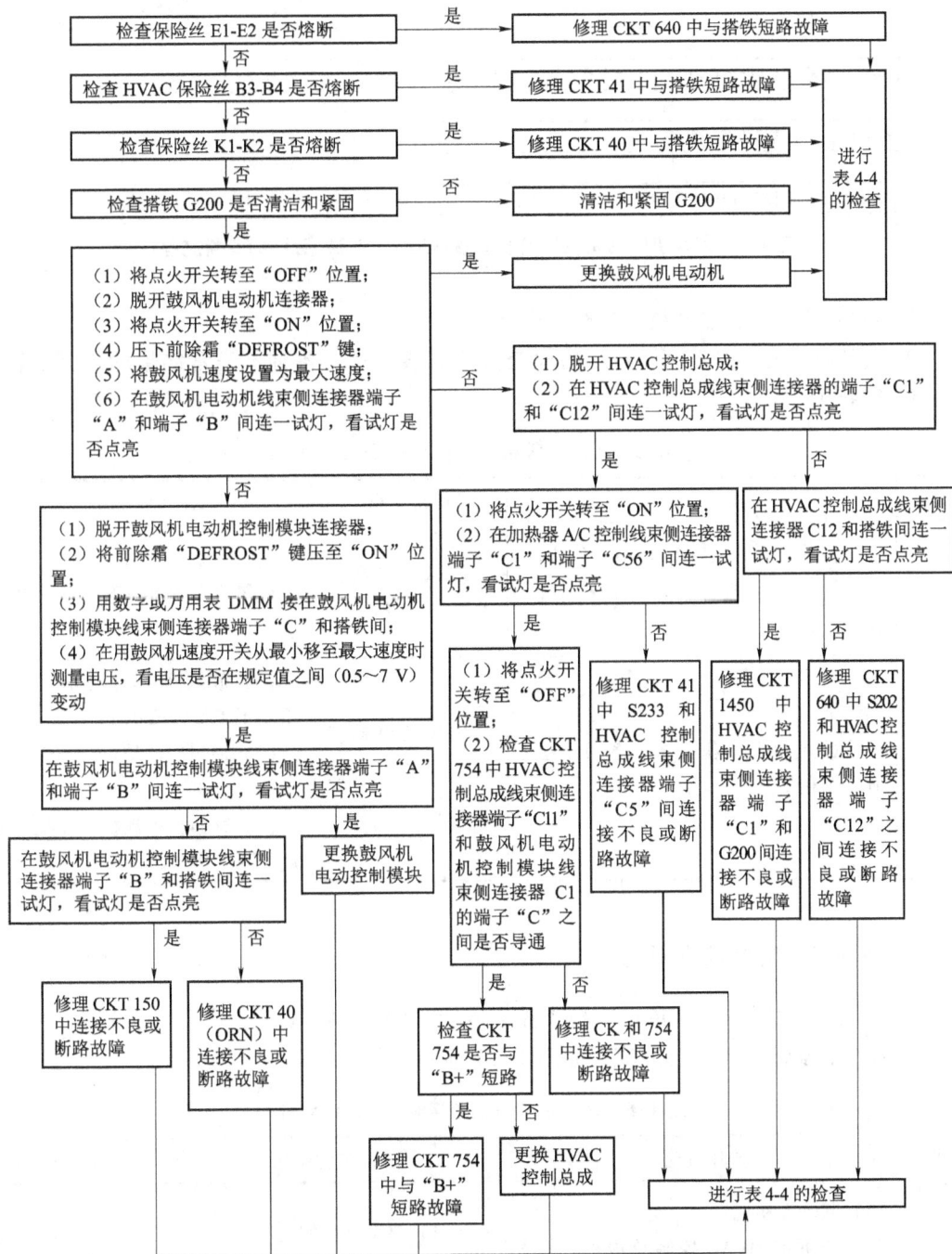

```
检查保险丝 E1-E2 是否熔断  ──是──→  修理 CKT 640 中与搭铁短路故障
         │否
检查 HVAC 保险丝 B3-B4 是否熔断  ──是──→  修理 CKT 41 中与搭铁短路故障
         │否
检查保险丝 K1-K2 是否熔断  ──是──→  修理 CKT 40 中与搭铁短路故障
         │否
检查搭铁 G200 是否清洁和紧固  ──否──→  清洁和紧固 G200
         │是
```

进行表 4-4 的检查

```
（1）将点火开关转至"OFF"位置；
（2）脱开鼓风机电动机连接器；
（3）将点火开关转至"ON"位置；
（4）压下前除霜"DEFROST"键；
（5）将鼓风机速度设置为最大速度；
（6）在鼓风机电动机束侧连接器端子
"A"和端子"B"间连一试灯，看试灯是
否点亮
```
──是──→ 更换鼓风机电动机

```
（1）脱开鼓风机电动机控制模块连接器；
（2）将前除霜"DEFROST"键压至"ON"位
置；
（3）用数字或万用表 DMM 接在鼓风机电动机
控制模块束侧连接器端子"C"和搭铁间；
（4）在用鼓风机速度开关从最小移至最大速度时
测量电压，看电压是否在规定值之间（0.5～7 V）
变动
```

```
（1）脱开 HVAC 控制总成；
（2）在 HVAC 控制总成线束侧连接器的端子"C1"
和"C12"间连一试灯，看试灯是否点亮
```

```
（1）将点火开关转至"ON"位置；
（2）在加热器 A/C 控制线束侧连接器
端子"C1"和端子"C56"间连一试
灯，看试灯是否点亮
```

```
在 HVAC 控制总成线束侧
连接器 C12 和搭铁间连一
试灯，看试灯是否点亮
```

```
在鼓风机电动机控制模块线束侧连接器端子"A"
和端子"B"间连一试灯，看试灯是否点亮
```

```
在鼓风机电动机控制模块线束侧
连接器端子"B"和搭铁间连一
试灯，看试灯是否点亮
```

更换鼓风机
电动控制模块

```
（1）将点火开
关转至"OFF"
位置；
（2）检查 CKT
754 中 HVAC 控
制总成线束侧连
接器端子"C11"
和鼓风机电动
机控制模块线
束侧连接器 C1
的端子"C"之
间是否导通
```

```
修理 CKT 41
中 S233 和
HVAC 控
制总成线束
侧连接器端
子"C5"间连
接不良或断
路故障
```

```
修理 CKT
1450 中
HVAC 控
制总成线
束侧连接
器 端 子
"C1"和
G200 间连
接不良或
断路故障
```

```
修理 CKT
640 中 S202
和 HVAC 控
制总成线
束侧连接
器 端 子
"C12"之
间连接不
良或断路
故障
```

修理 CKT 150
中连接不良或
断路故障

```
修理 CKT 40
（ORN）中
连接不良或
断路故障
```

```
检查 CKT
754 是否与
"B+"短路
```

```
修理 CK 和 754
中连接不良或
断路故障
```

```
修理 CKT 754
中与"B+"
短路故障
```

```
更换 HVAC
控制总成
```

进行表 4-4 的检查

图 4-4　鼓风机电动机在任何速度都不工作（CJ4-前）的诊断流程

项目四　典型汽车空调检修技术

（1）将点火开关转至"RUN"位置；
（2）在后 HVAC 控制总成线束侧连接器的端子"C"和搭铁间连一试灯，看试灯是否点亮

否 → 修理 CKT 41 中 S233 和后 HVAC 控制总成线束连接器端子"C"之间连接不良或断路故障

是 ↓

在后 HVAC 控制总成线束侧连接器端子"C"和端子"K"之间连一试灯，看试灯是否点亮

否 → 修理 CKT 1450 中后 HVAC 控制总成线束侧连接器端子"K"和 G200 之间连接不良或断路故障

是 ↓

用数字式万用表 DMM 检查 CKT 2211 中是否有连接不良或断路故障

否 → 更换后 HVAC 控制总成

是 ↓

修理 CKT 2211 中连接不良或断路

↓

进行 HVAC 鼓风机控制系统检查（CJ4），见表4-4

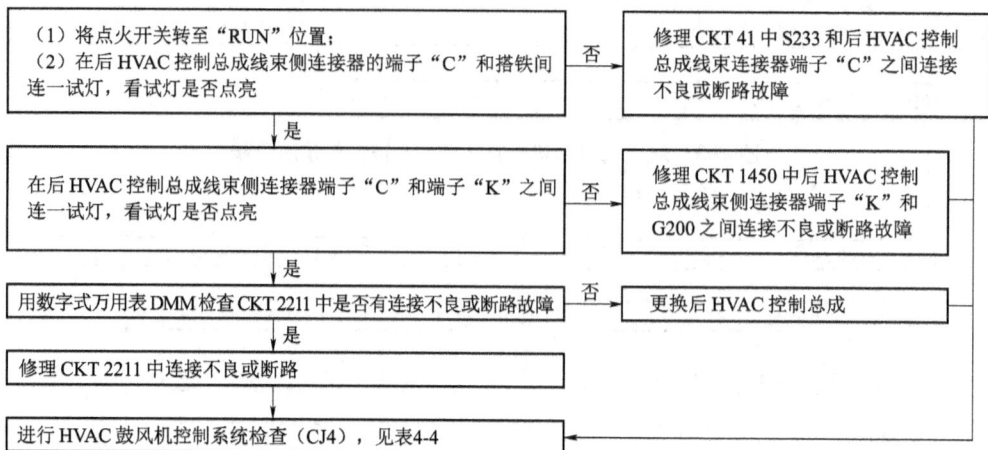

图 4-5　鼓风机电动机在任何速度都不工作（CJ4-后）的诊断流程

2）HVAC 鼓风机控制系统（C60）检查

HVAC 鼓风机控制系统（C60）的检查方法见表 4-5，各种不正常结果的诊断流程如图 4-6～图 4-9 所示。

表 4-5　HVAC 鼓风机控制系统（C60）检查

步骤	操作方法	正常结果	不正常结果
1	（1）将点火开关转至"ON"位置； （2）将鼓风机开关设置在"OFF"位置	鼓风机电动机不工作（OFF）	鼓风机电动机一直工作（CJ4）
2	将鼓风机电动机开关转至 Ⅰ、Ⅱ、Ⅲ、Ⅳ和 Ⅴ 位置	鼓风机电动机以较快的上升速度工作	（1）鼓风机电动机在任何速度下均不工作（C60）； （2）鼓风机电动机在高速下不工作（C60）； （3）鼓风机电动机仅在某一速度下不工作（C60）

三、HVAC 空气供给系统检查

HVAC 空气供给系统（CJ4）的检查见表 4-6，HVAC 空气供给系统（C60）的检查见表 4-7。空气供给不工作的诊断流程如图 4-10 所示。

表 4-6　HVAC 空气供给系统（CJ4）检查

步骤	操作方法	正常结果	不正常结果
1	（1）起动发动机； （2）压下前 HVAC 控制总成的"OFF"键	（1）显示外界的温度； （2）鼓风机不运转	参见故障代码表

步骤	操作方法	正常结果	不正常结果
2	（1）压下前 HVAC 控制总成的"ON"键； （2）将风扇控制开关压至中速（MID）； （3）将温度控制放在左侧（蓝色区域）； （4）压下前除霜键"DEFROST"	（1）鼓风机以中速运转； （2）空气由仪表板出风口流出； （3）A/C 照明； （4）发动机怠速转速上升； （5）空气由风扇出风口流出； （6）发动机冷却风扇可能工作	参见空气供给不正常的诊断流程
3	将 HVAC 控制总成置于"VENT"位置	空气由仪表板出风口流出	
4	将 HVAC 控制总成置于"FLOOR"位置	空气由地板出风口流出	
5	将 HVAC 控制总成置于"Bi-level"位置	空气由仪表板出风口和地板出风口流出	
6	将 HVAC 控制总成置于"VENT"位置	外界空气由仪表板出风口流出	
7	压下 HVAC 控制总成上的循环键	内部空气循环通过仪表板出风口和地板出风口	
8	压下 HVAC 控制总成的"OFF"键	（1）发动机怠速转速下降； （2）空气开始变暖	

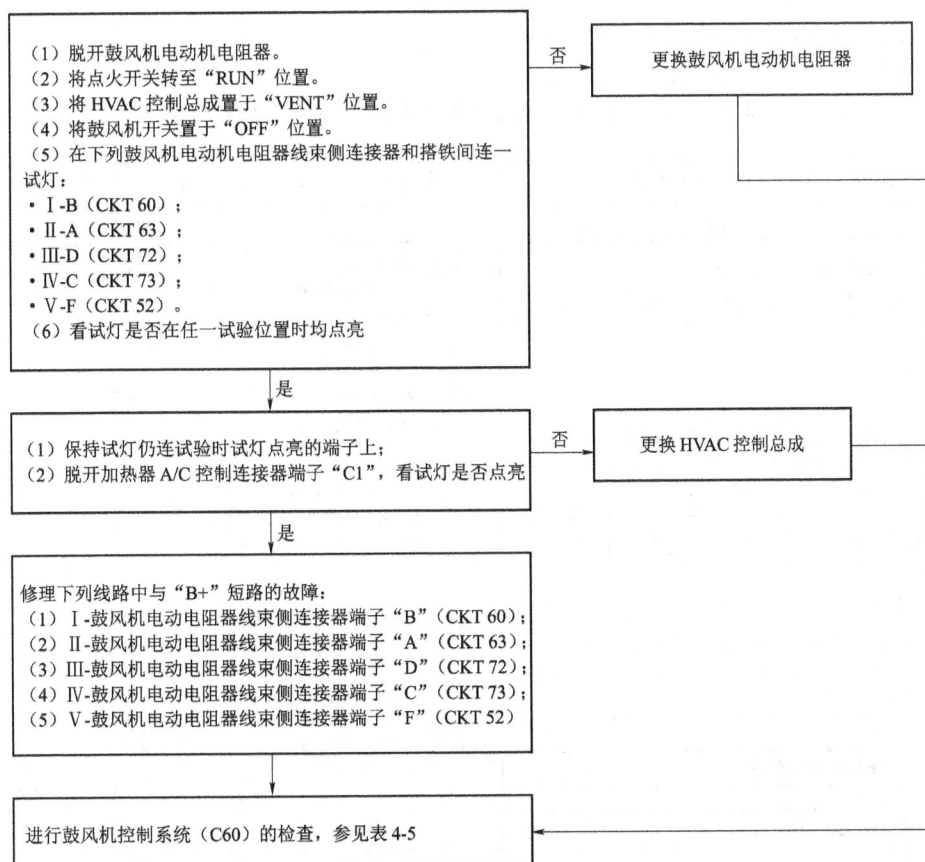

图 4-6 鼓风机电动机一直工作（C60）的诊断流程

项目四 典型汽车空调检修技术

129

```
检查保险丝盒中的保险丝 B1-B2 是否熔断 ──是──→ 检查 CKT 141 中是否有与搭铁短路故障
                │否                                  │是              │否
                ↓                                     ↓                ↓
(1) 脱开 HVAC 控制总成连接器端子 "C1";        修理 CKT 141 中     更换 HVAC 控制总成
(2) 将点火开关转至 "RUN" 位置;                与搭铁短路故障
(3) 在 HVAC 控制总成连接器的端子 "B" 和搭
铁间连一试灯,看试灯是否点亮 ──否──→ 修理 CKT 141
                │是                        中连接不良或
                ↓                          断路故障
(1) 重新连上 HVAC 控制总成连接器端子 "C1";
(2) 脱开鼓风机电动机连接器;
(3) 将点火开关转至 "RUN" 位置;
(4) 将鼓风机电动机速度设至 "V" 挡;
(5) 在鼓风机电动机连接器的端子 "A" 和搭铁
间连一试灯,看试灯是否点亮 ──否──→ 更换鼓风机
                │是                        电动机电阻器
                ↓
在鼓风机电动机连接器的端子 "A" 和端子 "B"
之间连一试灯,看试灯是否点亮 ──是──→ 更换鼓风机电动机
                │否
                ↓
(1) 脱开鼓风机电动机电阻器连接器
(2) 在 "B+" 和鼓风机电动机电阻器线束侧连接
器的端子 "E" 之间连一试灯,看试灯是否点亮 ──是──→ 更换鼓风机
                │否                              电动机电阻器
                ↓
修理 CKT 150 中连接不良或断路故障
                ↓
进行 HVAC 鼓风机控制系统 (C60) 检查,参见
表 4-5
```

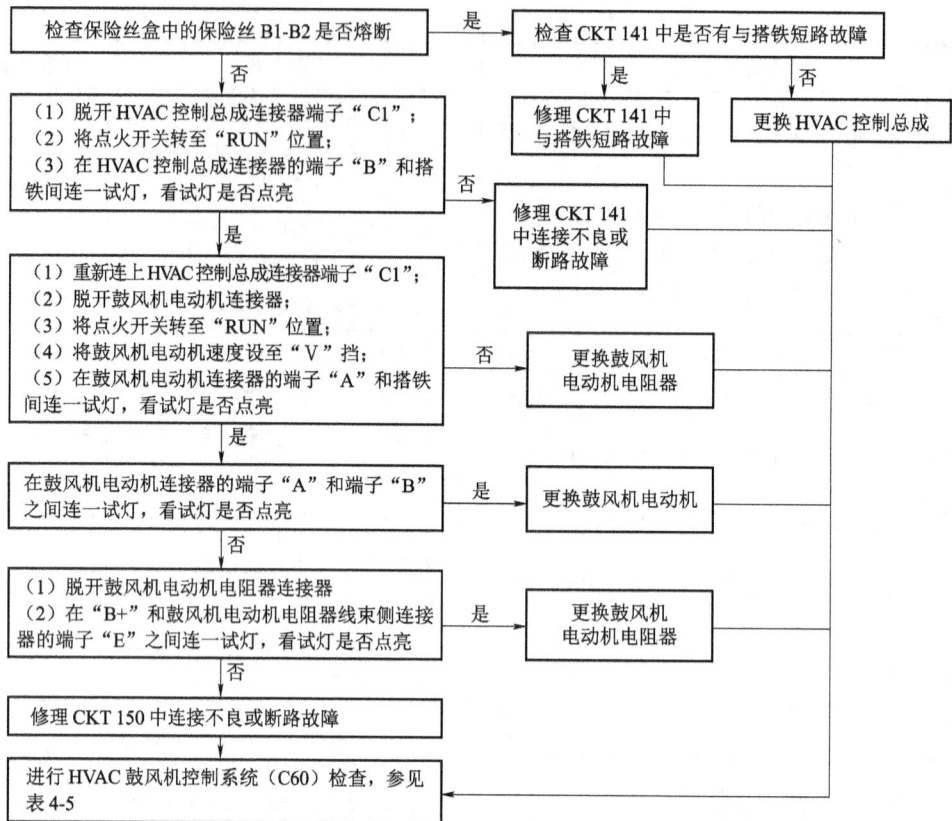

图 4-7　鼓风机在任何转速下均不工作 (C60) 的诊断流程

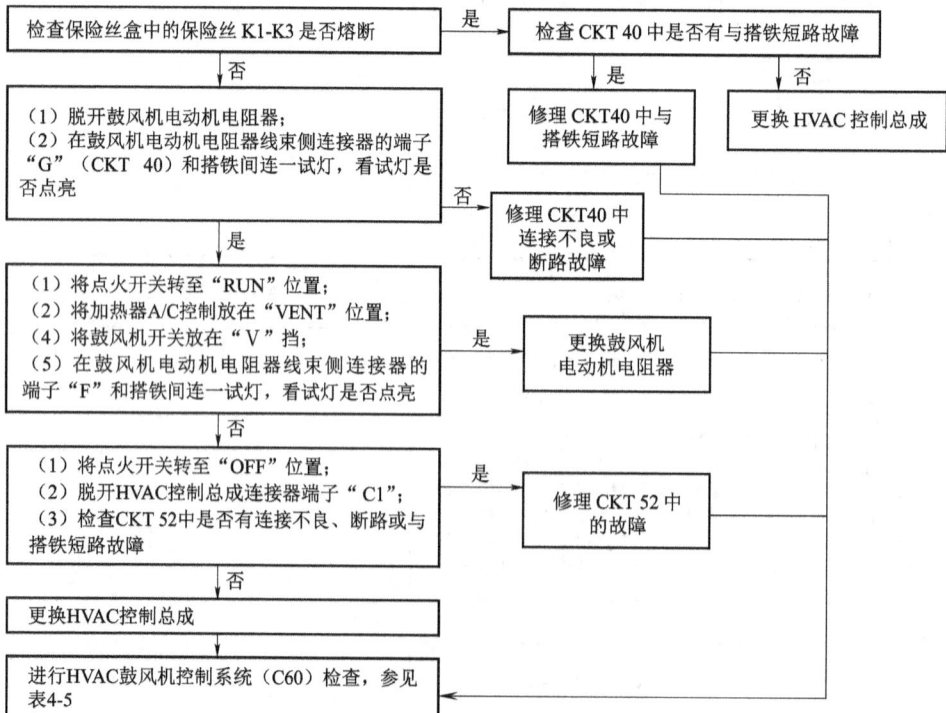

```
检查保险丝盒中的保险丝 K1-K3 是否熔断 ──是──→ 检查 CKT 40 中是否有与搭铁短路故障
                │否                                │是              │否
                ↓                                   ↓                ↓
(1) 脱开鼓风机电动机电阻器;                   修理 CKT40 中      更换 HVAC 控制总成
(2) 在鼓风机电动机电阻器线束侧连接器的端子    与搭铁短路故障
"G" (CKT 40) 和搭铁间连一试灯,看试灯是
否点亮 ──否──→ 修理 CKT40 中
                │是          连接不良或
                ↓            断路故障
(1) 将点火开关转至 "RUN" 位置;
(2) 将加热器 A/C 控制放在 "VENT" 位置;
(4) 将鼓风机开关放在 "V" 挡;
(5) 在鼓风机电动机电阻器线束侧连接器的
端子 "F" 和搭铁间连一试灯,看试灯是否点亮 ──是──→ 更换鼓风机
                │否                              电动机电阻器
                ↓
(1) 将点火开关转至 "OFF" 位置;
(2) 脱开 HVAC 控制总成连接器端子 "C1";
(3) 检查 CKT 52 中是否有连接不良、断路或与
搭铁短路故障 ──是──→ 修理 CKT 52 中
                │否              的故障
                ↓
更换 HVAC 控制总成
                ↓
进行 HVAC 鼓风机控制系统 (C60) 检查,参见
表 4-5
```

图 4-8　鼓风机电动机高速不工作 (C60) 的诊断程

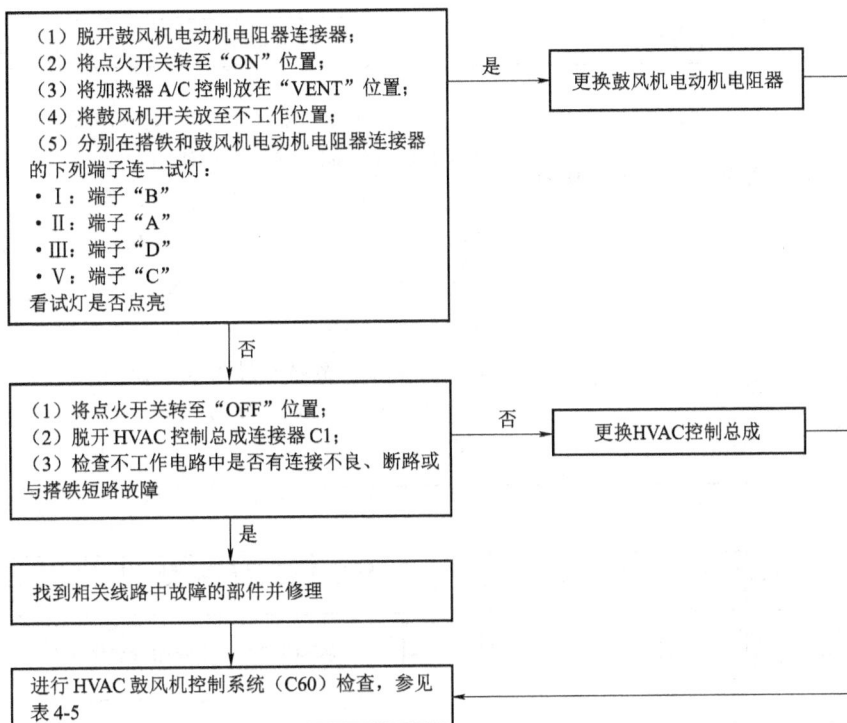

```
┌─────────────────────────────────────┐
│ （1）脱开鼓风机电动机电阻器连接器；  │
│ （2）将点火开关转至"ON"位置；        │      是    ┌──────────────────┐
│ （3）将加热器 A/C 控制放在"VENT"位置；├──────────►│ 更换鼓风机电动机电阻器 │
│ （4）将鼓风机开关放至不工作位置；    │           └──────────────────┘
│ （5）分别在搭铁和鼓风机电动机电阻器  │
│ 的下列端子连一试灯：                 │
│ ·Ⅰ：端子"B"                        │
│ ·Ⅱ：端子"A"                        │
│ ·Ⅲ：端子"D"                        │
│ ·Ⅴ：端子"C"                        │
│ 看试灯是否点亮                       │
└─────────────────────────────────────┘
```

否

```
┌─────────────────────────────────────┐
│ （1）将点火开关转至"OFF"位置；       │      否    ┌──────────────────┐
│ （2）脱开 HVAC 控制总成连接器 C1；   ├──────────►│ 更换 HVAC 控制总成 │
│ （3）检查不工作电路中是否有连接不良、│           └──────────────────┘
│ 断路或与搭铁短路故障                 │
└─────────────────────────────────────┘
```

是

```
┌─────────────────────────────────────┐
│ 找到相关线路中故障的部件并修理       │
└─────────────────────────────────────┘
```

```
┌─────────────────────────────────────┐
│ 进行 HVAC 鼓风机控制系统（C60）检查，参见 │
│ 表 4-5                               │
└─────────────────────────────────────┘
```

图 4-9 鼓风机电动机仅在某一速度下不工作（C60）的诊断流程

表 4-7 HVAC 空气供给系统（C60）的检查

步骤	操作方法	正常结果	不正常结果
1	（1）起动发动机； （2）将 HVAC 控制总成上的风扇控制开关放在中速位置（MID）； （3）将温度控制放至左边（蓝色区域）； （4）将模式选择器按扭转至"VENT"； （5）压下 A/C 键	（1）鼓风机以中速运转； （2）空气由仪表板出风口（Panel Outlet）流出； （3）发动机怠速转速升高； （4）压缩机接通（ON）； （5）空气流变冷； （6）发动机冷却风扇可能运转	参考动力系统随车诊断（OBD）系统检查
2	压下 HVAC 控制总成上的"FRONT DEFROST"键	空气由风窗出风口（Windshield Vent）流出，除非外界温度低于 4 ℃，否则空调压缩机将自动工作	参考真空系统
3	将 HVAC 控制总成置于"FLOOR"位置	空气由地板出风口（Floor Vent）流出	
4	将 HVAC 控制总成置于"Bi-level"位置	空气由仪表板出风口（Panel Vent）和地板出风口（Floor Vent）流出	

续表

步骤	操作方法	正常结果	不正常结果
5	将 HVAC 控制总成置于"DEFOG"位置	空气由地板出风口（Panel Vent）前除霜器（Front Defroster）侧窗出风口（Side Window Vent）流出，除非外界温度低于4℃，否则空调压缩机将自动工作	参考真空系统
	压下 HVAC 控制总成上的"循环"键	内部空气循环通过仪表板出风口（Panel Vent）和地板出风口（Floor Vent）	

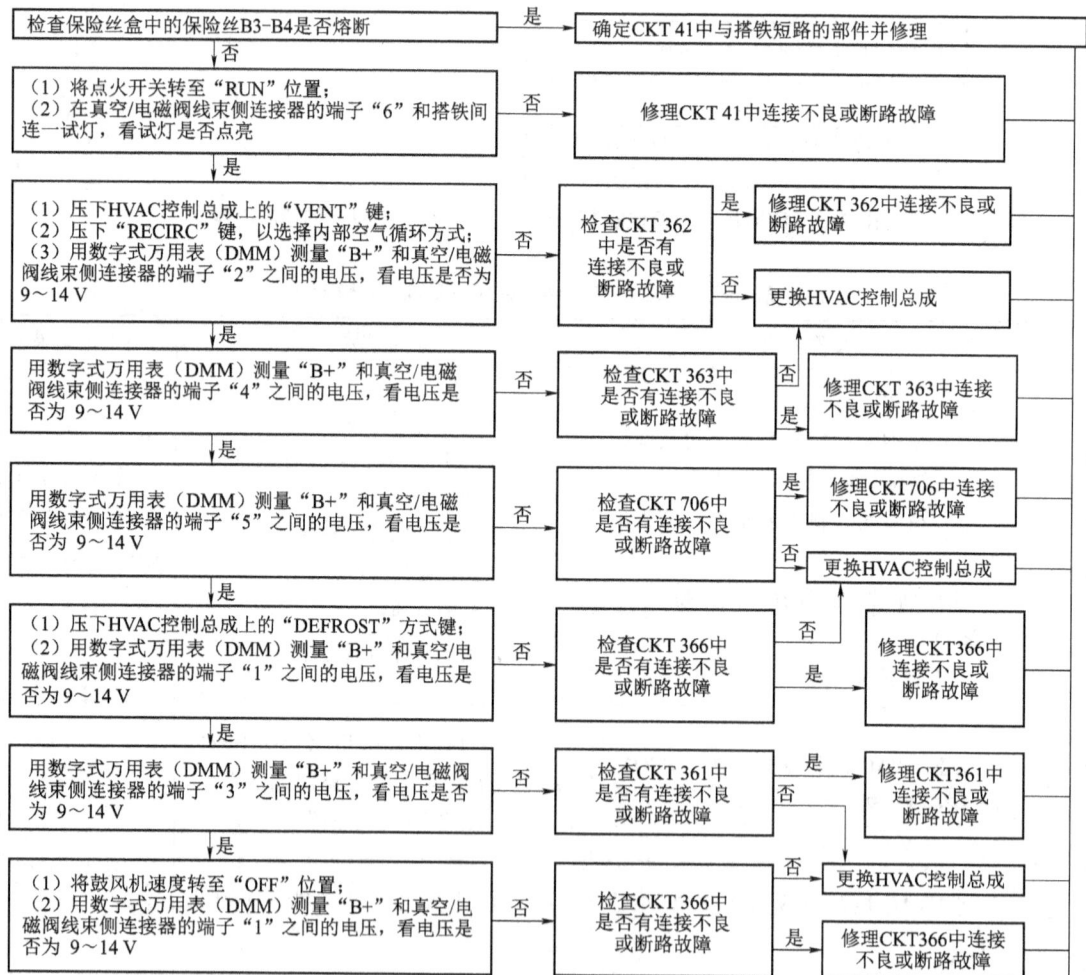

图 4-10　空气供给不正常的诊断流程

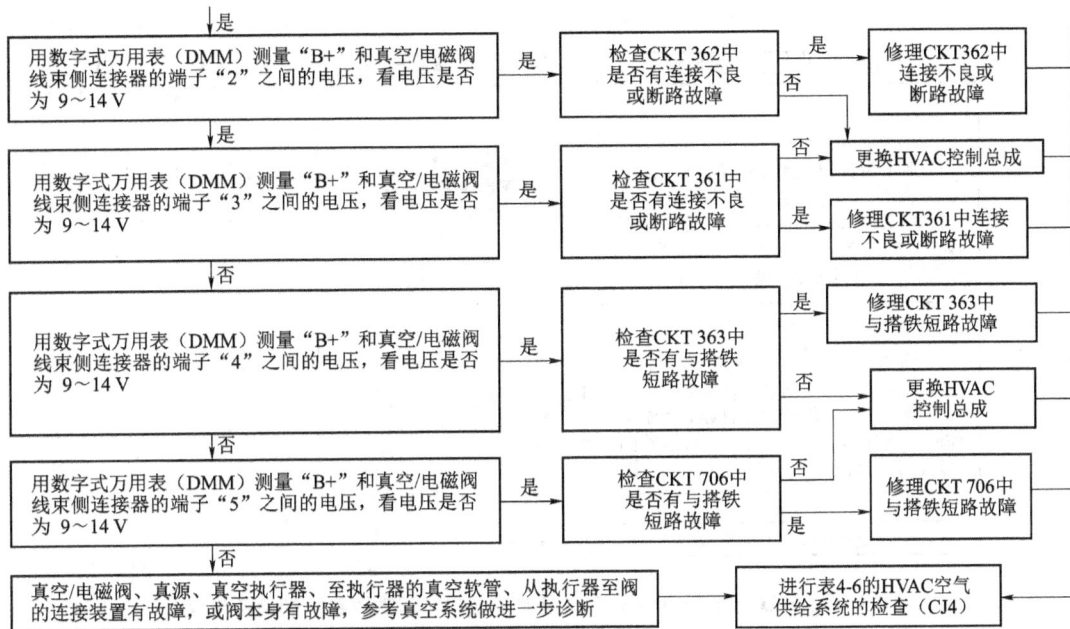

图 4-10 空气供给不正常的诊断流程（续）

四、HVAC 系统的故障代码诊断

上海别克轿车 HVAC 系统有两个故障代码，分别为：DTC B0322——外界空气温度传感器与搭铁短路；DTC B0333——外界空气温度传感器开路。

1. DTC B0332（外界空气温度传感器与搭铁短路）诊断

外界空气温度传感器电路如图 4-11 所示。HVAC 控制总成通过一个进气口从外界空气温度传感器监测外界空气温度，并通过 CKT 735 从外界空气温度传感器接收一个电压信号，外界空气温度传感器 CKT 61 由 HVAC 控制总成搭铁。外界空气温度传感器的内部电阻随着温度的上升而下降（负温度系数）。HVAC 控制总成使用来自外界空气温度的信号，将外界空气温度显示在 HVAC 控制总成显示屏上。在外界空气温度传感器工作时，HVAC 控制总成在 CKT 735 中检测到与搭铁短路故障，便在其存储器中储存 DTC B0332，同时 HVAC 控制总成用 9 ℃作为外界温度的代用值进行控制，允许 A/C 系统继续工作。DTC B0322（外界空气温度传感器与搭铁短路）的诊断流程如图 4-12 所示。

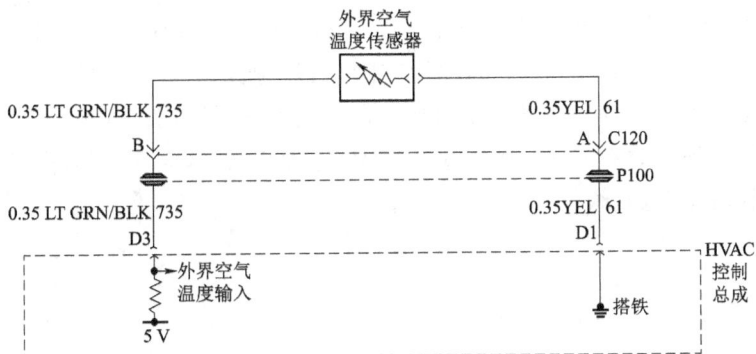

图 4-11　外界空气温度传感器电路

```
┌─────────────────────────┐  否  ┌─────────────────────────┐
│   是否进行过HVAC功能检查    ├────→│   进行CJ4-HVAC系统功能检查   │
└────────────┬────────────┘      └─────────────────────────┘
             │是
             ▼
┌─────────────────────────┐      ┌─────────────────────────┐
│（1）将点火开关转至"OFF"位置；│      │检查外界空气温度传感│
│（2）脱开外界空气温度传感器 │  是  │器连接器的端子接触 │
│ 连接器；                │ ────→│是否良好，若连接良│
│（3）将点火开关转至"ON"位置； │      │好，则更换外界空气 │
│（4）用数字式万用表测量空气温度│      │温度传感器         │
│ 传感器线束侧连接器的端子"A"和│      │                 │
│ 搭铁之间的电压，看电压是否为 │      │                 │
│ 4.5～5.5 V               │      │                 │
└────────────┬────────────┘      └─────────────────────────┘
             │否
             ▼
┌─────────────────────────┐      ┌─────────────────────────┐
│（1）将点火开关转至"OFF"位置；│  否  │修理CKT 735中与   │
│（2）脱开HVAC控制总成连接器； │ ────→│搭铁短路故障      │
│（3）用数字式万用表测量HVAC控 │      │                 │
│ 制总成线束侧连接器的端子"D3"和│      │                 │
│ 搭铁间的电阻，看电阻是否与规定│      │                 │
│ 值（∞）一样              │      │                 │
└────────────┬────────────┘      └─────────────────────────┘
             │是
             ▼
┌─────────────────────────┐
│      更换HVAC控制总成      │
└─────────────────────────┘
```

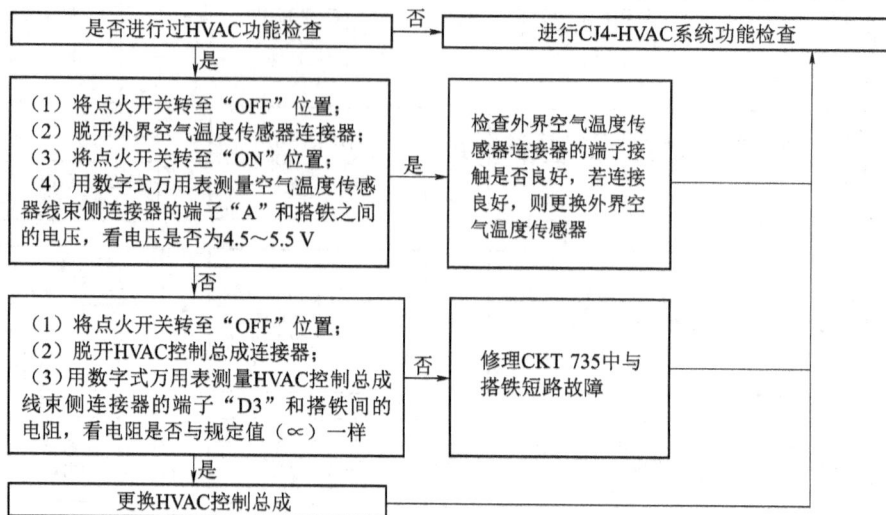

图4-12 DTC B0322（外界空气温度传感器与搭铁短路）的诊断流程

2. DTC B0333（外界空气温度传感器开路）诊断

设置 DTC B0333 的条件是 HVAC 控制总成在外界空气温度传感器中，且在传感器 CKT 735 工作中检测到开路故障。出现故障后 HVAC 的故障运行与 DTC B0332 相同。注意：CKT 735 或 CKT 61 中连接不良或开路、外界空气温度传感器故障或 HVAC 控制总成的故障都会导致 DTC B0333。

DTC B0333（外界空气温度传感器开路）的诊断流程如图4-13。

五、真空系统诊断

为避免错误诊断，在进行真空系统诊断之前应完成 HVAC 空气供给系统检查（CJ4，见表4-6）或 HVAC 空气供给系统检查（C60，见表4-7）。

1）发动机运转时检查供给真空/电磁阀的真空，约为 60 kPa；发动机关闭后，真空应该保持在大约 60 kPa。

2）通过脱开真空软管或直接向执行器施加真空，检查每个执行器，必要时应修理或更换。

3）重新连上所有真空和电气连接器，在发动机运转和循环加热器 A/C 控制的工作模式下，观察阀执行器；通过观察阀与执行器检查阀与真空执行器的工作状态，当施加真空时，执行器将缩回，如表4-8所示，若真空执行器在不应缩回时缩回，则更换 HVAC 控制总成；若真空执行器在应缩回时不缩回，则应检查有无真空泄漏、真空软管损坏或阀卡滞等情况，若无，则应更换真空/电磁阀。

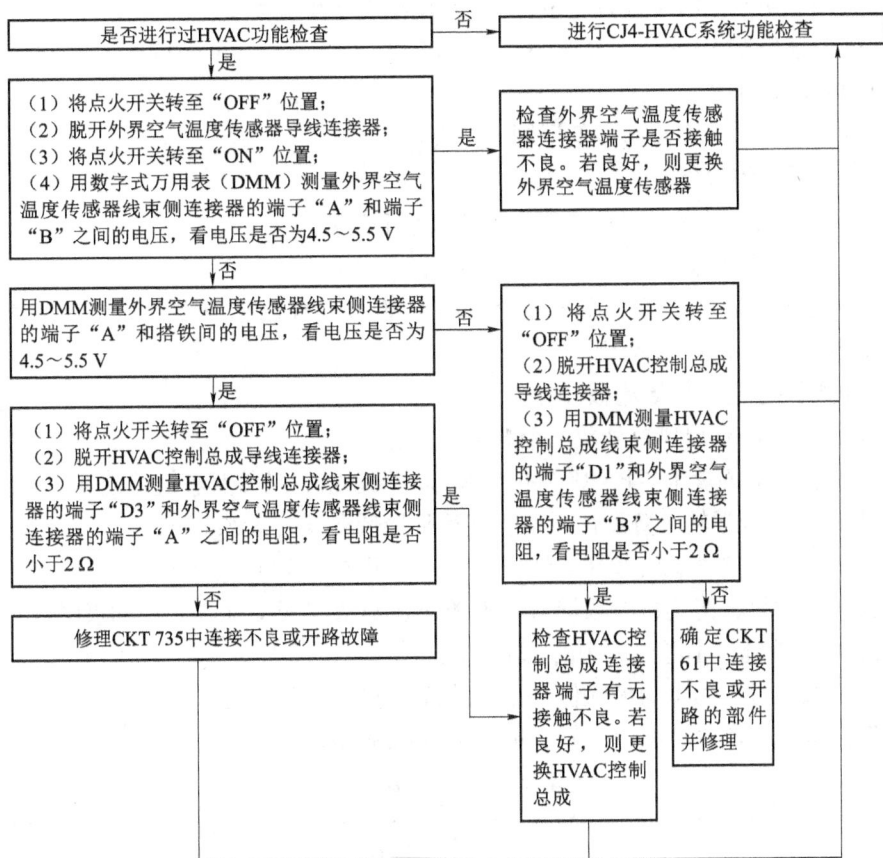

是否进行过HVAC功能检查 —否→ 进行CJ4-HVAC系统功能检查

是↓

（1）将点火开关转至"OFF"位置；
（2）脱开外界空气温度传感器导线连接器；
（3）将点火开关转至"ON"位置；
（4）用数字式万用表（DMM）测量外界空气温度传感器线束侧连接器的端子"A"和端子"B"之间的电压，看电压是否为4.5～5.5 V

—是→ 检查外界空气温度传感器连接器端子是否接触不良。若良好，则更换外界空气温度传感器

否↓

用DMM测量外界空气温度传感器线束侧连接器的端子"A"和搭铁间的电压，看电压是否为4.5～5.5 V

—否→ （1）将点火开关转至"OFF"位置；（2）脱开HVAC控制总成导线连接器；（3）用DMM测量HVAC控制总成线束侧连接器的端子"D1"和外界空气温度传感器线束侧连接器的端子"B"之间的电阻，看电阻是否小于2Ω

是↓

（1）将点火开关转至"OFF"位置；（2）脱开HVAC控制总成导线连接器；（3）用DMM测量HVAC控制总成线束侧连接器的端子"D3"和外界空气温度传感器线束侧连接器的端子"A"之间的电阻，看电阻是否小于2Ω

否↓

修理CKT 735中连接不良或开路故障

（右下）是→ 检查HVAC控制总成连接器端子有无接触不良。若良好，则更换HVAC控制总成

（右下）否→ 确定CKT 61中连接不良或开路的部件并修理

图4-13 DTC B0333（外界空气温度传感器开路）的诊断流程

表4-8 空气供给真空分配

项目	除霜电磁阀	加热器电磁阀	Bi-Level 电磁阀	再循环电磁阀	A/C 电磁阀
真空软管颜色	黄色	红色	褐色	橙色	蓝色
真空执行器	加热器/除霜阀	加热器/除霜阀	A/C Bi-Level 阀	空气进口阀	A/C Bi-Level 阀
OFF（关）	通风	通风	通风	真空	通风
Upper（上部）	通风	真空	通风	真空	真空
Middle（中间）	通风	真空	通风	真空	通风
Lower（下部）	通风	真空	真空	真空	通风
Defog（除雾）	通风	通风	真空	真空	通风
Defrost（除霜）	真空	通风	真空	真空	通风

六、系统性能测试

1）在测试时，应记下相对湿度和外界大气温度。

2）在室内或阴影里将车停好（驻车），环境温度至少应为 16 ℃。

3）打开车窗给车内通气。

4）排出发动机排气。

5）打开发动机罩并安装高、低压侧压力表。

6）记录外界环境温度。

7）记下相对湿度（用湿度计或查询当地气象部门）。

8）关上车门和车窗。

当鼓风机速度设置在高速、温度至全冷时，将 A/C 控制总成设置在外界空气模式下，且推 A/C 键至"ON"，打开 A/C。

9）打开 A/C 空气出口导流板。

10）在右中央 A/C 出风口处放一个温度计。

11）将变速驱动桥置于"PARK"位置并起动发动机，且使其转速稳定在 2 000 r/min。

12）让 A/C 系统运转，直到出风口空气达到最低温度（大约 3 min）。

13）记下出风口空气温度和高、低压侧压力（见图 4-14）。

14）关闭发动机，将读得的数据与 A/C 性能测试表（见表 4-9）中的极限数据相比较，正常工作的 A/C 系统应不超过表中的标准。

15）若读数超过了表中的极限值，则应进行 VDOT A/C 系统诊断。

16）若读数低于表中极限值，则应进行制冷系统的检查。

表 4-9　系统性能测试

相对温度/%	外界空气温度		最大低侧压力		发动机转速/(r·min⁻¹)	最大右中央空气出风口温度		最大高侧压力	
	℉	℃	psi	kPa		℉	℃	psi[①]	kPa
20	70	21	37	255	2 000	46	8	248	1 710
	80	27	37	255		47	8	303	2 069
	90	32	37	255		53	12	358	2 468
	100	38	38	262		54	12	358	2 468
30	70	21	37	255	2 000	48	9	264	1 820
	80	27	37	255		50	10	314	2 165
	90	32	39	269		57	14	374	2 579
	100	38	43	262		60	16	396	2 482
40	70	21	37	255	2 000	49	9	286	1 972
	80	27	37	255		53	12	336	2 317
	90	32	42	290		60	16	391	2 696
	100	38	49	338		66	19	435	2 999

① psi 是压力单位，定义为英镑/平方米，145 psi＝1 MPa。

相对温度/%	外界空气温度		最大低侧压力		发动机转速/(r·min⁻¹)	最大右中央空气出风口温度		最大高侧压力	
	℉	℃	psi	kPa		℉	℃	psi	kPa
50	70	21	37	255	2 000	51	11	303	2 069
	80	27	39	269		56	13	352	2 427
	90	32	46	317		63	17	413	2 848
	100	38	55	379		72	22	*	*
60	70	21	37	255	2 000	53	12	319	2 199
	80	27	42	290		59	15	374	2 579
	90	32	49	338		66	19	429	2 958
	100	38	60	414		78	26	*	*
70	70	21	37	255	2 000	55	13	336	2 317
	80	27	45	310		62	17	391	2 696
	90	32	53	365		70	21	446	3 075
80	70	21	41	283	2 000	56	13	352	2 427
	80	27	48	331		65	18	407	2 806
	90	32	57	393		73	23	*	*
90	70	21	45	310	2 000	58	14	369	2 544
	80	27	52	359		68	20	424	2 923
*——压缩机不运转，将导致过大的高压侧压力。									

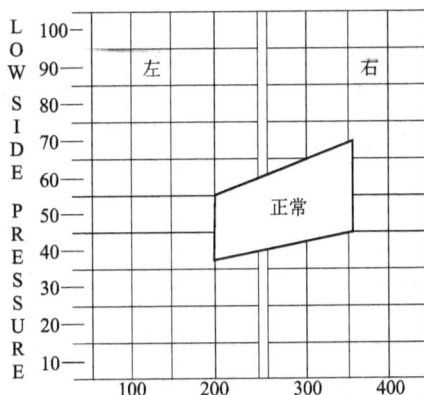

图 4-14　低压和高压侧压力

七、VDOT A/C 系统诊断

VDOT A/C 系统诊断的目的是诊断 V5 压缩机和 VDOT 制冷系统任何故障导致的制冷不足。

V5 压缩机是一种可变排量的压缩机。V5 压缩机是通过改变冲程来满足空调请求，以减少离合器的循环的。在 A/C 压缩机的后头装有一个控制阀，该控制阀具有监测压缩机低侧压力并导致压缩机机械部件达到所需冲程的功能。

1. 初步检查

1）检查 A/C 保险丝，必要时更换。

2）检查 A/C 鼓风机的工作，必要时修理。

3）检查离合器线圈电气连接，必要时修理。

4）检查有无诊断代码，必要时修理。

5）检查驱动带，若驱动带损坏，则更换。

6）检查电子冷却风扇的工作情况，必要时修理。

7）检查冷凝器的空气节流情况，必要时清洁。

8）检查空气流动系统中的所有缩口。

2. VDOT 制冷剂充注

VDOT 制冷剂的充注如图 4-15 所示。

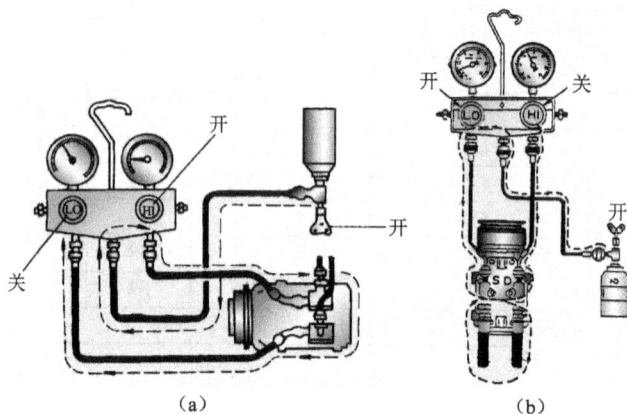

图 4-15　加注制冷剂

（a）高压侧加注制冷剂；（b）低压侧加注制冷剂

八、制冷系统的检查

制冷系统的检查如图 4-16 所示。

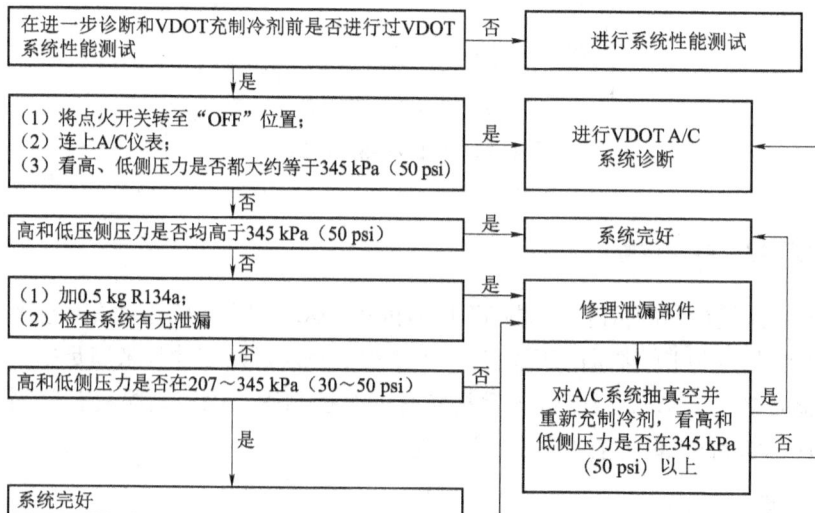

图 4-16　制冷系统的检查

九、加热不足的诊断流程

HVAC 系统加热不足的诊断流程如图 4-17 所示。

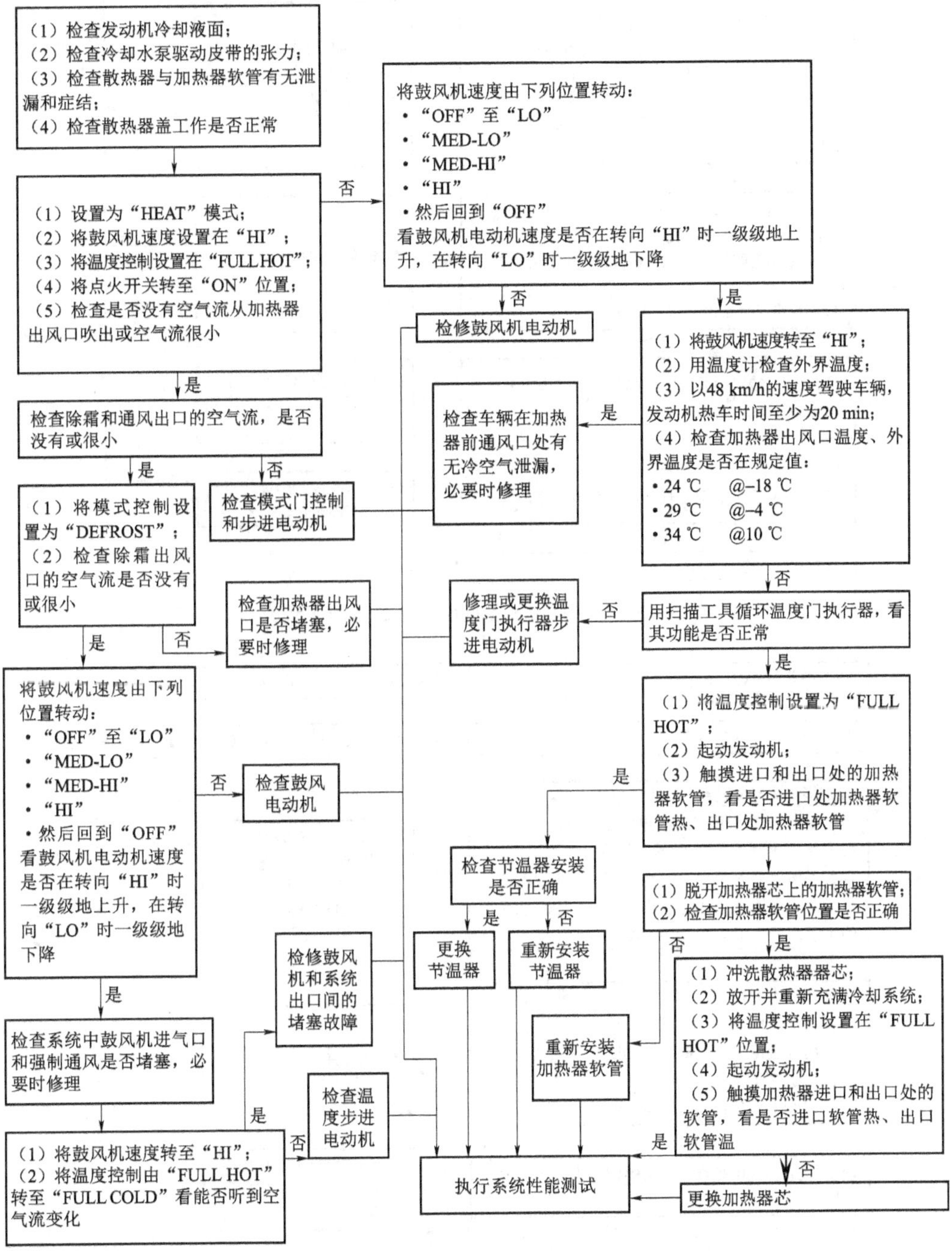

图 4-17　加热不足的诊断流程

十、温度控制不工作的诊断流程

CJ4 驾驶员温度控制不工作的诊断流程如图 4-18 所示，CJ4 乘员温度控制不工作的诊断流程如图 4-19 所示；C60 温度控制不工作的诊断流程如图 4-20 所示。

是否进行过HVAC功能检查 ──否──→ 进行HVAC功能检查

↓是

检查保险丝盒中的保险丝B3-B4是否熔断 ──是──→ 修理CKT 41中与搭铁短路故障

↓否

（1）将点火开关转至"OFF"位置；
（2）脱开前LH温度执行器电气连接器；
（3）将点火开关转至"ON"位置；
（4）用数字式万用表（DMM）测量前LH温度执行器线束侧连接器的端子"10"和搭铁之间的电压，看电压是否为9～14 V
──否──→ 修理CKT41中S233和前LH温度执行器线束侧连接器的端子"10"之间连接不良或开路故障

↓是

（1）用DMM测量前LH温度执行器线束侧连接器的端子"8"和搭铁间的电压；
（2）将前温度钮由"FULL COLD"变化至"FULL HOT"；
（3）检查电压是否为0.5～4.5 V
──是──→ 更换前LH温度执行器

↓否

检查CKT 2210中是否有与搭铁短路或与"B+"短路故障
──是──→ 找到并修理CKT 2210中与搭铁短路或与"B+"短路故障

↓否

检查CKT 2210中是否有连接不良或开路故障
──是──→ 修理CKT 2210中连接不良或开路故障

↓否

更换HVAC控制总成

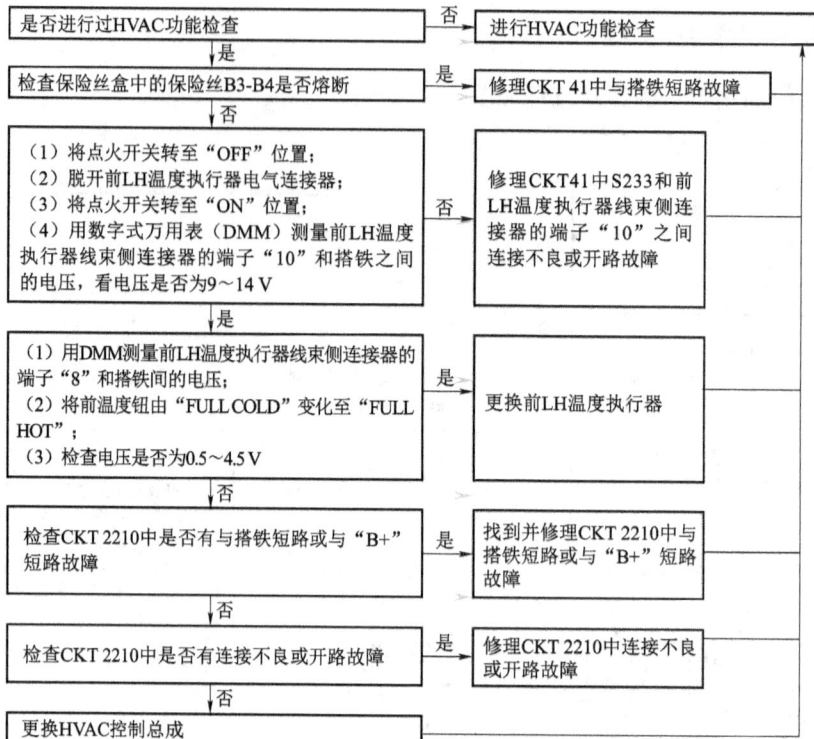

图4-18　CJ4 驾驶员温度控制不工作的诊断流程

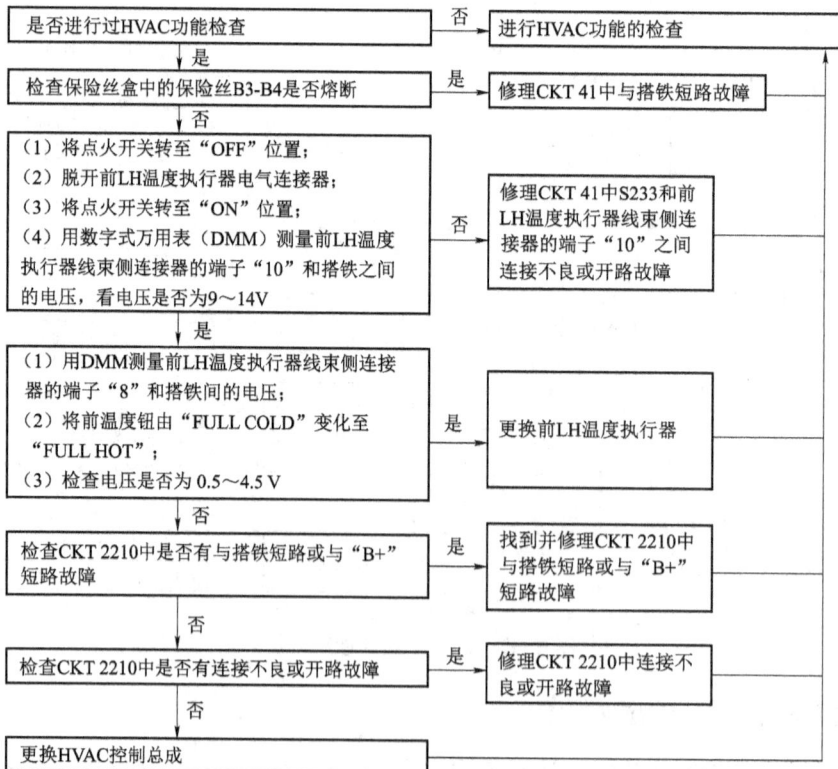

是否进行过HVAC功能检查 ──否──→ 进行HVAC功能的检查

↓是

检查保险丝盒中的保险丝B3-B4是否熔断 ──是──→ 修理CKT 41中与搭铁短路故障

↓否

（1）将点火开关转至"OFF"位置；
（2）脱开前LH温度执行器电气连接器；
（3）将点火开关转至"ON"位置；
（4）用数字式万用表（DMM）测量前LH温度执行器线束侧连接器的端子"10"和搭铁之间的电压，看电压是否为9～14V
──否──→ 修理CKT 41中S233和前LH温度执行器线束侧连接器的端子"10"之间连接不良或开路故障

↓是

（1）用DMM测量前LH温度执行器线束侧连接器的端子"8"和搭铁间的电压；
（2）将前温度钮由"FULL COLD"变化至"FULL HOT"；
（3）检查电压是否为0.5～4.5 V
──是──→ 更换前LH温度执行器

↓否

检查CKT 2210中是否有与搭铁短路或与"B+"短路故障
──是──→ 找到并修理CKT 2210中与搭铁短路或与"B+"短路故障

↓否

检查CKT 2210中是否有连接不良或开路故障
──是──→ 修理CKT 2210中连接不良或开路故障

↓否

更换HVAC控制总成

图4-19　CJ4 乘员温度控制不工作的诊断流程

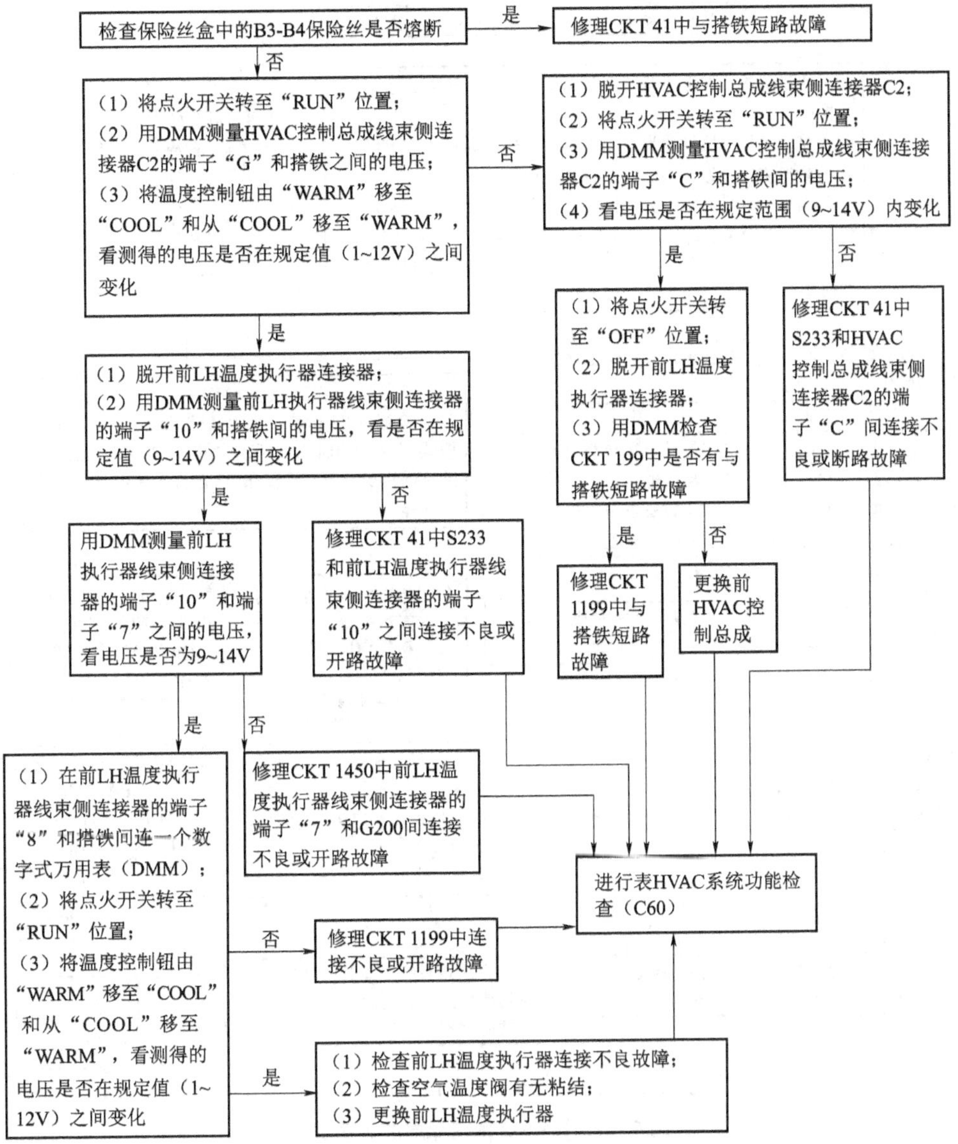

图4-20　温度控制不工作（C60）的诊断流程

十一、HVAC系统噪声的诊断流程

HVAC系统噪声的诊断流程如图4-21所示。

✿ 任务二　空调系统主要元件的检修

一、除异味的方法和步骤

1）清洁强制通风系统中的所有碎片，从外部排干空气。

2）脱开离合器线圈。这将解除A/C压缩机离合器工作。

参考鼓风机电动机系统检查鼓风机电链接和搭铁

（1）坐进车内，关上所有车门和车窗，将点火开关转至"ON"位置；
（2）将鼓风机速度设置为"HI"，将模式设置为"VENT"；
（3）将温度控制设置为"FULL COLD"；
（4）循环所有鼓风机速度、模式和温度控制位置，以确认产生和不产生噪声的部位，看鼓风机是否产生一种固定的鸣鸣声、滴答声、咯嗒声、颤动或刮削声（在较低的鼓风机速度下听得到）

否 →

再次倾听鼓风机，看是否在起动时有一种尖叫声或间歇发声

是 ↓

通过触摸鼓风机壳，检查在每个速度时鼓风机电动机和风扇是否有过大的振动

是 ↓

（1）检查鼓风机扇是否有磨损点、带裂纹的叶片、带裂纹的轮毂、风扇保持架松动和风扇不对中等；
（2）检查鼓风机壳是否有磨损点

否 ↓

（1）从鼓风机壳上拆下鼓风机；
（2）检查鼓风机进口处是否有杂质

否 → 从鼓风机总成中清除杂质，必要时修理

是 → 必要时修理鼓风机风扇或鼓风机壳

否 → 更换鼓风机电动机和风扇

（1）将鼓风机速度设置为"HI"
（2）检查在"VENT""HEAT"和"DEFROST"模式下由"FULL HOT"至"FULL COLD"温度位置下的情况，看是否仅在"VENT"模式下才有过大的噪声

是 ↓

（1）检查空气管路有无堵塞和杂质；
（2）检查通风门的密封情况；
（3）必要时修理

否 → 再听鼓风机，看是否仅在"HEAT"和/或"DEFROST"模式下才有过大的噪声

是 ↓

（1）检查空气管路有无堵塞和杂质；
（2）检查加热器和/或除霜器门的密封；
必要时修理

否 → 再听鼓风机，看是否仅在"HEAT"和/或"DEFROST"模式下才有过大的噪声

是 → 检查温度门的密封，必要时修理

否 → 检查加热系统中鼓风机风扇和温度门之间有无堵塞和杂质，必要时修理

进行表4-4和表4-5所示的HVAC系统功能测试

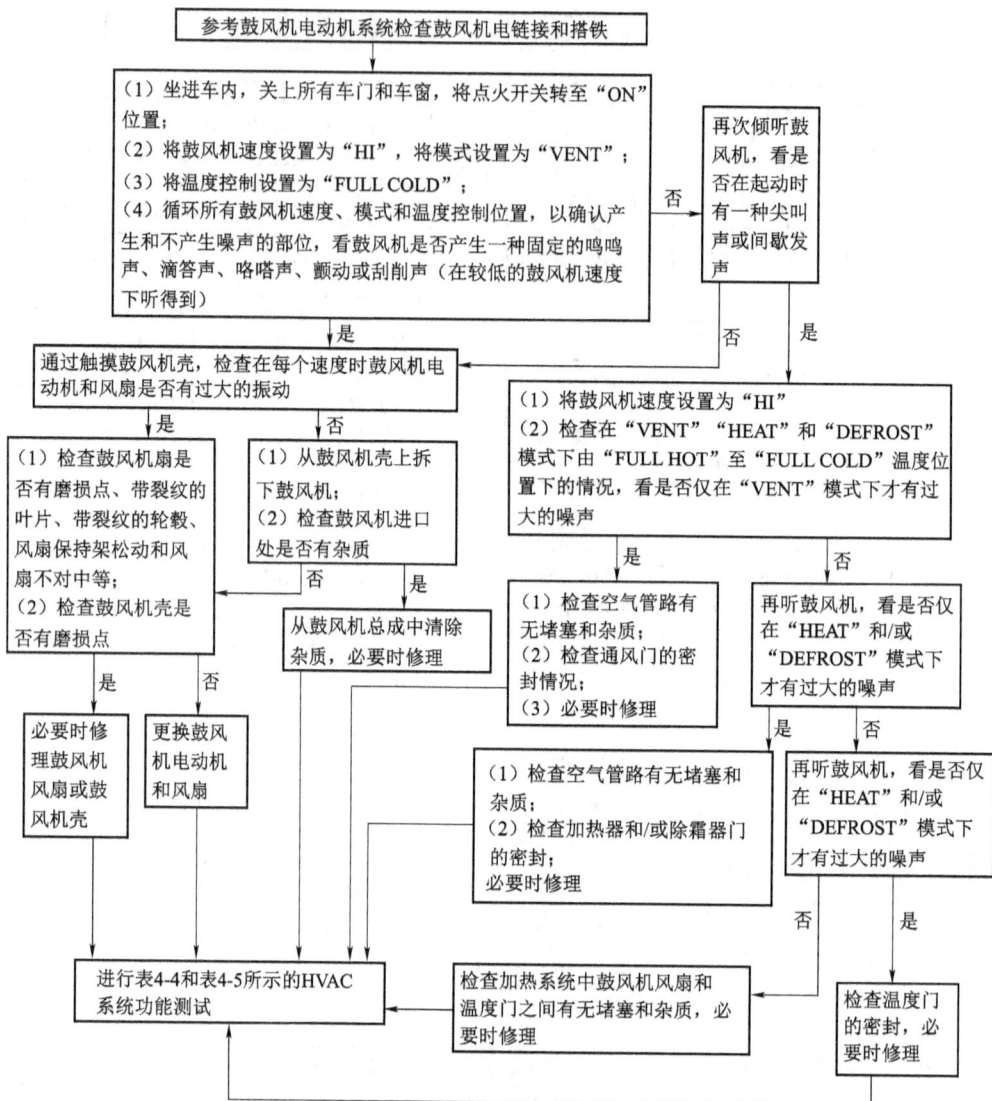

图4-21 HVAC系统噪声的诊断流程

3）利用运转发动机的方法吹干蒸发器芯。另外，还要让鼓风机电动机在"HIGH"和"RECIRC"模式、温度控制在最大加热位置下运转10 min。

4）找到鼓风机电动机和蒸发器芯之间（鼓风机电动机风扇下游）的空调通路。

5）在与鼓风机电动机、蒸发器或系统中任何运动件均不发生干涉的地方钻一个 $\phi 3.17$ mm 的孔，如图4-22所示。

6）保持鼓风机在"HIGH"模式，并将除臭器（GM，P/N12370470）的外伸管插入孔中，通过管上的标记。

7）用短促的冲击方式进行喷雾，在2~3 min 时间内喷完，且不断地改变喷入管路的喷雾方向。

8）关闭发动机。

9）将发动机放置3~5 min。

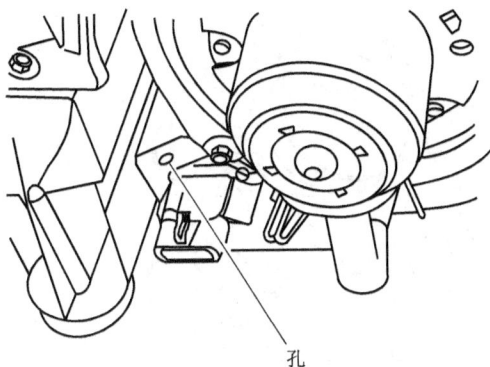

图 4-22　钻孔部位

10）用车身密封胶剂或 RTV 衬垫绝缘膏，密封住 ϕ3. 17 mm 孔。

11）起动发动机并使风扇以"HIGH"（高速）运转 15～20 min。

12）重新连上空调压缩机离合器线圈并核实其运转正常。

二、压缩机的更换

1. 压缩机的拆卸

1）脱开蓄电池负极搭铁线。

2）拆下空气滤清器和管道总成。

3）回收制冷剂。

4）拆下辅助设备驱动皮带。

5）升起并支撑好车辆。

6）拆下下部空气导流板。

7）拆下右侧发动机挡泥板。

8）从压缩机上脱开电气连接器。

9）拆下压缩机上的螺栓和压缩机软管总成（见图 4-23）。

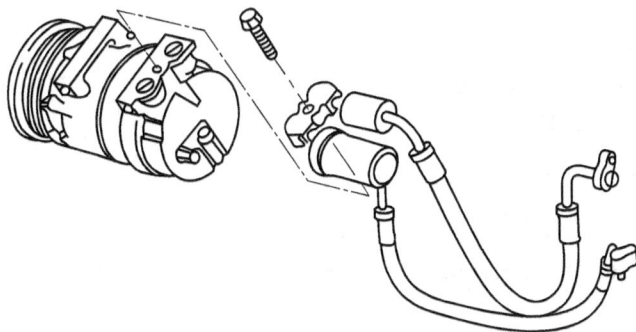

图 4-23　压缩机软管总成的拆卸

10）拆下下部和上部安装螺栓，最后拆下压缩机（见图 4-24）。

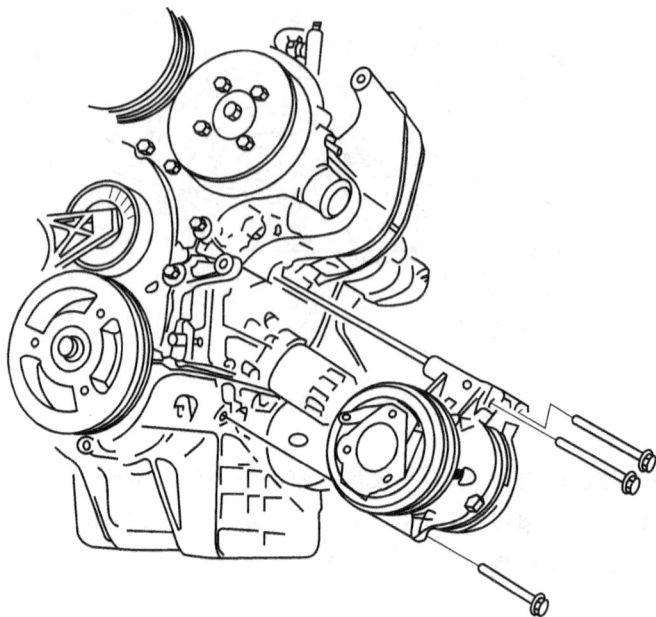

图 4-24　压缩机的拆卸

2. 压缩机的安装

1）装上压缩机。

2）装上两个上部安装螺栓，并将其拧紧至 50 N·m。

3）装上下部安装螺栓，并将其拧紧至 50 N·m。

4）用无机 525 黏度制冷机油润滑新密封垫圈，将新密封垫圈装到压缩机软管总成上。将压缩机软管总成和螺栓安装到压缩机上，并将压缩机软管螺栓拧紧至 33 N·m。

5）将电气连接器连接到压缩机上。

6）安装右侧发动机挡泥板。

7）安装下部空气导流板。

8）降下车辆。

9）安装辅助设备驱动皮带。

10）抽真空并向系统充制冷剂。

11）检查系统有无泄漏。

12）安装空气滤清器和管道总成。

13）连上蓄电池负极搭铁线。

三、压缩机离合器（V5-直接安装）的修理

1. 压缩机离合器盘和毂总成的拆卸

1）将 J41790 压缩机夹紧定位装置夹钳入台虎钳，并将压缩机装入 J41790 中。

2）如图 4-25 所示，用 J33027-A 离合器毂固定工具固定住离合器毂和驱动盘总成 2，用 13 mm 套筒 1 拆下压缩机轴螺母。

3）如图 4-26 所示，将 J33013-B 离合器毂和驱动盘安装器的毂拧入压缩机离合器毂，拆下离合器毂和驱动盘总成。

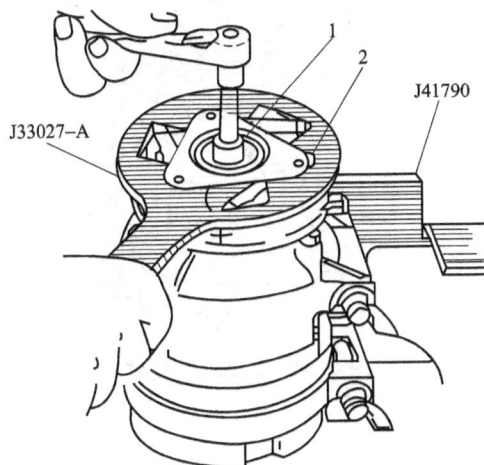

图 4-25　压缩机轴的螺母的拆卸

1—13 mm 套筒；2—离合器毂和驱动盘总成

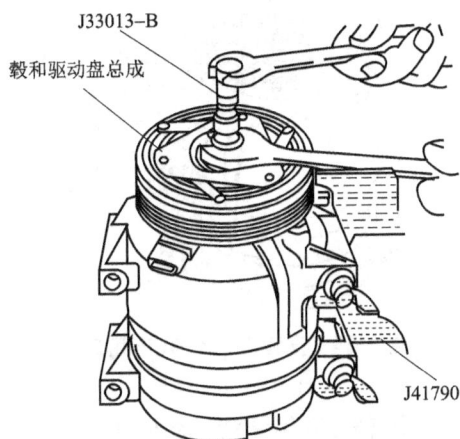

图 4-26　离合器毂和驱动盘总成的拆卸

4）拆下轴键并放好，以便重新装配。

2. 离合器转子和/或轴承的拆卸程序

1）如图 4-27 所示，将压缩机装在 J41970 上。

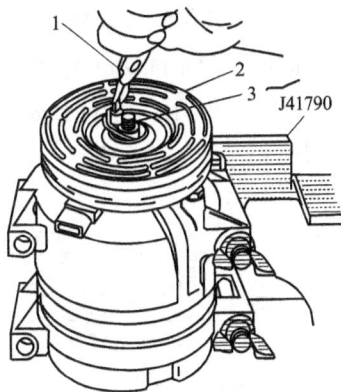

2）如图 4-28 所示，拆下离合器毂和驱动盘总成 2，用外弹簧卡环钳子 1 拆下离合器转子和轴承总成保持圈 3。

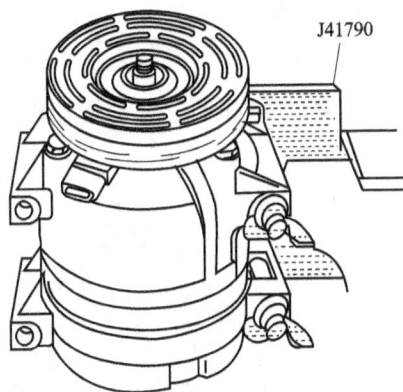

图 4-27　将压缩机装在 J41790 上

图 4-28　离合器转子和总成的拆装

1—外弹簧卡环钳子；2—离合器毂和驱动盘总成；

3—离合器转子和轴承总成保持圈

3）将 J33023-A 拆卸器先导阀放在离合器转子上，如图 4-29 所示。

4）如图 4-30 所示，将 J41552 压缩机皮带轮拆卸器向下装入转子槽的内圆中。在槽中顺时针方向转动 J41552，使拆卸器上的凸舌与离合器转子啮合；用扳手中央受力螺钉固定 J41552，拆下离合器转子和轴承总成。

145

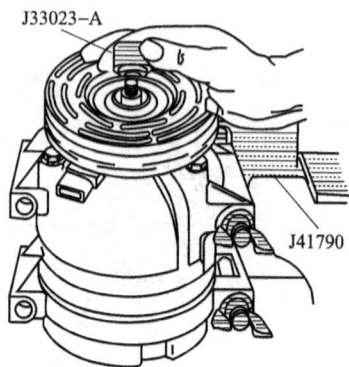

图 4-29　安装 J33023-A 专用工具

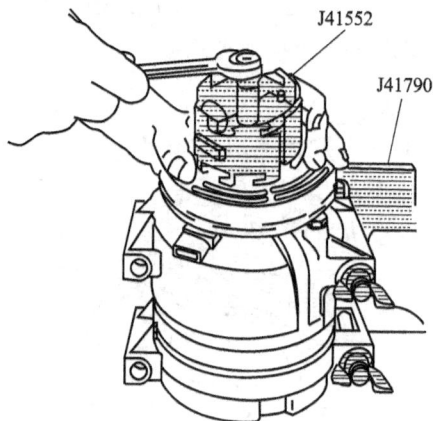

图 4-30　J41552 的安装

3. 压缩机离合器线圈的拆卸

1）将压缩机安装到 J41790 上（见图 4-27）。

2）将 J33023-A 安装到压缩机的前端（见图 4-29）。

3）拆下压缩机离合器盘和毂总成。

4）拆下压缩机转子和轴承总成。

5）在压缩机前端的离合器线圈端子部位做记号。

6）如图 4-31 所示，将 J33025 离合器线圈拆卸器支柱装到 J8433 压缩机皮带轮拆卸器上；将 J8433 装到压缩机离合器线圈 1 上，并拧紧拆卸器支柱螺栓；拧紧用于拆卸工作的顶出螺钉 J8433-3；从压缩机皮带轮上拆下压缩机离合器线圈。

4. 压缩机控制阀总成的拆卸

1）将压缩机装到 J41790 上（见图 4-27）。

2）如图 4-32 所示，拆下压缩机控制阀挡圈（用内弹簧卡环钳子），并从压缩机上拆下压缩机控制阀。

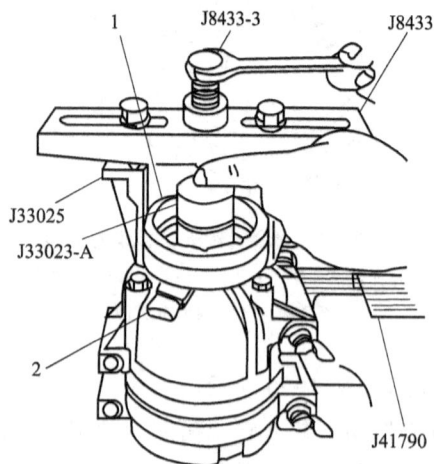

图 4-31　压缩机离合器线圈的拆卸

1—压缩机离合器线圈；2—离合器线圈端子部位

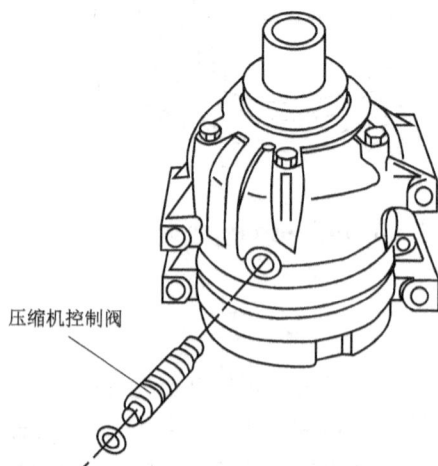

图 4-32　压缩机控制阀的拆卸

5. 压缩机轴封的拆卸

1）将压缩机装在 J41790 上（见图 4-27）。

2）拆下压缩机离合器盘和毂总成。

3）如图 4-33 所示，用内弹簧卡环钳子 1 拆下压缩机轴封挡圈 2。

4）不要让任何灰尘或杂质进入压缩机，彻底清洁轴周围、压缩机轴颈内表面、压缩机轴封的外露部分、压缩机轴及 O 形环槽。

5）如图 4-34 所示，将 J42136A/C 凸缘密封拆卸器的凸缘完全嵌入密封件的凹口部分，然后顺时针转动手柄，并旋转着将压缩机轴封从压缩机上拆下。

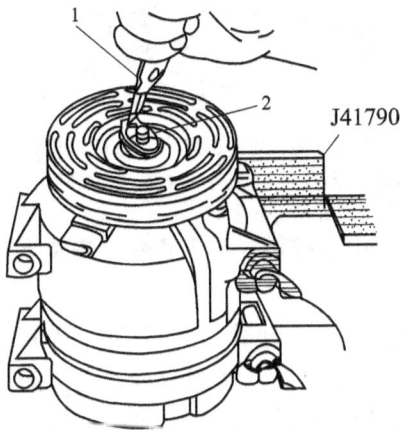

图 4-33 拆卸压缩机轴封挡圈

1—内弹簧卡环钳子；2—轴封挡圈

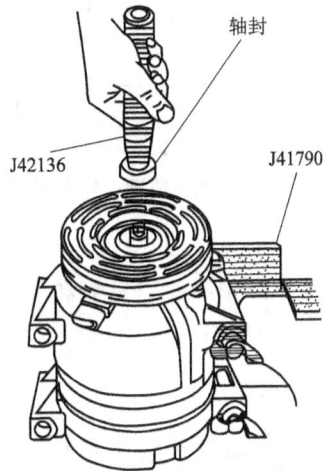

图 4-34 拆卸压缩机轴封

6）重新检查轴和压缩机轴颈的内表面有无灰尘和杂质，确保在安装新的压缩机轴封之前这些表面完全清洁。

6. 压缩机减压阀的拆卸

1）将压缩机装到 J41790 上。

2）如图 4-35 所示，从压缩机的后端拆下减压阀。

7. 压缩机控制阀的安装（V5-直接安装）

1）将干净的 525 黏度冷冻机油涂在控制阀 O 形环上。

2）用手将压缩机控制阀推入压缩机。

3）用内弹簧卡环钳子，安装压缩机控制阀挡圈，确信挡圈正确落座于环槽中。

4）从 J41790 上拆下压缩机。

8. 压缩机离合器盘/毂总成的安装

1）如图 4-36 所示，将轴键装入毂的键槽中约 3.2 mm（伸出键槽）。轴键是被轻微弄弯的，以避免装入毂的键槽中发生干扰。

2）在安装离合器盘和毂总成之前，清洁离合器盘 1 和离合器转子 2 的表面。

3）将轴键与离合器盘和毂总成上的轴键槽对准装到压缩机轴上。

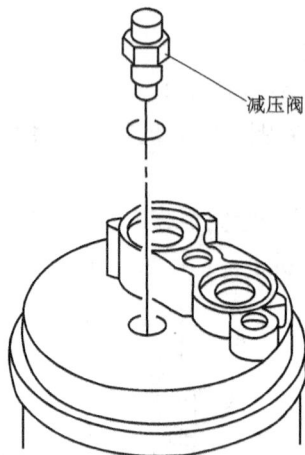

图 4-35 压缩机减压阀的拆卸

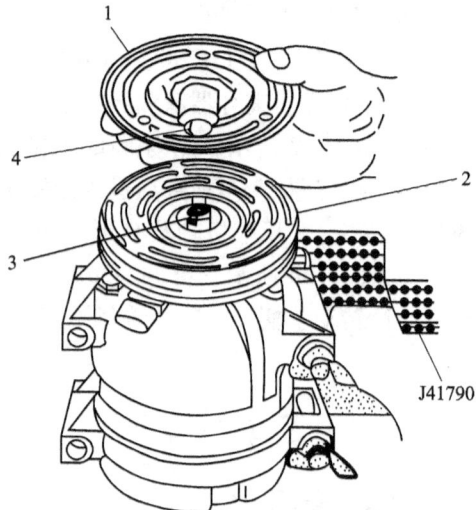

图 4-36 离合器盘和毂总成的安装
1—离合器盘；2—离合器转子；3—压缩机轴；4—键槽

4）拆下 J33013-B：从毂和驱动盘安装器体上拆下中心螺钉；将中心螺钉安装到毂和驱动盘安装器体的另一端（反端）。

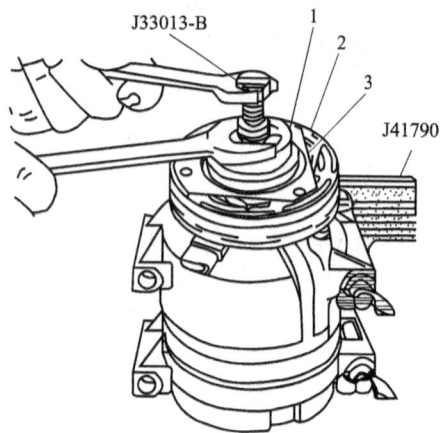

图 4-37 将 J33013-B 和轴承工具
安装到离合器盘和毂总成上
1—轴承工具；2—毂总成；3—离合器盘

5）如图 4-37 所示，将 J33013-B 和轴承工具 1 安装到离合器盘 3 和毂总成 2 上。退回毂和驱动盘安装器工具体，以便有足够的空间让中心螺栓拧在压缩机轴的端部；将中心螺钉在压缩机轴的端部拧几圈，不要拧紧压缩机轴上的中心螺钉。

6）用扳手固定在中心螺栓：将毂和驱动盘安装器体的六角部分拧紧几圈；从离合器盘和拆下毂和驱动盘安装器，确保轴键仍位于键槽中。

7）重新装上 J33013-B。

8）在离合器盘和离合器转子之间放一个厚薄规，拧紧毂和驱动盘安装器的六角部分，直到离合器盘和离合器转子间的间隙为 0.40 mm 为止。

9）拆下 J33013-B。

10）用 J33027-A 固定住离合器盘和毂总成；安装压缩机轴螺母，将其拧紧至 17 N·m。

11）用手旋转皮带轮转子，确认转子不与离合器驱动盘相擦碰。

12）从 J41790 上拆下压缩机。

9. 离合器转子和/或轴承安装

1）如图 4-38 所示，将离合器转子和轴承总成 2 定位在压缩机上；将 J33017 皮带轮和轴承总成安装器定位，并用 J33013-B 直接盖着轴承的内圈；从 J42126 工具组件上将垫圈 3

放在 J33013-B 体上。

2）从毂和驱动盘安装器上拆下中心螺钉；将中心螺钉装在毂和驱动盘安装器的反端；将毂和驱动盘安装器退回足够的位置，以使中心螺钉被拧入压缩机轴的端部。

3）在压缩机轴的端部将中心螺钉拧几圈，但不要拧紧；用扳手固定住中心螺钉；将毂和驱动盘安装器体的六角部分拧紧几圈。

4）从离合器转子和轴承总成 2 上拆下 J33013-B。

5）确保离合器转子和轴承总成 2 被压在压缩机端部，且留有足够的间隙。若没有间隙，则重复步骤 3）。

6）用外弹簧卡环钳子安装离合器转子和轴承挡圈，并确保挡圈的凸出面朝上。

7）安装离合器盘和毂总成。

8）从 J41790 上拆下压缩机。

10. 压缩机离合器线圈的安装

1）如图 4-39 所示，将离合器线圈总成放在前端，使离合器线圈端子的位置与拆卸时做的记号对上；将 J33024 离合器线圈安装器接头放在离合器线圈壳体的内环上，并将安装器与压缩机的前端对准；将 J8433-3 装入 J8433，使中心螺钉置于 J33024 的埋头中心孔。

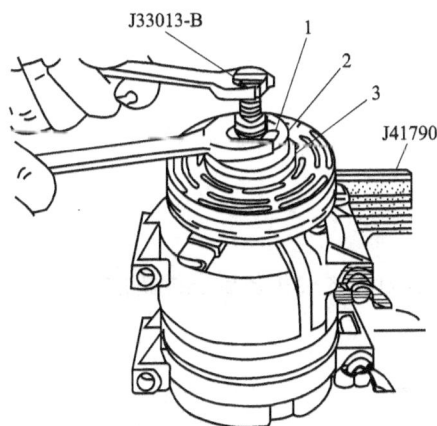

图 4-38　离合器转子和轴承的安装

1—轴承；2—离合器转子和轴承总成；3—垫圈

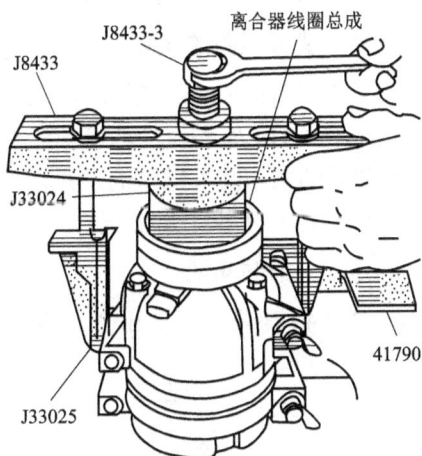

图 4-39　压缩机离合器线圈的安装

2）用 J42136 工具组件将 4in 的贯穿螺栓和垫片装入 J33025 离合器线圈拆卸器支柱，并将它们连在压缩机安装夹持器上。

3）转动 J8433 的中央顶出螺钉，将离合器线圈压到前端，直到离合器线圈完全落座为止。

4）安装压缩机离合器转子和轴承总成。

5）安装压缩机离合器盘和毂总成。

6）从 J41790 上拆下压缩机。

11. 压缩机轴封的安装

1）如图 4-34 所示，将新的压缩机轴封 1 浸入干净的 525 黏度的冷冻机油中，并将密封件装配到 J42136A/C 凸缘密封件拆卸器上（用手顺时针旋转）。

2）将 J34614 轴封保护装置装到压缩机轴上。

3）利用旋转运动，将新压缩机轴封滑装在压缩机轴上，直到密封件完全落座为止。

4）通过顺时针方向旋转手柄的方法拆下 J42136。

5）用内弹簧卡环钳子 1 安装一个新的压缩机轴封挡圈 2（见图 4-33）。

6）如图 4-40 所示，用 J39393 泄漏测试接头对压缩机进行泄漏测试：

① 将 J9625-A 泄漏测试接头装到压缩机上，并且用 R134a 制冷剂向压缩机真空和高压侧加压。

② 暂时装上轴螺母。

③ 使压缩机处于水平位置，用手按正常方向转动压缩机轴几圈。

④ 测出泄漏部位，必要时修理。

⑤ 拆下轴螺母。

7）补充制冷剂。

8）拆下并清洁安装新密封件时从轴和压缩机颈内侧外漏的油。

9）安装压缩机离合器盘和毂总成。

10）从 J41790 上拆下压缩机。

12. 压缩机减压阀的安装

1）清洁压缩机后端的减压阀座面。

2）用干净的 525 黏度冷冻机油润滑新减压阀的 O 形环。

3）将新的减压装入压缩机，并将其紧固至 9 N·m。

4）从 J41790 上拆下压缩机。

13. 压缩机泄漏测试

1）如图 4-41 所示，使用密封垫圈，将 J39893 压力测试接头装到压缩机的后端。

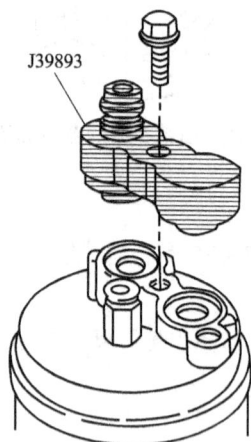

图 4-40　压缩机泄漏测试

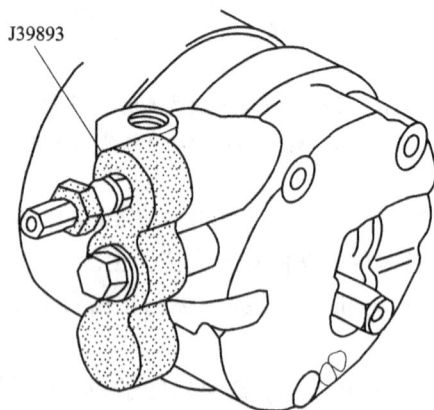

图 4-41　压缩机泄漏测试

2）连接表线到仪器 J39500，补充 R134a 空调制冷剂。

3）用 R134a 制冷剂向压缩机的真空和高压侧加压。

4) 让压缩机处于水平位置，用手按工作方向旋转压缩机轴。

① 转动轴几次。

② 用 J39400-A 检查下列部位的泄漏情况：

a. 减压阀；

b. 后端开关；

c. 前端密封；

d. 后端密封；

e. 螺穿螺栓端座垫；

f. 压缩机轴封。

5) 进行必要的测量，确定外部泄漏点。

6) 进行任何修理后，应重新检漏。

7) 回收制冷剂。

8) 从 J39893 上脱开软管。

9) 拆下 J39893。

四、压缩机软管总成的更换

1. 压缩机软管总成的拆卸

1) 脱开蓄电池负极电缆。

2) 拆下空气滤清器和管道总成。

3) 回收制冷剂。

4) 如图 4-42 所示，从冷凝器上拆下压缩机输送管线螺母 1，将压缩机输送管线定位在冷凝器一侧；从储压器上拆下压缩机输送管线螺母 2，将压缩机输送管线定位在储压器一侧。

5) 升起并支撑住车辆。

6) 拆下下部空气导流板。

7) 拆下压缩机上的螺栓和压缩机软管。

8) 拆下压缩机软管总成（见图 4-42）。

注意：应拆下与废弃所有用过的 O 形环和密封垫圈。

2. 压缩机软管总成的安装

1) 用 525 黏度的冷冻机油润滑新 O 形环；将其装到压缩机软管总成，并将新密封圈装到压缩机总成上；将压缩机软管总成压缩机的后端，并将软管螺栓拧紧至 33 N·m。

2) 安装下部空气导流板，降下

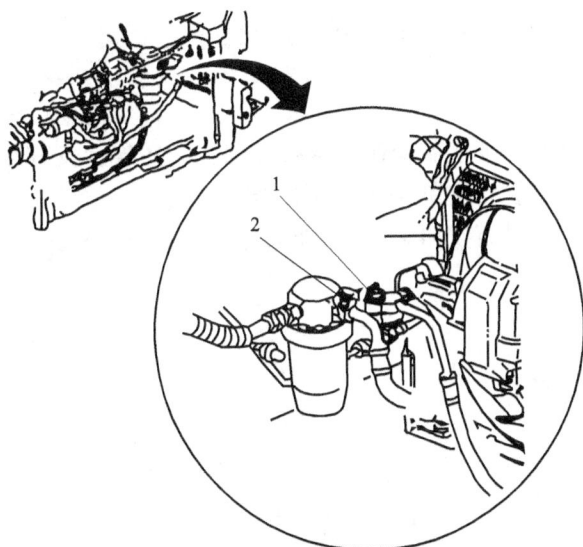

图 4-42 压缩机软管总成的拆装

1，2—压缩机输送管线螺母

车辆，将压缩机输送管线装到储压器上。

3）如图 4-42 所示，将压缩机软管螺母 2 装到储压器上，并拧紧至 16 N·m；将压缩机软管装到冷凝器上，并拧紧压缩机软管螺母，拧紧力矩为 1~16 N·m。

4）抽真空并充注制冷剂；进行系统检漏；安装空气滤清器和管道总成；连上蓄电池负极电缆。

五、冷凝器管的更换

1. 冷凝器管的拆卸

1）拆下空气滤清器和管道总成，并回收制冷剂；拆下真空制动加力器，并从托架上拆下液管。

2）升起并支撑起车辆，拆下下部空气导流板，脱开至 A/C 制冷剂压力传感器的电气连接器；拆下冷凝器上的液管螺母。

3）降下车辆，拆下节流孔处的液管螺母（若装备 C60）。

4）如图 4-43 所示，拆下双级节流孔处的液管螺母 2（若装备 CJ4），脱开左支柱塔处的变速器变速拉索，拆下液管。

5）拆下并废弃 O 形环。

2. 冷凝器管的安装

1）将用 525 黏度冷冻机油润滑后的新 O 形密封环装入液管；安装液管和节流孔的液管接头（若装备 C60），并拧紧至 27 N·m；安装双级节流孔处的液压管接头螺母 2（见图 4-43 示，若装备 CJ4），并拧紧至 27 N·m。

2）升起并支撑起车辆，安装冷凝器处的液管接头，并拧紧至 27 N·m；连上至 A/C 制冷剂压力传感器的电气连接器，并安装下部空气导流板；降下车辆。

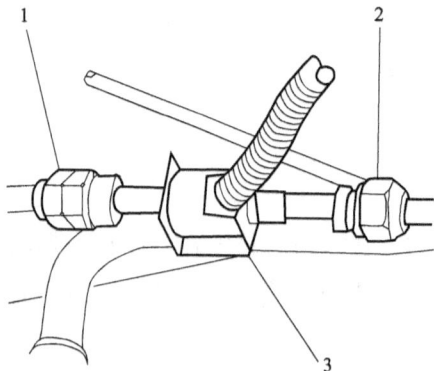

图 4-43　液管螺母的拆卸（CJ4）

1，2—螺母；3—双级节流孔

3）将变速器变速拉索布置到位，并连上支柱塔处的变速器变速拉索保持器；安装液管/真空管支座和真空制动加力器。

4）抽真空和对系统充制冷剂；进行系统检漏；安装空气滤清器和管道总成。

参 考 文 献

[1] 袁辉，邓妹纯. 汽车舒适与安全系统检修 [M]. 北京：人民交通出版社，2010.

[2] 杨智勇. 汽车车身电气维修 [M]. 北京：中国电力出版社，2006.

[3] 毛峰. 汽车车身电控技术 [M]. 北京：机械工业出版社，2004.

[4] 张军. 汽车舒适与安全检修 [M]. 北京：人民邮电出版社，2009.

[5] 严培钦. 汽车车身电气设备系统及附属电气设备 [M]. 西安：西安电子科技大学出版社，2007.

[6] 杨柳青. 汽车空调构造与维修 [M]. 北京：人民交通出版社，2008.

[7] 张吉国. 汽车典型电控系统的结构与维修 [M]. 北京：机械工业出版社，2007.

[8] 明光星，李培军. 汽车电器实训教程 [M]. 北京：中国人民大学出版社，2010.

[9] 明光星，孙宝明. 汽车电器设备原理与维修实务 [M]. 北京：北京大学出版社，2011.

[10] 黄宜坤，艾曦峰. 汽车电控电气设备检测与维护 [M]. 北京：机械工业出版社，2010.

[12] 罗富坤. 汽车车身电控系统检测与修复 [M]. 北京：机械工业出版社，2011.

[13] 罗小青. 汽车车身电控系统的结构与原理 [M]. 北京：北京交通大学出版社，2010.

[14] 吴喜骊，蒋芳. 汽车车身电子控制技术 [M]. 北京：北京理工大学出版社，2010.